TASCHENBÜCHER FÜR GELD, BANK UND BÖRSE

Band 14

Prof. Dr. Hans E. Büschgen

DIE GROSSBANKEN

FRITZ KNAPP VERLAG FRANKFURT AM MAIN

ISBN 3-7819-1118-7

Copyright 1983 by Fritz Knapp Verlag, 6000 Frankfurt am Main
Gesamtherstellung: Druckerei Hugo Haßmüller, 6000 Frankfurt/Main
Umschlagentwurf: Friedrich K. Sallwey
Printed in Germany

Inhalt

Vorwort 7

1. Begriff und Wesen der Großbanken 9

2. Historische Entwicklung der heutigen Großbanken ... 13
    2.1. Die gesellschaftliche und ökonomische Situation im 19. Jahrhundert als Hintergrund 13
    2.2. Die Gründung der Großbanken und die Entwicklungsphase bis zum ersten Weltkrieg 17
    2.3. Die Entwicklung der Großbanken unter dem Einfluß von Inflation und Bankenkrise. 32
    2.4. Zerschlagung und Neubeginn nach dem zweiten Weltkrieg 65

3. Elemente der Unternehmenspolitik der Großbanken 81
    3.1. Das Zielsystem der Großbanken 81
    3.2. Leistungsprogramm und Marktanteile der Großbanken 84
    3.2.1. Das Einlagengeschäft sowie sonstige Angebote von Geld- und Kapitalanlagefazilitäten 84
    3.2.2. Das Kreditgeschäft sowie sonstige Angebote von Finanzierungsfazilitäten 92
    3.2.3. Das Zahlungsverkehrsgeschäft sowie sonstige Dienstleistungen (i.e.S.) 101
    3.3. Sicherheitspolitik der Großbanken 103
    3.3.1. Das Eigenkapital der Großbanken 103
    3.3.2. Exkurs: Die Großbankenaktien 113
    3.3.3. Die Aufrechterhaltung des finanziellen Gleichgewichts 123
    3.4. Rentabilitätspolitik der Großbanken 125

3.5.	Wachstumspolitik der Großbanken	132
3.5.1.	Die Wachstumsstrategien der früheren Berliner Großbanken	133
3.5.2.	Die Filialisierung der früheren Berliner Großbanken	143
3.5.3.	Das Wachstum nach dem zweiten Weltkrieg	149
3.5.3.1.	Die Wachstumsstrategien der heutigen Großbanken	150
3.5.3.1.1.	Die Zweigstellenexpansion nach der Rekonzentration	150
3.5.3.1.2.	Finanzbeteiligungen und andere Formen externen Wachstums der Großbanken	156
3.5.3.1.3.	Exkurs: Nichtbankenbeteiligungen der Großbanken	163
3.5.3.2.	Die Großbankenkonzerne	171
4. Auslandsaktivitäten der Großbanken		178
4.1.	Auf- und Ausbau der Auslandsbeziehungen der früheren Berliner Großbanken	178
4.2.	Auslandsstrategien der heutigen Großbanken nach dem zweiten Weltkrieg	189
4.2.1.	Korrespondenzbanken und Repräsentanzen	189
4.2.2.	Internationale Bankenkooperationen	193
4.2.3.	Filialen und Tochterinstitute	207
5. Zweigstellenorganisation, Personal- und Unternehmungsführungsstruktur der Großbanken		214
5.1.	Zweigstellenorganisation	214
5.2.	Personelle Aspekte	220
5.3.	Leitungsstrukturen der Großbanken	226
5.3.1.	Der Vorstand	226
5.3.2.	Der Aufsichtsrat und sonstige Gremien	237
Anhang: Beteiligungsunternehmen der Großbanken		245
Literaturverzeichnis (LV)		257

Vorwort

Großbanken: Dies ist – vordergründig – wohl ein Begriff auch in der breiten Öffentlichkeit. Darüber hinaus scheint das Wissen um sie aber eher gering zu sein, scheint daher vielfach nur als „dunkles Ahnen" – und damit auch in Aversion hinsichtlich des „großen Kapitals" – zu bestehen. Dies scheint so zu sein trotz aller „public relations"-Bemühungen dieser Banken in den letzten Jahren, seitdem sie auch selbst – wenngleich spät – ein Sympathiedefizit zur Kenntnis nahmen und sich auch dem „kleinen Mann" (oder was man dafür hält) gegenüber besser darzustellen bemüht haben.

Ich habe, als ich auf Bitte des Verlages diesen Titel – der sich nur auf die *deutschen* Großbanken bezieht – zu bearbeiten übernahm, nicht vorausgesehen, welches Unterfangen es werden würde, „Die Großbanken" in einem Band dieser „Taschenbücher für Geld, Bank, Börse" mit allen ihren Restriktionen zu „behandeln": Es erwies sich als schwierig, sich einzuarbeiten – dabei immer weitere Quellen und Materialien auffindend – in die vielseitige, häufig faszinierende, manchmal auch schillernde Historie dieser Banken, in die Statistik ihres Wachstums, in die Szenarien ihrer Erfolge (wie auch, soweit möglich, ihrer Mißerfolge), in die Strategien zu ihrer Positionierung usw., und dann – in einem „Taschenbuch" auf dessen knappen Raum – das Erfahrene verarbeitend die Materie „Großbanken" in den Griff zu bekommen.

Herausgekommen ist hier: kaum Interpretation, Bewertung u. dgl. der Großbanken und ihrer Aktivitäten, sondern überwiegend Darstellung bzw. Beschreibung einiger Facetten daraus, Versuche, Zusammenhänge aufzuzeigen – und dies in – notwendig subjektiver – Auswahl von Einzelgebieten (so daß der eine oder andere Leser durchaus eine andere Selektion erwarten könnte).

Mein Dank gilt denjenigen Großbanken, die mir freundlicherweise erbetene Informationen bzw. Unterlagen zu einigen heutigen Organisations- und geschäftspolitischen Komplexen zur Verfügung gestellt haben – auch ein Stück „PR", wie ich meine. Daß ich hier alles sehr verkürzen mußte, liegt an dem begrenzten Raum in diesem „Taschenbuch" (siehe oben).

Besonderen Dank schulde ich Herrn Dipl.-Kfm. Siegmund Strauch, meinem Mitarbeiter, der mir beim Zustandekommen dieses Bandes unentbehrliche Hilfe geleistet hat.

Hans E. Büschgen

1. Begriff und Wesen der Großbanken

Schon bald nach der Gründung der Großbanken im vergangenen Jahrhundert kam es angesichts ihrer schnell zunehmenden Größe und Bedeutung zu vielfach emotionell geführten Diskussionen über diese strikt privatwirtschaftlich orientierten Unternehmen. Schlagworte wie „Bankokratie" oder „Herrschaft des Finanzkapitals" entfachten immer wieder die einschlägige Diskussion. Den tatsächlichen oder vermeintlichen Angriffspunkt der Kritiker stellte und stellt noch heute dabei fast immer die „Macht der Banken", speziell der Großbanken dar, die ihrer Meinung nach über das universalbanktypische Geschäft, dazu durch das Auftragsstimmrecht (Depotstimmrecht), die Präsenz von Großbankenvertretern in den Aufsichtsräten und Beiräten der gewerblichen Wirtschaft, die Kapitalbeteiligungen an Nichtbanken-Unternehmen sowie ihre Emissionspolitik aufgebaut worden sei und noch ausgebaut werde. So hätten vor allem die Großbanken durch diese, massiven Einfluß ermöglichenden Faktoren, zusammen mit ihrer Kreditvergabepolitik, eine dominierende Stellung in der deutschen Wirtschaft erlangt, die darüber hinaus zugleich auch auf den politischen Bereich ausstrahle.

Im folgenden soll jedoch weniger erneut auf diese kontroverse Diskussion in der Öffentlichkeit (LV[1]) 19, 20, 21, 23) eingegangen als vielmehr die Stellung der heutigen Großbanken innerhalb des deutschen Bankwesens und, wo es angebracht erscheint, der Gesamtwirtschaft dargestellt werden, um auf diesem Wege auch einen Beitrag zur Relativierung und Objektivierung der Bedeutung der Großbanken in der BR Deutschland zu liefern.

Bereits der Versuch einer Abgrenzung der dem Begriff „Großbanken" zu subsumierenden Kreditinstitute läßt bald erkennen, daß dies mit nicht unerheblichen Problemen behaftet ist. So ergeben sich allein aufgrund der möglichen Auffas-

---

1 LV (= Literaturverzeichnis) verweist auf die entsprechende Nummer des Literaturverzeichnisses am Ende dieses Buches.

sung, daß es sich hierbei um die „großen" Banken handele, je nach dem gewählten Größenkriterium (z.B. Höhe der Bilanzsumme oder des Geschäftsvolumens) unterschiedliche Möglichkeiten der Gruppenbildung. Weil es sich bei dieser Vorgehensweise letztlich um eine eher willkürliche Abgrenzung handeln würde, soll nicht zuletzt deswegen im folgenden weitestgehend der Großbankenbegriff zugrunde gelegt werden, der – auch mit dem allgemeinen Sprachgebrauch übereinstimmend – lediglich die Deutsche Bank AG, die Dresdner Bank AG und die Commerzbank AG umfaßt. Beigetragen zu dieser gebräuchlichen Bezeichnungsweise hat dabei sicherlich, daß diese drei Institute bis zum Ende des zweiten Weltkriegs zu den sog. Berliner Großbanken gezählt wurden und sie als einzige von ihnen in der Nachkriegszeit ihre frühere Bedeutung wiedererlangt haben. Darüber hinaus wird zuweilen, sofern es angebracht erscheint, auf die Definition der Deutschen Bundesbank zurückgegriffen, die in den von ihr publizierten Bankenstatistiken die Zahl von sechs Großbanken ausweist. Dies ergibt sich indessen nur daraus, daß die drei genannten Banken in Berlin (West) je eine rechtlich selbständige Tochterbank unterhalten – was sich aus den besonderen politischen Verhältnissen seit dem zweiten Weltkrieg erklärt – und die Deutsche Bundesbank diese relativ kleinen Institute aus formalen Gründen zu der Gruppe der Großbanken zählt (tatsächlich wären sie in die Gruppe der Regionalbanken einzuordnen).

Die drei genannten und hier vor allem behandelten Banken repräsentieren eindeutig den in der BR Deutschland ohnehin vorherrschenden Typ der Universalbank (LV 15, 16, 17, 18, 20).

Neben der Tatsache, daß es sich um Universalbanken handelt, zeichnen sich die Großbanken durch vergleichsweise große Geschäftsvolumina und einen relativ hohen Marktanteil der einzelnen Institute aus. Ein besonderes Charakteristikum, das sie gegenüber fast allen anderen Kreditinstituten unterscheidet, ist darin zu sehen, daß sie über ein über die gesamte BR Deutschland verteiltes – eigenes bzw. mittelbar über Tochtergesellschaften – großes Zweigstellennetz verfügen. Die zuweilen noch verwendete Bezeichnung „Filialgroßbank" ist heute somit überflüssig, weil jenes ex definitione unterstellt wird. Eine mögliche Erklärung für die Noch-Existenz dieser

Bezeichnung in unserer Zeit mag ein Blick in die Historie geben, in der zu den damaligen Berliner Großbanken nicht nur filialisierte Institute, sondern auch z.B. die filiallosen Berliner Handels-Gesellschaft und Reichs-Kredit-Gesellschaft gerechnet wurden (S. 42).

Außer den bisher genannten Kriterien ist den Großbanken schließlich noch gemeinsam, daß sie sich keinen Beschränkungen hinsichtlich einer möglichen Kundengruppenorientierung unterwerfen, ihre Geschäftstätigkeit in erheblichem Maße durch grenzüberschreitende Aktivitäten gekennzeichnet ist und sie in der Rechtsform der Aktiengesellschaft firmieren. Der in der Literatur teilweise anzutreffende Begriff der „Aktienbanken" deckt sich aber nicht mit dem der Großbanken, sondern ist weiter aufzufassen[1].

In der BR Deutschland gibt es noch einige andere Banken, die – mit Ausnahme der Zugehörigkeit zu den ehemaligen „Berliner Großbanken" – alle aufgeführten Merkmale der heute zur Gruppe der Großbanken zu zählenden Kreditinstitute aufweisen. Dies sind z.B. die Bayerische Vereinsbank AG, München, die Bayerische Hypotheken- und Wechselbank AG, München, sowie die Bank für Gemeinwirtschaft AG, Frankfurt a.M. Aufgrund dessen werden zuweilen zu den drei hier zu behandelnden Instituten Deutsche Bank, Dresdner Bank und Commerzbank auch die drei anderen genannten Banken zusammen oder lediglich die beiden bayerischen Banken oder auch nur die Bank für Gemeinwirtschaft hinzugerechnet.

Hinsichtlich der drei westdeutschen Großbanken ist generell anzumerken, daß sie zusammen mit ihren Berliner Tochterinstituten gemäß der von der Deutschen Bundesbank vorgenommenen Einteilung in ihren statistischen Publikationen als eine eigenständige Gruppe innerhalb des zweistufig aufgebauten Bankensystems der BR Deutschland und Westberlin geführt werden. Gemeinsam mit den Privatbankiers, den Zweigstellen ausländischer Banken sowie den Regionalbanken und sonstigen Kreditbanken bilden sie die bankenstatistische Gruppe der

---

1 Banken in der Rechtsform der Aktiengesellschaft finden sich vor allem auch unter den Regional- und Lokalbanken, den genossenschaftlichen Zentralbanken, den Spezialbanken und den Kreditinstituten mit Sonderaufgaben.

„Kreditbanken". Diese Gruppe von Geschäftsbanken ist dadurch gekennzeichnet, daß ihre Mitglieder in den verschiedensten Formen des privaten Rechts firmieren.

Die Banken in genossenschaftlicher Rechtsform, die Kreditgenossenschaften, stellen zusammen mit ihren Zentralbanken und der DG-Bank Deutsche Genossenschaftsbank einen weiteren privatrechtlich organisierten, universalisierten und, gemessen an der Zahl der Institute, den größten Sektor innerhalb des deutschen Bankensystems dar, der in Konkurrenzbeziehungen zu den „Kreditbanken" und somit auch den Großbanken steht. Die dritte große Gruppe der universal tätigen Geschäftsbanken in der BR Deutschland und Westberlin stellen schließlich die öffentlich-rechtlichen Sparkassen, Landesbanken und die Deutsche Girozentrale – Deutsche Kommunalbank als überregionales Spitzeninstitut dar. Zusammen mit den Banken des genossenschaftlichen Sektors zählen sie zu den größten Konkurrenten für die Großbanken, wobei dies vor allem darauf zurückzuführen ist, daß die zu diesen drei Bankengruppen zu rechnenden Institute sich besonders in den letzten zwei Jahrzehnten bei den von ihnen umworbenen Kundenkreisen sowie den angebotenen Leistungsprogrammen sehr stark angenähert haben.

2. Historische Entwicklung der heutigen Großbanken

2.1. Die gesellschaftliche und ökonomische Situation im 19. Jahrhundert als Hintergrund

Ein geschichtlicher Abriß der Entwicklung der heutigen deutschen Großbanken muß — scheinbar paradoxerweise — vor der Zeit ihrer Gründung ansetzen, weil vieles, was ihre Anfänge betrifft, erst aus der historischen Situation heraus zu erklären ist (LV 13, 41, 72, 74, 79, 82, 97). Dabei sind vor allem zwei Determinanten als von Bedeutung zu nennen: Zum einen handelt es sich um die ökonomischen Gegebenheiten zu Anfang und Mitte des 19. Jahrhunderts, zum anderen um die Existenz einer bestimmten geistigen (ideengeschichtlichen) Strömung, die in ihrem Zusammenwirken fast mit einer gewissen Zwangsläufigkeit zur Gründung von Finanzinstitutionen wie den späteren Großbanken, speziell der Filialgroßbanken, führen mußten.

In Deutschland reichte bis zum frühen 19. Jahrhundert die Finanzkraft des bestehenden Bankenapparats völlig aus, um die begrenzten Ansprüche seitens des damaligen Handels und der Industrie zu erfüllen. Gründe hierfür stellten die damaligen strukturellen Bedingungen dar wie: die politische Zersplitterung, die dezentrale Gliederung der Volkswirtschaft aufgrund der vielen Zollgrenzen, die agrarische Grundstruktur, die zahlreichen Währungs- und Münzsysteme. Dabei waren es vor allem Privatbankiers und andere „Finanziers" sowie die „Zettel"- bzw. Privatnotenbanken, die den Finanzbedarf von Handel und Industrie befriedigten, während die Sparkassen und Kreditgenossenschaften in erster Linie ihre Bankleistungsprogramme auf die Befriedigung anderer Bevölkerungs- und Wirtschaftskreise ausgerichtet hatten.

Dies änderte sich mit dem Entstehen der großen Industrie-, Handels- und Verkehrsunternehmen, wobei es sich bei letzteren vor allem um jetzt entstehende Eisenbahngesellschaften handelte. Das Aufkommen neuer Technologien, der Bau der ersten Eisenbahn und im Gefolge davon der Auf- und Ausbau eines Eisenbahnverkehrswesens sowie das Entstehen von ersten Großunternehmen und Konzernen im Montan- und Maschinenbau-Industriebereich riefen neben dem Bedürfnis nach einem besser organisierten Geld- und Kapitalverkehr einen zunehmend höheren Finanzbedarf seitens der Wirtschaft hervor, der allein von den bereits existierenden Instituten, insbesondere den Privatbankiers, nicht mehr ausreichend gedeckt werden konnte.

Ideengeschichtliche Einflüsse, die die Entstehung der Aktiengroßbanken in Deutschland förderten, kamen u.a. aus den frühsozialistischen Kreisen Frankreichs. Die Anhänger dieser sich weitgehend auf sozialphilosophische Ideen Saint-Simons und seiner Schüler Enfantin und Bazard stützenden Geistesrichtung forderten eine einheitliche planwirtschaftliche Sozialverfassung unter Aufrechterhaltung des Privateigentums. Den Banken sollte die Aufgabe zukommen, die Industrie zu finanzieren und das Kapital durch eine planwirtschaftliche Verwaltung und Steuerung auf die für die Produktion und Produzenten vorteilhafteste Weise zu verteilen. Zur Realisierung dieser wirtschaftspolitischen Ordnungsvorstellungen, denen einige heutige gemeinwirtschaftliche Vorstellungen relativ nahe stehen, sollte u.a. die Universalbank – d.h. als Instrument geplanter Wirtschaftslenkung – dienen.

Das praktische Ergebnis war im Jahre 1852 die Gründung der berühmten Pariser Bank Société Générale du Crédit Mobilier (LV 3, 73, 83, 113) – kurz „Crédit Mobilier" genannt – unter wesentlicher Mitwirkung der Saint-Simonisten Isaac und Emile Péreire, die als erste programmatische Befürworter des Typus „Universalbank" angesehen werden. Zwar ist wohl die 1822 gegründete Société Générale de Belgique als die erste eigentliche Universalbank zu betrachten (LV 12, S. 14), jedoch gilt der Crédit Mobilier als Prototyp dieses Banktyps. Diese Bank sollte durch die Ausgabe von Bankobligationen das zentrale Finanzierungsinstitut der französischen Wirtschaft werden und wurde es auch. Neben der Ausgabe dieser Refinanzierungstitel ermöglichten die Statuten darüber hinaus zumindest das Gründungs-, das Emissions-, das Depositen- sowie das Kreditgeschäft.

Neben der Absicht einer Verwirklichung der Ideen Saint-Simons lag zudem der Gedanke zugrunde, ein Gegengewicht zu der als übergroß empfundenen Macht einzelner Privatbankiers, insbesondere der Rothschilds, zu schaffen, die durch ihre im Verlaufe der Zeit angesammelten Kapitalien eine beinahe monopolistische Stellung im Bankensystem und auch im sonstigen Wirtschaftsleben Frankreichs erlangt hatten. Das Monopol schien dabei lediglich gebrochen werden zu können, indem dem großen Kapital ein noch größeres entgegengesetzt wurde, was jedoch in erster Linie nur durch die Zusammenfassung vieler kleiner Kapitalbeträge zu erreichen war.

Nicht zuletzt aufgrund des großen Erfolges des Crédit Mobilier wurden entsprechende Institute in verschiedenen Ländern gegründet. Auch in Deutschland wurde unter Mitwirkung von Privatbankiers in Anlehnung an den Crédit-Mobilier-Typ, dessen Statuten z.T. wörtlich übernommen wurden, eine Reihe von Aktienbanken gegründet, deren wichtigste zu Vorläufern der später gegründeten Berliner und somit unserer heutigen Filialgroßbanken wurden. So wurde z.B. unter dem Einfluß der Ideen Saint-Simons 1848, also schon vor der Gründung des Crédit Mobilier, durch den Bankier Gustav v. Mevissen das fallierende Kölner Bankhaus A. Schaaffhausen übernommen und durch Tausch der Gläubigerforderungen in Aktien die Firma in den A. Schaaffhausen'schen Bankverein in der Rechtsform einer Aktiengesellschaft umgewandelt. 1853 entstand nach dem Vorbild des Crédit Mobilier und unter Mithilfe u.a. wiederum von v. Mevissen sowie des Kölner Bankiers Abraham Oppenheim die Bank für Handel und Industrie (Darmstädter Bank) in Darmstadt. Des weiteren wurde durch Umgründung der 1851 entstandenen Direction der Disconto-Gesellschaft als sog. Kreditverein in genossenschaftlicher Rechtsform 1856 die Disconto-Gesellschaft in der Rechtsform einer Kommanditgesellschaft auf Aktien geschaffen. Diese „Crédit-Mobilier-Bank" war in Preußen das größte Institut und, gemessen an der Kapitalausstattung, das zweitgrößte nach der Darmstädter Bank im Gebiet des Deutschen Zollvereins. Kurze Zeit nach der Umgründung der Disconto-Gesellschaft schufen, vor allem auch aus Konkurrenzgründen, Berliner Privatbankiers die Berliner Handels-Gesellschaft, ebenfalls in der Rechtsform der Kommanditgesellschaft auf Aktien, weil die Gründung von Aktiengesellschaften in Preußen in jenen Jahren nicht erlaubt war. Zu den bedeutenderen, in diesen

Jahren entstandenen Effektenbanken gehörte schließlich die Mitteldeutsche Creditbank, gegründet 1856 in Meiningen. Neben diesen bisher genannten Bankengründungen, die als die wichtigsten im Verlaufe der ersten Gründungswelle von 1848 bis 1856 angesehen werden können, sind darüber hinaus noch als größere Banken u.a. die Allgemeine Deutsche Credit-Anstalt (ADCA) in Leipzig, die Norddeutsche Bank in Hamburg, die Niedersächsische Bank in Bückeburg und die Coburg-Gothaische Creditgesellschaft in Coburg zu nennen.

Mit der 1856 einsetzenden Wirtschaftskrise, die lediglich die Disconto-Gesellschaft und der A. Schaaffhausen'sche Bankverein ohne größeren Schaden überstanden, fand diese erste Gründungswelle auf dem Gebiet des Bankwesens ein Ende.

Alle diese Banken waren zwar in der Gründungsphase durch das französische Beispiel beeinflußt, nahmen jedoch in der Folgezeit dann eine anders geartete Entwicklung. Während das Schwergewicht der Geschäftätigkeit des Crédit Mobilier auf der Finanzierung von Handel und Industrie lag und er dadurch später in Schwierigkeiten geriet (1867 stellte er den Geschäftsbetrieb ein), entwickelten sich die deutschen Aktienbanken sehr bald zu wirklichen Universalbanken, die alle einschlägigen universalbanktypischen Bankgeschäfte mit Ausnahme des Hypotheken- und Pfandbriefgeschäfts betrieben.

Ein Unterschied bestand darüber hinaus in der Handhabung des industriellen Finanzierungsgeschäfts. Während der Crédit Mobilier langfristige Investitionskredite gewährte, wurde die langfristige Kreditaufnahme der Industrie in Deutschland lediglich vorfinanziert. Die Investitionskredite wurden grundsätzlich als kurzfristige Kontokorrentkredite in der Absicht gegeben, sie bei günstigen Kapitalmarktverhältnissen durch die Emission von Aktien und/oder Obligationen abzulösen, d.h., sie zu konsolidieren. Diese Emissionen wurden ebenfalls von den Aktienbanken abgewickelt, wobei in der Regel ein Emissionskredit gegeben wurde, d.h., die Banken übernahmen, häufig in Konsortien, gegen einen festen Kapitalbetrag die gesamte Emission und damit auch das Risiko ihres Absatzes.

Trotz der anfänglich erfolgreichen Entwicklung des Crédit Mobilier und der wenigen Effektenbanken in Deutschland setzte sich die Bank in der Rechtsform der Aktiengesellschaft nur relativ langsam durch: Zum einen lag dies an der ablehnenden Haltung mancher Landesregierungen (nach dem Gesetz über Aktiengesellschaften jeder Art vom 9. November 1843 war die Errichtung von „Effektenbanken" von der landesherrlichen Genehmigung abhängig), wobei sich besonders Preußen der Gründung von Aktiengesellschaften widersetzte; zum anderen erklärte sich dies aus der Zurückhaltung vieler Unternehmer und Kaufleute, die nicht zuletzt auf einer unzureichenden Kapitalkraft und einer damit verbundenen fehlenden Bereitschaft, das notwendige Risiko der solidarischen Haftung bei der Gründung einer Aktienbank zu übernehmen, beruhte.

Dennoch entstanden „Effektenbanken": außerhalb Preußens auch in der Rechtsform der Aktiengesellschaft, in Preußen vor allem in der Rechtsform der nicht konzessionspflichtigen Kommanditgesellschaft auf Aktien. Dabei ist zu bemerken, daß die Gründung der großen Banken vielfach durch die in ihrer Kapitalkraft hinsichtlich des Finanzbedarfs von Handel und Industrie überforderten Privatbankiers erfolgte. Letztere beabsichtigten dadurch nicht nur, durch die Beteiligung breiterer Bevölkerungsschichten als bisher an der Aufbringung der Kapitalien über diese Banken die Finanzierung der aufstrebenden Industrie auch weiterhin gewährleisten zu können, sondern auch an diesem einträglichen Geschäft beteiligt zu sein. Die von ihnen mitgegründeten Banken waren somit nicht als Konkurrenzinstitute zu ihrem eigenen Geschäft gedacht; sie sollten es indessen bald werden – eine Ironie der (Banken-)Geschichte.

2.2. Die Gründung der Großbanken und die Entwicklungsphase bis zum ersten Weltkrieg

Im Verlaufe der sechziger Jahre des 19. Jahrhunderts setzten sich immer stärker die liberalen Ideen v. Mevissens, Lists u.a. im wirtschaftlichen Leben Deutschlands durch. Gefördert wurde diese Entwicklung durch die Trennung des eher wirtschaftsliberaleren Preußen vom eher wirtschaftskonservativeren Österreich im Sinne der kleindeutschen Lösung im Jahre 1866 und der damit verbundenen Gründung des Norddeutschen Bundes, die Reorganisation des Zollvereins 1867 sowie den erfolgreichen Feldzug gegen Frankreich 1870/71. Mit der Gründung des Deutschen Reiches und der damit sich ergebenden Einheit von Wirtschaft und Währung sowie des Rechts wurde der Weg auch für ein einheitliches starkes Bankwesen in Deutschland geebnet.

Beflügelt durch den Wirtschaftsaufschwung dieser Jahre und andere Faktoren begannen in Deutschland die sog. Gründerjahre. Für das Bankgewerbe stellten sich aufgrund der Neugründungen und Konzentrationsentwicklungen in vielen Wirtschaftsbereichen große Aufgaben. Nicht zuletzt gefördert auch durch die Aufhebung der restriktiv gehandhabten Konzessionspflicht für Aktiengesellschaften in Preußen 1870 entstanden bis zur Krise im Jahre 1873 zahlreiche neue Aktiengesellschaften. Von der relativ hohen Anzahl neu gegründeter Banken in der Rechtsform der Aktiengesellschaft überstand jedoch ein großer Teil die „Gründungskrise" von 1873 vielfach wegen mangelnder Kapitalbasis nicht.

Die bedeutendsten Bankgründungen waren wohl die der Vorläufer der heutigen drei Großbanken (LV 36, 64, 69, 92, 106, 118). Die *Deutsche Bank* wurde 1870 in Berlin gegründet. Die Gründung erfolgte zu einer Zeit, als das Konzessionssystem für Aktiengesellschaften in Preußen noch bestand und sehr restriktiv gehandhabt wurde; allerdings wurde eine dieses liberalisierende Aktienrechtsnovelle bereits im Reichstag des Norddeutschen Bundes behandelt. Zusätzlich wurde die Gründung durch den Einfluß bestehender Konkurrenzbanken wie z.B. der Disconto-Gesellschaft, der die Deutsche Bank eine große Rivalin werden sollte, erschwert bzw. verzögert. Trotzdem ließen sich die Initiatoren der Gründung der Bank von ihrem Projekt nicht abbringen und wandten sich direkt an den Bundeskanzler Fürst Bismarck. Der provisorische Verwaltungsrat der Bank wies darauf hin, daß, während der deutsche Warenverkehr mit den überseeischen Märkten direkt vollzogen werde, der dazugehörige Zahlungsverkehr hingegen über London, Liverpool, Marseille, Bordeaux oder Nantes abgewickelt werden müsse: „Das sei demütigend teuer, und Kredit bekämen die deutschen Firmen von den Bankhäusern jener Städte sowieso nur, wenn deutsches Kapital die entsprechende Bürgschaft leiste" (LV 92, S. 5). Als am 10. März 1870 das Statut von der preußischen Staatsregierung genehmigt wurde, war die Deutsche Bank die einzige Aktienbank, die zwischen 1848 und 1870 für Berlin eine Konzession erhalten hatte. Die Öffnung der Schalter der neuen Bank erfolgte dann am 9. April in Berlin.

Erste Einzahlungen auf zunächst 40% der Aktien der Bank wurden Anfang April geleistet, wobei auf ein Agio verzichtet wurde. Als Gründungskapital wies die Deutsche Bank 5 Mio. Taler auf, wobei die 2 Mio. Taler, die zunächst zur Zeichnung aufgelegt worden waren, fast 150mal überzeichnet wurden und daher repartiert werden mußten. Das Aktienkapital wurde bereits 1871 auf 10 Mio. Taler erhöht, und die Währungsumstellung dieses Jahres ließ daraus 30 Mio. Mark entstehen. Durch eine weitere Aktienkapitalerhöhung 1872 auf 45 Mio. Mark schob sich die Deutsche Bank schließlich an die dritte Stelle unter den damaligen deutschen Banken, gemessen am Grundkapitalvolumen.

Die Deutsche Bank war nicht als „Crédit-Mobilier-Bank" gegründet worden wie die meisten anderen Aktienbanken zuvor, die das Effekten- und Gründungsgeschäft und das reguläre kurzfristige Kreditgeschäft betrieben sowie Einlagen annahmen. Ihre Gründer folgten zunächst vielmehr dem Vorbild der englischen Depositengroßbanken und der französischen Depositengroßbank Comptoir d'Escompte de Paris. Hauptaufgabe der Deutschen Bank sollte danach die Vergabe von Handelskrediten – und zwar insbesondere zur Förderung des deutschen Außenhandels – sein. Zum Ausdruck kam dies – außer durch die alsbaldige Errichtung von Filialen im Ausland – durch das Statut der Bank, in dessen § 2 der Zweck der Deutschen Bank im „Betrieb von Bankgeschäften aller Art, insbesondere Förderung und Erleichterung der Handelsbeziehungen zwischen Deutschland, den übrigen europäischen Ländern und den überseeischen Märkten" definiert wurde. Dieses Sachziel ist im übrigen – wenngleich in abgewandelter Formulierung – bis heute Bestandteil der Satzung der Bank. Allein der Name sollte nach den Intentionen der Gründer schon zum Ausdruck bringen, daß sich das Institut als „deutsche Bank für das Ausland" verstehen wollte.

Unter den Gründern der Deutschen Bank, die ihrerseits (Mit-)Inhaber bekannter Privathäuser waren, war Delbrück vom 1855 gegründeten Bankhaus Delbrück Leo & Co. derjenige, der die Entwicklung der neuen Bank am maßgeblichsten beeinflußte. Außer ihm gehörten zu den Gründern der Deutschen Bank die damals nicht minder bekannten Persönlichkeiten aus der Finanzwelt v. Magnus, Zwicker, Kutter, Müller sowie Bamberger. Letzterer, der selbst große Erfahrungen im internationalen Bankgeschäft hatte, berief sehr bald angesichts der sich selbst gegebenen Hauptaufgabe der Bank mit Wallich einen vor allem im bankmäßigen Überseegeschäft erfahrenen Fachmann in den Vorstand des Instituts. Als eigentlicher und prägender Leiter der Geschäftstätigkeit der Deutschen Bank aber kristallisierte sich eine zuvor nicht im Bankgeschäft tätig gewesene Persönlichkeit heraus: v. Siemens. Nicht zuletzt diese beiden Persönlichkeiten mit ihrer großen Initiative verhalfen der Deutschen Bank zu ihrem schnellen Aufschwung.

Schon ein Jahr nach ihrer Gründung eröffnete die Deutsche Bank in Berlin eine Zweigstelle, 1872 eine weitere in Hamburg. Hinzu kamen im gleichen Jahr Filialen in Shanghai und Yokohama, während 1873 in London die Deutsche Bank (Berlin) London Agency Ltd. errichtet wurde. Schließlich beteiligte sich die Bank 1874 an der Deutsch-Belgischen La-Plata-Bank. Während die eigene Londoner Filiale bis 1914 bestand und hervorragende Geschäftsergebnisse erzielte, wurde die Beteiligung an der 1872 mitgegründeten German Bank of London, London, bald wieder veräußert. Darüber hinaus wurden auch aufgrund ungünstiger Umstände und damit verbundener Verluste die ostasiatischen Niederlassungen 1875 sowie die Deutsch-Belgische La-Plata-Bank 1885 wieder liquidiert.

Zwar sollte, wie erwähnt, das Auslandsgeschäft nach dem Willen der Gründer einer der Hauptgeschäftszweige der Bank sein; doch bewirkte die zunächst unbefriedigende Entwicklung dieses Geschäftszweiges, daß v. Siemens stattdessen nunmehr intensiv das Inlandsgeschäft auf- und ausbaute und es zur Basis der weiteren Entwicklung der Deutschen Bank machte.

Ebenfalls 1870 kam es in Hamburg zur Gründung der *Commerz- und Disconto-Bank* (LV 69). Im Gegensatz zu dem zurückhaltenden Entrée, das die Deutsche Bank in Berlin erfuhr, erkannte man in Hamburg sehr wohl die Vorteile, die sich für den dort ansässigen und tätigen Handel aus der Bankengründung ergeben würden, zumal in der Einladung zur Aktienzeichnung im März 1870 ausdrücklich auf den Zweck der Bank hingewiesen wurde, dem Hamburger Handel Kapital zuzuführen. Aufgabe der Commerz- und Disconto-Bank sollte es sein, den mittleren Kaufmannsstand zu fördern und die Kreditfinanzierung aufstrebender kleinerer Unternehmen zu erleichtern.

Auch diese neue Hamburger Bank, die ihre Geschäfte offiziell am 25. April 1870 in gemieteten Geschäftsräumen aufnahm, hatte sich insbesondere die Finanzierung des Außenhandels zum Ziel gesetzt, was auch eindeutig die Zusammensetzung des Gründungskomitees zum Ausdruck brachte: Neben angesehenen und führenden Hamburger Privatbankiers (M.M. Warburg & Co. und Lieben Königswarter in Hamburg sowie Conrad Hinrich Donner und Hesse, Newman & Co. in Altona) sowie dem Frankfurter Privatbankhaus B. H. Goldschmidt und dem Berliner Privatbankhaus Mendelssohn & Co., was darauf hinweisen sollte, daß dem Hamburger Handel auch der Verkehr mit dem Inland erleichtert werden sollte, beteiligten sich an der Gründung dieser neuen Bank in der Rechtsform einer Aktiengesellschaft mehrere große Handelshäuser. Die Initiative zur Gründung dieser Bank ging dabei vor allem von dem Überseekaufmann Wille aus. Zu den ersten Vorstandsmitgliedern der Bank wurden vom Verwaltungsrat Plate und Halberstadt gewählt.

Ebenso wie bei der Gründung der Deutschen Bank wurde das zur Subskription gestellte Kapital um ein Vielfaches überzeichnet, insgesamt 33mal. Als Grundkapital waren für die Commerz- und Disconto-Bank 20 Mio. Banco-Mark (30 Mio. Reichsmark) vorgesehen, von denen zunächst 10 Mio. zu 40% einzuzahlen waren.

Gemäß den Intentionen ihrer Gründer lag der Schwerpunkt der Geschäftstätigkeit der Commerz- und Disconto-Bank auf der Förderung der hamburgischen Handelsbeziehungen mit dem Ausland. Neben einer Beteiligung an der London and Hanseatic Bank in London 1872, über die das eigentliche Überseegeschäft weitgehend abgewickelt wurde, wurden in den ersten Jahren vor allem in den skandinavischen Ländern, aber auch in St. Petersburg Stützpunkte errichtet. Wohl nicht zuletzt aufgrund dieser Tätigkeitsschwerpunkte, der Unterstützung des Handels mit dem Ausland, folgte die Hamburger Bank erst 1898 anderen Banken zum zentralen Bankplatz Berlin, und erst seit 1908 wurde sie mit zu den Berliner Großbanken gerechnet.

Die Gründung der *Dresdner Bank* in Dresden im Jahre 1872 (LV 36) war in erster Linie auf die Initiative von Gutmann zurückzuführen, der vorschlug, durch Umgründung das alteingesessene Privatbankierhaus Michael Kaskel, das fast 100 Jahre lang eine bedeutende Stellung in Dresden innegehabt hatte, in eine Aktiengesellschaft umzuwandeln. Als Grundkapital waren für die Dresdner Bank 24 Mio. Mark veranschlagt. Hiervon wurden dem Publikum 58% zur Zeichnung angeboten, die, wie üblich, lediglich zu 40% einzuzahlen waren. Neben Gutmann, der bis 1920 für die Dresdner Bank die entscheidende und prägende Persönlichkeit bleiben sollte, gehörten außer Kaskel und einigen anderen Privatleuten auch eine Gruppe von Aktienbanken zum Gründungskonsortium dieser neu entstehenden Bank: Dieses umfaßte so renommierte Institute wie die Berliner Handels-Gesellschaft, Berlin, die Deutsche Effecten- und Wechselbank, Frankfurt a.M., die Deutsche Vereinsbank, Frankfurt a.M., die Anglo-Deutsche Bank, Hamburg, und die Allgemeine Deutsche Credit-Anstalt, Leipzig.

Die Dresdner Bank, die am 1. Dezember 1872 ihre Schalter öffnete, galt in der ersten Zeit ihres Bestehens als weniger bedeutend, ihre Geschäftspolitik als ohne eigene Originalität und im „Fahrwasser" der Deutschen Bank bleibend. Das Institut eröffnete aber bereits 1881 eine Filiale in Berlin, die sehr bald das Geschäft vollständig an sich zog, so daß schließlich das gesamte Geschäft der Dresdner Bank von Berlin aus geführt wurde. Die Stärke der Bank, die sich nicht zuletzt durch die Übernahme anderer Banken – vor allem in Sachsen, ihrem Ursprungsland – offenbarte, zeigte sich auch darin, daß sie trotz ihrer Gründung nur ein Jahr vor der 1873 hereinbrechenden großen Wirtschaftskrise diese, wenngleich unter erheblichen Schwierigkeiten, überstand. Das Aktienkapital mußte allerdings auf den zunächst eingezahlten Betrag neu festgesetzt, also auf 9,6 Mio. Mark verringert werden.

Die Jahre nach dem deutsch-französischen Krieg von 1870/71 waren durch einen gewaltigen Aufschwung des wirtschaftlichen Lebens in Deutschland gekennzeichnet. Hohe Kontributionszahlungen sowie gesteigerte Investitionstätigkeit führten zu Gründungen von Unternehmen jeglicher Art, wobei insbesondere die Gründung von Aktiengesellschaften durch den 1870 erfolgten Übergang vom Konzessions- zum Normativsystem in der Gesetzgebung erleichtert wurde.

In dieser Zeit vollzog sich im deutschen Bankwesen, vor allem im Großbankenbereich, eine erste große Konzentrationswelle durch Fusionen (LV 10, 42, 74, 79, 116). Die in den Jahren 1870 bis 1873 entstandene große Zahl von Banken überstieg bei weitem den Bedarf im damaligen Deutschen Reich, so daß bei der 1873 einsetzenden Wirtschaftskrise die „Gründungskrise" schon vorprogrammiert war. Die meisten der neugegründeten Aktienbanken konnten die Krise nicht bewältigen und gingen deshalb in Liquidation. Die drei 1870 und 1872 gegründeten Aktienbanken Deutsche Bank, Dresdner Bank und Commerz- und Disconto-Bank sowie insbesondere die in den fünfziger Jahren des 19. Jahrhunderts errichteten Aktienbanken durchstanden die Krise indessen weitgehend ohne größere Schäden.

Zu der erwähnten Fusionswelle kam es, indem die großen Banken die in Schwierigkeiten geratenen Banken liquidierten und übernahmen. In der Regel gab hierbei die aufnehmende Bank im Verlaufe der sog. Entgründung Aktien aus, die sie gegen einen höheren Nominalbetrag an Aktien der zu übernehmenden Bank umtauschte und dadurch dem illiquiden Institut die Liquidisierung seiner Bestände erleichterte. Aufgrund der Tatsache, daß für die übernehmenden Banken im Rahmen des Entgründungsgeschäfts durch die Übernahme der Aktiva und Passiva neue zusätzliche Geschäftsverbindungen entstanden, waren für sie damit nicht nur häufig gleichzeitig positive Auswirkungen auf ihre Rentabilitätssituation verbunden. Vielmehr konnten sie dadurch auch ihren Geschäftsbereich ausweiten und sich außerdem durch die erfolgreiche und problemlose Abwicklung der Entgründung bei den Aktionären eine solide Vertrauensbasis für die Zukunft verschaffen.

Von den Großbanken gelang es insbesondere der Deutschen Bank – trotz oder gerade wegen der großen Krise – einen entscheidenden Einfluß auf die Entwicklung des gesamten deutschen Bankgewerbes zu nehmen. Während die meisten anderen Banken in der Depression bemüht waren, ihren Status quo nach Möglichkeit zu halten, hatte sie noch genügend Kräfte, um aus dem Niedergang anderer Banken trotz einiger Rückschläge, die auch sie hinnehmen mußte, Nutzen zu ziehen und sich stetig fortzuentwickeln. So liquidierte sie die erst im Jahre 1871 gegründete Deutsche Union-Bank und beteiligte sich darüber hinaus an den Liquidationen der Berliner Wechslerbank, der Allgemeinen Depositenbank, der Elberfelder Disconto- und Wechselbank und der Niederlausitzer Bank. Durch die Übernahme der Deutschen Union-Bank und des Berliner Bank-Vereins wurde die Deutsche Bank 1876 zum größten Institut in Deutschland, wobei sie sich aufgrund des sich wenig erfolgreich entwickelnden Auslandsgeschäfts verstärkt dem Inlandsgeschäft und hier vor allem der Industriefinanzierung widmete.

Das Wachstum der Dresdner Bank resultierte nicht zuletzt aus sächsischen und thüringischen Liquidationen, wobei hier insbesondere die der Thüringischen Bank, Sondershausen, der Sächsischen Creditbank, Dresden, der Dresdner Handelsbank, Dresden, und des Sächsischen Bankvereins, Dresden, zu nennen sind.

Allgemein läßt sich sagen, daß seit der Krise von 1873 die in Berlin ansässigen Großbanken endgültig und nachdrücklich die eindeutige Führung im deutschen Bankgewerbe zu übernehmen begonnen hatten. Zu den sog. Berliner Großbanken wurden neben der Deutschen Bank und der Dresdner Bank in den Jahrzehnten bis zur Jahrhundertwende noch die Darmstädter Bank, der A. Schaaffhausen'sche Bankverein, die Discontogesellschaft, die Mitteldeutsche Creditbank sowie die Berliner Handels-Gesellschaft gezählt. Hinzu kam noch durch Gründung 1881 die Nationalbank für Deutschland, Berlin. Die Commerz- und Disconto-Bank stellte, wie erwähnt, lange Zeit keine Berliner Großbank im eigentlichen Sinne dar: Während sie in den Jahren nach 1898 nur durch eine große Filiale in Berlin vertreten gewesen war, galt sie erst ab 1908 als Berliner Großbank, nachdem sie ihre Geschäftsführung nach Berlin verlagert hatte (LV 50, 101, 106).

Alle Großbanken entwickelten sich in den folgenden Jahren und Jahrzehnten zu Universalbanken reinsten Stils. Auch die Deutsche Bank und die Commerz- und Disconto-Bank in Hamburg, die ja in erster Linie zur Förderung des Außenhandelsgeschäfts der deutschen Wirtschaft gegründet worden waren, pflegten nun immer mehr neben dem kurzfristigen Handelskredit den mittel- und langfristigen Industriekredit, den Kontokorrent- und Wechseldiskontkredit, das Depositen- und Effektengeschäft und beteiligten sich an Emissionen von Aktien und Obligationen (LV 57, 123). Darüber hinaus waren die Großbanken, die in enger Beziehung zur deutschen Industrie standen, bei ihren Auslandsengagements vielfach auch darauf bedacht, über ihre normalen Geschäftsbeziehungen hinaus soweit wie möglich auch Exportaufträge für die von ihnen betreuten Industrieunternehmen zu gewinnen, was vor allem bis 1914 der heimischen Exportindustrie zugute kam (LV 12).

Entscheidend für die Kapitalkraft der Großbanken, die in erheblichem Umfange auch die Finanzierungsprobleme des damaligen forcierten Auf- und Ausbaus des deutschen und internationalen Eisenbahnwesens lösen half, wurde die Aufnahme und Fortentwicklung des Einlagengeschäfts. Vor allem die Deutsche Bank, die auf Initiative v. Siemens' die erste Depositenkasse in Berlin eröffnet hatte, konnte im Laufe der Jahre ein fast ununterbrochenes Wachstum der Einlagen sowohl absolut als auch relativ im Verhältnis zum Aktienkapital verzeichnen. Im Gegensatz dazu nahm das Depositenvolumen der Dresdner Bank in den Jahren nach der Gründung noch keinen derartigen Verlauf; erst später zeigten sich Entwicklungstendenzen wie bei der Deutschen Bank.

Nachdem die Krise und die Depression in Deutschland überwunden waren und ein wirtschaftlicher Aufschwung einsetzte, bedeutete die Folgezeit eine Phase der Konsolidierung und Stärkung für die Großbanken wie für das gesamte Bankgewerbe. Zugleich setzte in dieser Periode bei den Großbanken eine Entwicklung ein, die sich bis in die jüngere Vergangenheit – wenngleich unter Schwankungen – fortgesetzt hat: das Absinken der eigenen Mittel im Verhältnis zu den fremden Geldern. Es zeigte sich, daß die fremden Mittel trotz zeitweilig starker Rückgänge – wie z.B. in den Jahren 1887 und 1890 – tendenziell immer wieder schneller anstiegen als das Eigenkapital, so daß die Großbanken in dieser Zeit mehrfach zu Grundkapitalerhöhungen gezwungen waren. Es gelang dabei zunächst, den Anteil der eigenen Mittel an der Bilanzsumme bei etwa 40% zu halten. Darüber hinaus trat zudem in den achtziger Jahren eine charakteristische Änderung in der Zusammensetzung der Eigenmittel der Großbanken ein: Die

Rücklagen stiegen relativ schneller als das Grundkapital, eine Entwicklung, die sich später immer mehr fortsetzte.

In den letzten Jahrzehnten des vorigen Jahrhunderts verbesserte sich die Stellung der Großbanken innerhalb des deutschen Bankgewerbes nicht zuletzt auch aufgrund gesetzgeberischer Maßnahmen erheblich. So wurde 1881 eine Umsatzsteuer für Börsengeschäfte eingeführt und 1895 stark erhöht. Lediglich die Großbanken waren praktisch in der Lage, zumindest Teile der neuen Steuer durch Kompensation ihrer Effektenkauf- und -verkaufsaufträge zu sparen, so daß sie – im Gegensatz zu anderen, mittleren und kleineren Banken – ihre Provisionssätze nicht heraufzusetzen brauchten. Das Effektenkommissionsgeschäft war somit nur noch bei erheblichen Umsätzen rentabel, bei Umsätzen, die z.B. die kleinen Privatbankiers nicht aufbringen konnten. Die 1900 erfolgende Steuerbelastung auch der Kompensationsgeschäfte begrenzte allerdings den Vorteil zum Teil wieder. 1896 wurde die Wettbewerbsstellung der Großbanken dadurch gefördert, daß der Terminhandel von Industriepapieren verboten und für die in dieser Expansionsphase häufig vorkommenden Umgründungen in Aktiengesellschaften ein Sperrjahr festgelegt wurde. Danach durften die Aktien einer in eine Aktiengesellschaft umgewandelten Unternehmung erst ein Jahr nach der erfolgten Eintragung ins Handelsregister an der Börse eingeführt werden. Dies bedeutete, daß „Vorfinanzierungen" bei den industriellen Unternehmen praktisch zwangsläufig notwendig wurden, die wiederum nur von den großen, kapitalkräftigen Banken ermöglicht werden konnten. Kleinere und mittlere Regional- und Lokalbanken waren somit gezwungen, wenn sie sich nicht ganz ausschließen wollten, sich an größere Banken anzulehnen. So bildete die Deutsche Bank eine Interessengemeinschaft mit der Essener Credit-Anstalt, dem Essener Bankverein, der Oldenburgischen Spar- und Leihbank, Osnabrück, der Oberrheinischen Bank, Mannheim, der Rheinischen Creditbank, Mannheim, und der Süddeutschen Bank. Zur gleichen Zeit beteiligte sich die Dresdner Bank an der Oberschlesischen Bank für Handel und Industrie, Beuthen, und der A. Schaaffhausen'sche Bankverein an der Mittelrheinischen Bank, Koblenz, sowie an der Mülheimer Bank.

Außer von den gesetzlichen Rahmenänderungen profitierten

die Großbanken – und hier insbesondere die filialisierten Großbanken wie die Deutsche Bank, die Dresdner Bank und auch die (noch Hamburger) Commerz- und Disconto-Bank – überdurchschnittlich von dem schon 1876 von der Reichsbank eingeführten, in diesen Jahren aber stark zunehmenden bargeldlosen Zahlungsverkehr. Die Möglichkeit der Kreditschaffung und damit ihr Kreditvergabevolumen, auch in Gestalt von Großkrediten, wurde dadurch erheblich gesteigert. Hinzu kamen letztlich der von der Reichsbank entwickelte Abrechnungsverkehr, der die Filialisierung der Berliner Großbanken weiter förderte, sowie der Zusammenbruch mehrerer Privatbankhäuser in den neunziger Jahren des letzten Jahrhunderts infolge spekulativer Geschäfte, als es zu einem teilweise fluchtartigen Überwechseln von Einlagen zu den Großbanken kam, bei denen die Einleger die gewünschte Sicherheit eher vermuteten.

Im Laufe der Jahre nahmen die Berliner Großbanken so eine immer stärker dominierende Position im deutschen Bankgewerbe ein. Ihr Anteil am gesamten Bankgeschäft wuchs von Jahr zu Jahr, und 1905 vereinigten sie über 56% des gesamten Geschäftsvolumens auf sich. Tatsächlich war die Vormachtstellung der Großbanken noch weitaus stärker, weil es durch die Zusammenarbeit von Banken zu großen Gruppenbildungen gekommen war, die von den einzelnen Berliner Großbanken geführt wurden (LV 118). Anstöße für den weiteren Ausbau ihrer Vormachtstellung gingen von Konzentrationstendenzen in der Industrie aus, weil es zur Finanzierung der Unternehmensexpansionen immer öfter der Kapitalkraft mehrerer Banken bedurfte. Die sich hieraus entwickelnden Großbankengruppen entstanden als Interessengemeinschaften über einen Aktienaustausch zwischen bereits zusammenarbeitenden Banken oder durch den Erwerb von Provinzbankaktien durch die Großbanken. Die auf diese Weise entstehende Zugehörigkeit von Lokal- und Regionalbanken zu einer Großbankengruppe stellte dabei oftmals zugleich auch eine Vorstufe zu einer später erfolgenden Verschmelzung dar.

Die auf dem Gebiet der Konzentration vorangehende Deutsche Bank konnte ihre Spitzenstellung in Deutschland durch die Übernahme der bedeutenden Bergisch-Märkischen Bank in Elberfeld 1914 weiter ausbauen und gehörte danach zu den größten Banken der Welt. Auch die Dresdner Bank hatte sich eine starke Bankengruppe aufgebaut, wenngleich ihr Eigenkapital und ihre Bilanzsumme lediglich etwa 35% bzw. 40% von dem der Deutsche-Bank-Gruppe betrugen. 1904 war sie sogar eine Interessengemeinschaft mit dem großen A. Schaaffhausen'schen Bankverein eingegangen, die aber bereits 1908 aufgrund einer nicht besonders erfolgreichen Geschäftspolitik sowie erheblicher Meinungsverschiedenheiten hinsichtlich der Beteiligungspolitik wieder aufgelöst wurde. Nach weiterem geschäftlichen Rückgang und einer Sanierung übernahm die Direction der Disconto-Gesellschaft 1914 das gesamte Aktienkapital des Bankvereins. Erwähnenswert im Zusammenhang mit der Dresdner Bank ist noch, daß sie sich 1904 nach der Übernahme der Deutschen Genossenschaftsbank von Soergel Parrisius & Co. eine eigene Genossenschaftsabteilung eingerichtet hatte.

Nur relativ geringe Bedeutung hatte bis zum Anfang des 20. Jahrhunderts die Commerz- und Disconto-Bank erlangt, die – im Gegensatz zu den beiden anderen Instituten – bis zu diesem Zeitpunkt auch nicht zu den Berliner Großbanken im eigentlichen Sinne gerechnet wurde. Erst in den Jahren nach der Jahrhundertwende konzentrierte sich das Interesse auch dieser Bank immer mehr auf Berlin. Zuvor war sie lediglich als Mitgründerin der Nationalbank für Deutschland ab 1881 mittelbar an den Geschäften des Bankplatzes Berlin beteiligt und direkt mit einer großen Filiale ab 1898, zu der sie durch den Erwerb des Frankfurter Bankhauses J. Dreyfus & Co., das seit 1891 auch in Berlin vertreten war, gelangt war. Einen wichtigen Schritt in Richtung Anerkennung als Berliner Großbank stellte die Fusion mit der Berliner Bank 1904 dar, wodurch sich durch die Übernahme eines Teils der Depositenkassen die Zahl ihrer Berliner Depositenkassen von fünf auf zwölf erhöhte, während sie in Hamburg nur sechs besaß. Die Berliner Bank, die 1889 durch die Umwandlung in eine Aktiengesellschaft aus der 1878 gegründeten Berliner Handelsbank e.G.m.b.H. hervorgegangen war, hatte in starkem Maße zwecks Erreichung einer angemessenen Eigenkapitalrentabilität an Effektenspekulationen teilgenommen und wurde nicht zuletzt deswegen von der Krise des Jahres 1901 besonders heftig in Mitleidenschaft gezogen, was schließlich zur Fusion mit dem Hamburger Institut führte. Im gleichen Jahr (1904) änderte die „Commerz- und Disconto-Bank in Hamburg, Hamburg", ihren Firmennamen in „Commerz- und Disconto-Bank, Hamburg, Berlin" und betonte somit nicht mehr in dem Maße wie zuvor ihre Hamburger Herkunft.

Allgemein ist über die heutigen drei Großbanken in dem Zeitraum von der Jahrhundertwende bis zum Vorabend des ersten Weltkrieges anzumerken, daß sie die damals eintretenden Wirtschaftskrisen vergleichsweise unbeschadet überstanden. Dabei wurde bei ihnen das laufende Geschäft, anders als früher erkennbar, zum Schwerpunkt ihrer Aktivitäten, was wiederum eine verstärkte Zweigstellenausweitung zur Folge hatte. Deren Aufgaben waren nun nicht mehr wie früher allein die Heranziehung kleiner und kleinster Fremdkapitalien – hierfür hätten auch reine Depositenkassengründungen ausgereicht –, sondern ebenfalls eine verstärkte Übernahme des laufenden Geschäfts mit Großkunden, die nach einer stärkeren lokalen und regionalen Präsenz ihrer Bank am Sitz der jeweiligen Unternehmung verlangten. Daß die Großbanken diesem Wunsch vielfach nachkamen, läßt erkennen, daß auch sie an

Tabelle 1: *Entwicklung der heutigen Großbanken bis zum ersten Weltkrieg*
(in Mio. M bzw. RM)

Großbank	Jahr	Bilanzsumme	Aktienkapital	Reserven
Deutsche Bank	1880	169,4	45,0	7,8
	1900	897,0	150,0	49,3
	1913	2245,7	200,0	112,5
Dresdner Bank	1880	29,7	15,0	1,0
	1900	605,5	130,0	34,0
	1913	1538,1	200,0	61,0
Commerz- und Disconto-Bank	1880	38,8	21,9	2,1
	1900	166,4	50,0	6,0
	1913	507,7	85,0	14,0

einer engeren Zusammenarbeit interessiert waren. Diese hatte sich bisher in den verschiedenen wirtschaftlichen Krisen bewährt und zeigte sich im übrigen auch darin, daß Vertreter der Großbanken zahlreiche Aufsichtsratspositionen bei Unternehmen aus Industrie und Handel hielten. So übte z.B. die Deutsche Bank, die in Industrieaufsichtsräten am stärksten vertreten war, 78 Mandate in 73 Unternehmen aus, wobei sie 15 mal den Aufsichtsratsvorsitzenden stellte. Die Dresdner Bank vereinigte 49 Aufsichtsratsmandate in 41 Unternehmen auf sich, dabei elfmal gleichzeitig die Funktion des Vorsitzenden (LV 79).

Um die Situation des deutschen Bankwesens und die Stellung der einzelnen Großbanken kurz vor dem ersten Weltkrieg zu verdeutlichen (Tab. 1), bietet es sich an, die Jahresabschlüsse des Jahres 1913 als letztes Jahr einer langen Friedensperiode in Mitteleuropa Zeitvergleichen zugrunde zu legen. Dieses Jahr repräsentiert das Endstadium einer seit 1871 währenden, von im allgemeinen nur begrenzten Rückschlägen unterbrochenen Entwicklung des deutschen Bankwesens, speziell der Großbanken, zu einem Wirtschaftsfaktor größten Ausmaßes. Insbesondere die Berliner Filialgroßbanken hatten innerhalb der deutschen Volkswirtschaft wichtige Funktionen übernommen[1]. Ein umfassendes Netz von Zweigniederlassungen, die Kontakt zu allen Bereichen des Handels und der Industrie unterhielten, gestattete auch einen Ausgleich zwischen Regionen mit tendenziellem Geldüberschuß und solchen mit tendenziell ständigem Kapitalbedarf und erleichterte wesentlich die Plazierung von Wertpapieremissionen bei Eigenkapitalerhöhungen von Kapitalgesellschaften. Darüber hinaus erlaubte ihnen ihre Struktur ferner die Errichtung eines internen Verrechnungssystems, das eine effizientere Verwendung der Einlagengelder ermöglichte.

Vielfach wurde jedoch den Berliner Großbanken vorgeworfen, daß sie eine zu geringe Eigenkapitalausstattung hätten. Es

---

1 Lenin sah in den großen Banken gewissermaßen Wegbereiter seines sozialistischen Systems, wenn er (1917) vermerkte: „Ohne die Großbanken wäre der Sozialismus nicht zu verwirklichen. Die Großbanken sind jener ‚Staatsapparat', den wir für die Verwirklichung des Sozialismus brauchen und den wir vom Kapitalismus fertig übernehmen".

wurde kritisiert, daß ihr Eigenkapital im Durchschnitt stets um etwa 4% unter dem aller deutschen Banken lag. Bei einem Vergleich der einzelnen Großbanken untereinander ist allerdings auffällig, daß die Relationen von Eigenkapital zur Bilanzsumme sehr stark differierten: Wenn von der Bank für Handel und Industrie einmal abgesehen wird, die in der Bilanz per 31.12.1913 nur eine Eigenkapitalausstattung von 4,9% aufwies, so lagen die Commerz- und Disconto-Bank mit 19,5%, die Dresdner Bank mit 16,9% und die Deutsche Bank mit 13,9% zum Teil weit hinter ihren Konkurrenten, die alle eine Eigenkapitalausstattung von mehr als 20% aufwiesen, die Mitteldeutsche Creditbank sogar von 26,7% (Tab. 2).

Tabelle 2: *Die Berliner Großbanken am Vorabend des ersten Weltkriegs (31. 12. 1913)*

Großbank (in Mio. Mark)	Bilanzsumme	Aktienkapital	Reserven
Deutsche Bank	2245,7	200	112,5
Disconto-Gesellschaft	1238,3	200	81,3
Dresdner Bank	1538,1	200	61,0
Bank für Handel und Industrie	978,1	16	32,0
A. Schaaffhausen'scher Bankverein	646,2	145	24,9
Nationalbank für Deutschland	426,0	90	16,0
Commerz- und Disconto-Bank	507,7	85	14,0
Mitteldeutsche Creditbank	258,7	60	9,2
Berliner Handels-Gesellschaft	551,0	110	34,5

Bei einem Vergleich mit Banken in anderen europäischen Ländern konnten die deutschen Banken jedoch eine relativ hohe Eigenkapitalausstattung vorweisen: So war ihr Verhältnis zwischen Eigenkapital und Fremdkapital 1913 etwa 1:3,5, während dieses z.B. bei den großen englischen Depositenbanken

1:13 betrug, eine Relation, in der sicherlich bei den deutschen Banken auch ihr Charakter als Universalbanken im Gegensatz zu den Spezialbanken in Großbritannien zum Ausdruck kam (LV 12).

2.3. Die Entwicklung der Großbanken unter dem Einfluß von Inflation und Bankenkrise

Der erste Weltkrieg und die mit ihm durch die Kriegsfinanzierung einhergehende Geldvolumensexpansion bewirkten eine weitere Vergrößerung der Anteile der Großbanken am Gesamtbankgeschäft in Deutschland.

Besonders deutlich wird die Stellung der Großbanken veranschaulicht, wenn in ihre Zahlen die der von ihnen mitgeleiteten bzw. beeinflußten Banken miteinbezogen werden. So betrug der von den acht Berliner Großbanken einschließlich der ihnen angegliederten Institute gehaltene Marktanteil am gesamten Geschäftsvolumen der Kreditbanken 1913 83,7%, 1915 86,2%, 1917 88,6% und 1919 sogar 91,9%. Negative Auswirkungen dieser Entwicklung können jedoch dabei hinsichtlich der Eigenkapitalausstattung festgestellt werden, die der gewaltigen Expansion der Geschäftsvolumina der einzelnen Großbanken nicht folgen konnte und aufgrund dessen teilweise dramatisch zurückging: So sank die Relation aus eigenen Mitteln (Grundkapital und Rücklagen) und Bilanzsumme von im Jahre 1914 bei der Deutschen Bank von 13,6%, Dresdner Bank 16,6% und Commerz- und Disconto-Bank 18,5% auf 6,4%, 7,4% bzw. 6,9% im Jahre 1918 und noch weiter im Jahre 1919 auf 3,3%, 3,9% bzw. 4,4%. Auffällig ist in diesem Zusammenhang wiederum, daß die wichtigsten Konkurrenzinstitute der drei hier zu behandelnden Großbanken ständig eine höhere Kennzahl aufwiesen: So konnte z.B. die Disconto-Gesellschaft 1918 noch 10,3% der Bilanzsumme als eigene Mittel ausweisen, die Nationalbank 13,6% und die Berliner Handels-Gesellschaft sogar 18,7% (1919: 5%; 9,2%; 12,3%).

Neben dieser Veränderung der Eigenkapitalrelationen brachte der erste Weltkrieg im übrigen für die Großbanken eine nicht unbedeutende Umstrukturierung in ihrem Geschäft

(LV 13, 67, 70, 74): Einerseits stiegen ihre Einlagen mehr als bei allen anderen Bankengruppen von Ende 1914 bis 1918 um nahezu das Vierfache; andererseits stiegen die Kredite in laufender Rechnung im gleichen Zeitraum lediglich um 1,2 Mrd. Mark auf 4,2 Mrd. Mark, während sich gleichzeitig das Geldvolumen der deutschen Volkswirtschaft mehr als verdreifachte. Ein wesentlicher Grund hierfür war sicherlich, daß die Industrieunternehmen, die während der Kriegsjahre hohe Gewinne erzielten, ihrerseits nun hohe Bestände an liquiden Mitteln aufwiesen, so daß sie auf die Aufnahme kurz- und mittelfristiger Kredite bei den Banken kaum angewiesen waren. So gingen auch die Kreditgewährungen der Großbanken an Unternehmen und Privatpersonen, die 1913 noch zwei Drittel des Aktivgeschäftsvolumens ausmachten, stark zurück: Sie fielen schließlich 1918 auf unter 30% der Aktiva, während gleichzeitig der Staat mit 50% Anteil ihr größter Kreditnehmer wurde. Es handelte sich hierbei weniger um Reichsanleihen, die zusammen nur etwa einen Betrag von einer halben Milliarde Mark darstellten, sondern vielmehr um kurzfristige Schulden in Höhe von 11 Mrd. Mark, vor allem in Form von Reichsschatzwechseln. Diese wiesen allerdings lediglich formale Kurzfristigkeit auf, weil sie bei Fälligkeit immer wieder prolongiert wurden. Auf diese Weise wurden die Großbanken in erheblichem Maße zu Kriegsfinanziers des Deutschen Reiches aufgrund von Strukturbedingungen, wie sie sich in ähnlicher Weise bei den Großbanken später, in den Jahren der Rüstungs- und Kriegsfinanzierung des nationalsozialistischen Deutschen Reiches, erneut zeigen sollten. Das massive Engagement der Großbanken wie auch des übrigen Bankenbereichs bei der Bewältigung der Kriegsfinanzierung des ersten Weltkriegs wurde jedoch nicht negativ beurteilt, sondern vielmehr als „ein Ruhmesblatt in der Geschichte des deutschen Bankwesens" (LV 89, S. 44) gefeiert.

Hinsichtlich des Verhältnisses der Banken, insbesondere der Großbanken, zu Industrie und Handel ist anzumerken, daß der Krieg die bisherigen engen Verbindungen zwischen ihnen gelockert hatte (LV 14). Während die deutschen Kreditbanken vor dem Kriege für die wirtschaftliche Entwicklung des Deutschen Reiches von ausschlaggebender Bedeutung gewesen waren, indem sie auch kleinste Geldbeträge sammelten und den Unternehmen zur Verfügung stellten, sank im Verlaufe der

Kriegsjahre der Kreditbedarf der Wirtschaft, da ertragreiche Geschäfte mit dem Staat die Selbstfinanzierungskraft stärkten.

In den ersten Nachkriegsjahren schien es zunächst, als ob die Bankwirtschaft ihren früheren Einfluß mehr als nur wieder zurückgewinnen würde, weil die Wirtschaft einen erhöhten Kapitalbedarf für Investitionen hatte, um die Produktion wieder auf Friedensbedürfnisse umstellen zu können sowie die Fertigungsanlagen zu erneuern. Zudem wurde bei der fortschreitenden Geldentwertung mehr Geld zur Bewältigung eines mengenmäßig nicht erhöhten Umsatzes benötigt. Begünstigt bzw. ermöglicht wurde dieser für die Banken positive Umschwung durch die Tatsache, daß der Zustrom fremder Gelder während der ersten Nachkriegsjahre zunächst anhielt. Gründe hierfür waren u.a. hohe Entschädigungszahlungen des Reiches an die enteigneten Sachwert- und Effektenbesitzer, aber auch die Hoffnung des Auslands auf eine Besserung der Situation der Mark.

Bis Mitte 1921 hielt sich die Geldentwertung noch in Grenzen, so daß für die Gläubiger der Banken zunächst noch kein Grund bestand, ihre Guthaben in Sachwerte oder Effekten umzuwandeln. Der Zustrom fremder Gelder, insbesondere bei den Großbanken, nahm dabei einen derartigen Umfang an, daß diese trotz vieler Bemühungen frühere Bilanzrelationen auch annähernd nicht mehr aufrechterhalten konnten: So fiel die Relation der eigenen zu den fremden Mitteln im Durchschnitt bei den Berliner Großbanken schon 1920 auf 4%, während sie 1913 noch 30,7% und 1918 noch 9% betragen hatte. Besonders niedrig fielen sie bei der Deutschen Bank mit 7,5% (1918) und 2,2% (1921) aus.

Mit dem Jahr 1921, das die Wende in der Entwicklung der deutschen Mark mit sich brachte, war gleichzeitig die Aufschwungphase nach dem ersten Weltkrieg für die Banken beendet. Ein starker Kursverfall der Mark, hervorgerufen durch die deutschen Zahlungen aufgrund des Londoner Ultimatums von 1921 sowie der negativen Auswirkungen der für Deutschland ungünstigen Entscheidung des Völkerbundrates über Oberschlesien 1921, gaben den Ausschlag zur „Flucht aus der Mark". Die Kunden der Banken gingen angesichts des zunehmenden Wertverfalls der Mark in steigendem Maße dazu über, ihre Einlagen in Effekten umzuwandeln. So günstig sich dieser

„Haussetaumel" an den Wertpapierbörsen für die Unternehmen darstellte, die nun ihren Kapitalbedarf durch Neuemissionen leicht decken konnten, so nachteilig erwies er sich für die Großbanken, deren Einlagenbestand rapide abzunehmen begann. Vergeblich versuchten sie, durch Auflösung ihrer Reserven an Reichsschatzanweisungen die Verringerung der Einlagen und damit ihre Fähigkeit zur Kreditgewährung aufzuhalten. Die sich verstärkende Geldentwertung machte praktisch alle diese Anstrengungen zunichte. Selbst steigende Zinssätze konnten die Einlagenmittel bei den Banken nicht festhalten, weil die Inflation schneller voranschritt als der Anstieg der Zinssätze für die Einlagen.

Um die eigene Substanz zumindest zu erhalten, gingen die Großbanken gegen Ende 1922 verstärkt dazu über, Gelder im Ausland anzulegen: So machten die Nostroguthaben der Berliner Großbanken zu diesem Zeitpunkt etwa 42% der Bilanzsumme gegenüber 11,7% im Jahre zuvor aus. Diese Substanzerhaltungspolitik führte aber auch dazu, daß sich ihre Kreditgewährungen noch weiter verringerten. Kredite wurden vielfach nur noch, allerdings zum kleineren Teil, durch die Diskontierung von Wechseln, die die Banken sofort an die Reichsbank weiterleiteten, gegeben oder durch das Ausleihen von täglichem Geld.

Aufgrund dieser Entwicklungen kam es vor allem bei den Großbanken zu einer Schwerpunktverlagerung der von ihnen getätigten Geschäfte: So verschwand infolge sich wandelnder Kreditbeziehungen in der Wirtschaft – eine Vielzahl von Geschäften wurde nunmehr in bar abgewickelt – der Warenwechsel fast völlig, während das Dokumenten- und Akkreditivgeschäft auch in den inländischen Zahlungsverkehr hingegen verstärkt eindrangen.

Hatten die Großbanken im Krieg und in der ersten Zeit danach kaum Gelegenheit für nennenswerte Kreditgeschäfte, weil aufgrund hoher Gewinne eine nur geringe Kreditnachfrage bestand, so wurde mit zunehmender Geldentwertung das Problem ein anderes: Die Abnahme der Kreditoren und die Zunahme der Debitoren veranlaßte die Geschäftsleitungen der Banken in verstärktem Maße, Restriktionen vorzunehmen: Fragen der Sicherheit und der Kreditwürdigkeit wurden in ihrer Bedeutung z.T. durch Fragen zur „Kreditwichtigkeit" übertroffen. Gründe hierfür waren einmal der verstärkte Abzug von Einlagen, zum anderen aber auch, daß ein Großteil der verbliebenen Einleger wegen der Entwertungsgefahr wünschte, über seine Gelder jederzeit verfügen zu können, so daß sich ein krasses Mißverhältnis zwischen befristeten und unbefristeten Einlagen herausgebildet hatte: Z.B. waren Ende 1922 mehr als 90% aller fremden Gelder sofort kündbar. Darüber hinaus nahmen Kunden vielfach „wilde Kredite" in Anspruch, indem sie ihre Kontokorrentkonten mit Hilfe des bargeldlosen Zahlungsverkehrs zum Teil erheblich überzogen. Diese von Seiten der Banken ungewollten Kredite wuchsen mit der Zeit zu solch hohen Beträgen an, daß sie selbst für die Großbanken eine Gefährdung hätten darstellen können, hätte ein Kunde Konkurs anmelden müssen.

Mit fortschreitender Inflation zeigte es sich immer mehr, daß das Kreditgeschäft für die Banken infolge des Fehlens von Entwertungsklauseln immer verlustbringender wurde. Aber erst in den letzten Monaten der Inflationsperiode gingen die Banken dazu über, die Geldentwertung durch hohe Zins- und Provisionssätze auszugleichen: So lag der Mindestsatz für Kreditprovisionen z.B. am 1.10.1923 bei 6% pro Tag.

Der Effektenkredit, der in der ersten Zeit nach dem Kriege eine rentable Verwendung für die umfangreichen liquiden Mittel der Banken dargestellt hatte, wurde mit dem Rückgang der Kreditoren, aber auch aufgrund von verschiedenen Effektenhandelsverboten ebenfalls stark eingeschränkt bzw. zeitweise vollständig eingestellt. Gegen Ende der Inflationsperiode ließ der „Sachwerttaumel" sie allerdings wieder an Bedeutung gewinnen.

Im Zusammenhang mit der Effektengeschäftspraxis wurden besonders die Großbanken mit dem Hinweis darauf erheblich kritisiert, daß sie sich den veränderten Kundenbedürfnissen in einer Inflation (jedermann, auch kleinste Einkommensbezieher, engagierte sich in Effekten) nicht anpaßten. So wurde ihnen vorgehalten, daß sie mit ihrer Geschäftspolitik, kleine Effektenorders möglichst überhaupt nicht mehr auszuführen und Inhaber von Kleindepots zu deren Auflösung zu drängen, zum Aufkommen einer großen Anzahl dubioser Wertpapierhändler, „Winkelbankiers" und Anlagenvermittler beitrugen, die sich dem kleinen Kunden für derartige Geschäfte unter

Berechnung hoher Provisionen anboten. Hinsichtlich der Zweigstellenpolitik der Berliner Filialgroßbanken konnte beobachtet werden, daß sie während und nach dem ersten Weltkrieg ihr bis dahin relativ kleines Filialnetz sehr stark ausdehnten: Umfaßte das Netz der Berliner Großbanken im Inland 1910 lediglich 128 Filialen, so war es bis 1923 auf 853, 1922 sogar 958 ausgeweitet worden. So wuchs die Anzahl der Zweigstellen der Deutschen Bank von zehn im Jahre 1910 auf 143 im Jahre 1923 (1922 waren es sogar schon 150 Filialen gewesen), bei der Dresdner Bank von 40 auf 120 Stellen und bei der Commerz- und Disconto-Bank gar von fünf auf 246 Filialen (LV 118). Ähnliche Entwicklungen waren auch bei den anderen Filialgroßbanken festzustellen.

Zu dieser großen Ausdehnung des Filialnetzes ist es vor allem dadurch gekommen, daß die Großbanken kleine und mittlere Lokal- und Regionalbanken, insbesondere an Ruhr und Saar, in Schlesien und Württemberg übernommen hatten (LV 58, 71, 98). Um in einer Stadt oder einem Industrierevier Fuß zu fassen oder stärker vertreten zu sein, stellte dieser Weg für sie die einfachste und auf längere Sicht gesehen erfolgversprechendste Möglichkeit dar. Hierbei kam es zuweilen im Rahmen von Übernahmen vor, daß die Filialeigenschaft einiger wichtiger Niederlassungen fusionierter Banken nur im Zusatz zum Firmennamen zum Ausdruck kam. Auf diese Weise sollte aus den an den alten Firmennamen hängenden Imponderabilien − wie Prestige und Ansehen − noch Nutzen gezogen, aber auch auf ihn Rücksicht genommen werden. Die Kunden und vielfach auch die Mitarbeiter wurden übernommen und langsam in die Organisation der aufnehmenden Bank integriert. Gefördert wurde das Expansionsstreben dadurch, daß die Geschäftsleitungen der Filialgroßbanken schon während des ersten Weltkriegs immer mehr zu der Erkenntnis gelangt waren, daß nur Banken mit weitverzweigten und festen Verbindungen zur deutschen Wirtschaft den nach dem Kriege zu erwartenden Anforderungen an sie und das Bankgewerbe gewachsen sein würden.

Neben der schon erwähnten Fusion mit der Bergisch-Märkischen Bank in Elberfeld 1914 sind in der Zeit bis zur Währungsreform 1923 hinsichtlich der Aktivitäten der Deutschen Bank in dieser Richtung vor allem die Fusionen mit dem Schlesischen

Bankverein, Breslau, der Norddeutschen Creditanstalt, Königsberg 1917, dem Elberfelder Bankverein 1919 sowie 1920 mit der Hannoverschen Bank, der Braunschweigischen Privatbank und der Privatbank zu Gotha zu nennen. 1921 übernahm die Deutsche Bank schließlich noch einen Teil der Pfälzischen Bank, die zwischen der Deutschen Bank und der Rheinischen Creditbank aufgeteilt wurde. Letztere wurde 1929 mit der Deutschen Bank fusioniert.

Bei der Dresdner Bank erfolgten außer der Fusion mit der Döbelner Bank 1918 besonders 1917 nennenswerte Übernahmen: so die Märkische Bank, Bochum, und die Aschaffenburger Volksbank AG sowie eine der größten Provinzbanken, die Rheinisch-Westfälische Disconto-Gesellschaft, Aachen. Besonders die Commerz- und Disconto-Bank benutzte die Politik der Übernahme anderer Banken zur planmäßigen Dezentralisierung ihres Geschäftsbetriebes und zur Ausweitung des Filialnetzes nicht zuletzt, um Anschluß an die ihr bis dahin in vielerlei Beziehung überlegenen anderen Filialgroßbanken zu gewinnen. Von den von den zahlreichen Übernahmen betroffenen Instituten seien hier nur das Bankhaus Joel Hirschberg, Stettin, 1917, Sal. L. Cohn, Lübeck, 1918, die Credit-Bank, Duisburg, 1918, und die Mitteldeutsche Privat-Bank, Magdeburg, 1920, erwähnt. Vor allem letztere Bank brachte ein weitverzweigtes Filialnetz und zahlreiche enge geschäftliche Beziehungen in Sachsen und allgemein zur mitteldeutschen Industrie mit ein. Für die Commerz- und Disconto-Bank, deren Hauptaktivitäten bis dahin in der Finanzierung der Schiffahrt und des Überseehandels lagen, die in jener Zeit jedoch stagnierten bzw. sogar rückläufig waren, ergab sich mit dieser Fusion − die beiden Banken arbeiteten bereits seit längerem zusammen − somit eine wesentliche Ausweitung des Bereichs ihrer Geschäftsinteressen. Infolge der Übernahme der Magdeburger Bank änderte sie ihren Namen in „Commerz- und Privat-Bank Aktiengesellschaft".

Nachdem die Währungs- und Wirtschaftszerrüttung gerade die Kapitalbasis der Großbanken stark geschwächt und sich zugleich deren Rentabilitätssituation ebenso verschlechtert hatte, bestand erst wieder nach der Stabilisierung der Mark für sie die Möglichkeit zur Durchführung normaler Geschäftstätigkeiten im eigentlichen Sinne. Während der Zeit ständig steigender Geldentwertung waren die Banken mit der Veröffentlichung von Bilanzen und Geschäftsberichten äußerst zurückhaltend geworden, wobei die Berichte über 1923/24 besonders kurz und aussagelos waren. Erst mit der Goldmark-Eröffnungsbilanz im Jahre 1924 bestand wieder eine sinnvolle Grundlage für Vergleiche mit Kennzahlen vergangener Jahre. Dabei zeigte sich, daß die Großbanken durch die Kriegs- und Nachkriegszeit eine tiefgreifende Wandlung erfahren hatten (LV 8, 85, 90): So verfügten sie z.B. am 1.1.1924 an zumeist kurzfristig zur Verfügung stehenden fremden Mitteln über 1057,5 Mrd. Goldmark gegenüber 4851,78 Mrd. Mark im letzten Friedensjahr. Für die gesamten 457 bestehenden Kreditbanken betrugen sie 1994,9 Mrd. Goldmark gegenüber 9720,2 Mrd. Mark bei den am 31. 12. 1913 existierenden 362 Banken. Auch bei einem Vergleich des Eigenkapitals zeigten sich ebenfalls in hohem Maße die Folgen des Krieges und der Inflation. Aktienkapital und Reserven waren bei den Berliner Großbanken auf etwa zwei Fünftel des Vorkriegsstandes zurückgegangen.

In den Folgejahren nach der Stabilisierung nahm das Kreditgeschäft der Großbanken wieder einen erheblichen Aufschwung, wobei eine Bevorzugung dinglich gesicherter Kredite zu konstatieren war. Seitens der Großbanken wurde nicht zuletzt aus Kosten- und Ertragsüberlegungen vor allem der industrielle Großkredit forciert. Dabei waren die damals bestehende Kapitalknappheit der Wirtschaft und die Möglichkeit gerade der Großbanken, aufgrund ihrer bestehen gebliebenen Auslandsbeziehungen ausländisches Kapital nach Deutschland zu ziehen, der Ausdehnung des Kreditgeschäfts äußerst förderlich. In der zunehmenden Nichtbeachtung des Liquiditätspostulats und dessen Berücksichtigung beim Streben nach Rentabilität wurden aber gleichzeitig bereits jetzt Wurzeln für die 1931 ausbrechende Bankenkrise gelegt.

Neben den sich verstärkenden allgemeinen Aktivitäten wuchs mit der Wiedereinführung des Börsenterminhandels 1925 und den zunehmend an Bedeutung gewinnenden deutschen Effektenbörsen auch das Konsortialgeschäft der Großbanken wieder. Gleichzeitig versetzte die Börsenkonjunktur sie in die Lage, ihre bis 1924 stark zusammengeschmolzenen Grundkapitalien wieder aufzustocken.

Dennoch war die Situation der Berliner Großbanken in den

Jahren nach der Währungsreform erheblich schwieriger als in der Zeit vor dem ersten Weltkrieg: Trotz des Anstiegs ihres Eigenkapitals verschob sich wegen der gleichzeitigen starken Zunahme der Fremdmittel das Verhältnis zwischen Eigen- und Fremdkapital von 1:3,5 im Jahre 1913 auf 1:13 1929. Auch die verschiedenen, zum Teil spektakulären Fusionen in der zweiten Hälfte der zwanziger Jahre verbesserten diese Relationen nicht, weil fast alle Banken ein ähnliches Bild aufwiesen.

Speziell bei einer Betrachtung von Herkunft und Fälligkeiten der fremden Gelder bei den Großbanken konnte im Vergleich zum letzten Vorkriegsjahr eine erhebliche Veränderung konstatiert werden: War in den ersten Jahren dieses Jahrhunderts der Anteil der ausländischen Einlagen kaum jemals über 20% (LV 61) hinausgegangen, so stiegen vor allem die kürzerfristigen Auslandsverpflichtungen der Banken nach 1924 zeitweise auf eine Höhe von mehr als 40% der Kreditoren an, ein Verhältnis, das erst durch die Ereignisse des Jahres 1931 korrigiert werden sollte. Diesen Auslandsverbindlichkeiten, die in fremder Währung oder Gold zurückzuzahlende Schulden darstellten, standen zumeist kurzfristige Auslandskredite – 1930 z.B. etwa im Verhältnis 10:3,5 – gegenüber, während noch vor 1914 die Auslandsverbindlichkeiten weit überdeckt gewesen waren.

Was die Fälligkeiten betrifft, so besaßen die Großbanken Ende 1930 lediglich noch 4,9% Fremdgelder mit einer Kündigungsfrist von mehr als drei Monaten, wohingegen es Ende 1913 noch über 13% gewesen waren. Von weit größerer Bedeutung als die formelle Fristigkeit der Gelder war dabei jedoch die tatsächliche Verweildauer bei den Banken: Vor dem ersten Weltkrieg konnten 70% aller Mittel als Dauerkreditoren angesehen werden, obwohl nur knapp 40% eine mehr als siebentägige Kündigungsfrist besaßen; dieses Verhältnis hatte sich in den zwanziger Jahren vollkommen geändert, indem die kurzfristig den Banken zur Verfügung gestellten Gelder für die Institute auch tatsächlich nur von kurzfristiger Natur waren.

Andere negative, an Kennzahlen der Bilanzen beobachtbare Veränderungen bei den Großbanken waren bei der Liquiditätssituation der Institute auszumachen (LV 86, 93): Statt höherer Liquiditätsquoten angesichts der wirtschaftlichen Situation in Deutschland war ein stetes Absinken der Liquiditätskennziffern zu konstatieren. So betrug bei den privaten Aktienbanken die „Barliquidität", d.h. die Deckung der Kreditoren durch den Kassenbestand und durch Guthaben bei der Reichsbank, 1929 lediglich noch 3,5%, nachdem sie Anfang 1914 noch 7,4% betragen hatte. Bis zur Bankenkrise erhöhte sie sich allerdings wieder leicht bis auf 5,3%. Was im einzelnen die Deutsche Bank und Disconto-Gesellschaft, die Dresdner Bank und die Commerz- und Privat-Bank betrafen, so lag allein die Deutsche Bank und Disconto-Gesellschaft ständig über dem Durchschnitt aller Berliner Großbanken, während die Barliquidität der Dresdner Bank immer niedriger war. Eine ähnliche Entwicklung war bei der „Liquidität ersten Grades" zu beobachten, bei der zur „Deckung" der Kreditoren außer dem Kassenbestand und den Guthaben bei der Notenbank noch die Nostroguthaben bei anderen Banken sowie Schecks, unverzinsliche Schatzanweisungen und erstklassige Handelswechsel, die kurzfristig einziehbar und bei der Notenbank diskontierbar waren, herangezogen wurden: Diese Kennziffer hatte sich von 1913 mit knapp über 50% bis 1929 auf 38,8% bei den Berliner Großbanken verringert und bis 1931 sogar auf 30%. Dabei lagen die Großbanken in etwa im Mittel bei den Zahlen für alle privaten deutschen Aktienbanken. Unter den einzelnen Großbanken differierte die Kennzahl allerdings zuweilen beträchtlich: So lag sie bei der Dresdner Bank besonders 1931 mit 23,9% weit unter dem Durchschnitt aller Berliner Großbanken, während die für die Commerz- und Privat-Bank ständig und zeitweise sogar erheblich (1931 mit ungefähr 38%) über der des Durchschnitts lag. Angesichts der Tatsache, daß bei den Berliner Großbanken etwa 97% der fremden Mittel den Instituten lediglich kurzfristig zur Verfügung standen, konnte deren Liquiditätssituation nur als sehr kritisch qualifiziert werden. Zwar gingen in der betrachteten Zeit auch zugleich die längerfristigen Kreditgewährungen der Großbanken gegenüber 1913 zurück. Jedoch war ein Großteil der de jure kurzfristigen Ausleihungen der Institute de facto bei den Kreditnehmern – den Industrie- und Handelsunternehmen – langfristig gebunden, ohne daß die Banken im Rahmen ihrer Möglichkeiten zur Kreditverwendungskontrolle – wahrscheinlich aus Wettbewerbsgründen – eingeschritten wären. So waren aus kurzfristig gedachten Betriebsmittel- und Umsatzkrediten in der Praxis langfristige Investitionskredite geworden. Diese Kredit- und Finanzierungspolitik führte nur solange nicht zu Schwierigkeiten für die Banken, wie die konjunkturelle Situation positiv zu beurteilen war, also die Ertragslage der kreditnehmenden Wirtschaft weiterhin gut und die innenpolitische Lage der Weimarer Republik stabil blieb.

Die an sich unverständliche Politik der Großbanken ist dabei nur zu einem geringen Teil mit dem gestiegenen Konkurrenzgrad im deutschen Bankwesen zu erklären. Während der Kriegs- und Nachkriegszeit war es vor allem im öffentlich-rechtlichen Sektor des deutschen Bankgewerbes zu einem erheblichen Aufschwung gekommen, wobei die expansiven öffentlichen Institute eine Reihe bisheriger Grenzlinien zu verschiedenen Geschäftsbereichen, die z.B. früher Domänen der Großbanken darstellten, überschritten hatten.

Neben dieser Entwicklung hatte sich im übrigen die Zahl der Großbanken 1924 um ein weiteres Institut erhöht: Durch Umgründung war die Reichs-Kredit-Gesellschaft A.G. entstanden, ein filialloses, in der Bankenstatistik als Berliner Großbank geführtes, zu 100% im Reichsbesitz stehendes Kreditinstitut. Während die Hauptaufgabe der 1919 gegründeten Vorgängerin, der Reichskredit- und Kontrollstelle G.m.b.H., die Liquidierung von Kriegsgesellschaften für das Reichsschatzamt war und die seit 1922 als Reichskredit-G.m.b.H. Geldausgleichs- und Anlageinstitut für andere Reichsbehörden und für die reichseigenen Unternehmen darstellte, konnte die Reichs-Kredit-Gesellschaft A.G. ihre geschäftspolitischen Aktivitäten allmählich und zum Teil auf Kosten der durch die Inflation geschwächten privaten Großbanken diesen angleichen und ausdehnen, so daß sie sich bis auf die Eigentumsverhältnisse nicht mehr von den anderen Berliner Großbanken unterschied.

Daß die deutsche Bankenlandschaft auch nach der Währungsreform in den zwanziger Jahren kein starres Gebilde war, kann vor allem anhand einiger Zusammenschlüsse zwischen bedeutenden Banken aufgezeigt werden (LV 74, 104). Dabei erfolgten die Fusionen nach 1924 zum großen Teil aus ökonomischen Vernunftsgründen, nicht zuletzt wegen der stark geschwächten Kapitalbasis einzelner Banken infolge der Inflation sowie einer nicht auskömmlichen Rentabilitätssituation.

Besonderes Aufsehen erregten diejenigen Fusionen, an denen Berliner Großbanken beteiligt waren. So übernahm die Dresdner Bank außer verschiedenen Privatbanken die Danziger Creditanstalt 1924, die Ostbank für Handel und Gewerbe, Berlin und Königsberg, 1929, sowie die Hessische Landgräflich konzessionierte Landesbank, Bad Homburg, und die Rathenower Bankverein A.G. 1930. Die Commerz- und Privat-Bank übernahm u.a. 1926 die Braunschweigische Bank und Kreditanstalt, 1928 die Aachener Bank für Handel und Gewerbe und bei der bedeutendsten aller ihrer Fusionen 1929 die Mitteldeutsche Creditanstalt, Berlin und Frankfurt a.M., mit Rückwirkung per 1. 1. 1928.

Der wohl vergleichsweise größte und bedeutendste Zusammenschluß in der deutschen Bankenlandschaft bis heute vollzog sich im September 1929 in Gestalt der spektakulären Fusion der Deutschen Bank mit der Direction der Disconto-Gesellschaft, weil sie fast von einem Tag auf den anderen die Situation der deutschen Bankenstruktur veränderte. Sie erregte auch deshalb Aufsehen, weil diese beiden Institute über Jahrzehnte hinweg als schärfste Rivalen galten und durch in der Öffentlichkeit bekannte persönliche Abneigungen zwischen renommierten Mitgliedern ihrer Geschäftsleitungen charakterisiert waren. Hier fusionierten zwei Institute, die eigentlich in keiner Weise – auch was die Ausrichtung ihrer Geschäftspolitiken betraf – zueinander zu passen schienen. Zudem war die Deutsche Bank ein stark filialisiertes Institut, während die Direction der Disconto-Gesellschaft kein Filialnetz besaß. Einer der Gründe für den Zusammenschluß, bei dem die Deutsche Bank formell das aufnehmende Institut war und der Umtausch der Aktien im Verhältnis 1:1 erfolgte, war sicherlich die schlechte Rentabilitätssituation beider Banken: Nicht reduzierbare Kosten ließen keine ausreichenden Gewinne mehr entstehen, die der Größe der Geschäfte angemessene Rücklagen erlaubt hätten. Das fusionierte Unternehmen firmierte forthin als „Deutsche Bank und Disconto-Gesellschaft", allerdings nur bis 1937; in letzterem Jahr sollte das Institut wieder den traditionellen Namen „Deutsche Bank" erhalten. Die rechtliche Selbständigkeit der z.T. sehr namhaften Tochterbanken der Direction der Disconto-Gesellschaft ging zugunsten einer vollständigen Eingliederung verloren. Ein Aktientausch erübrigte sich, weil das Aktienkapital der Tochterinstitute bereits zu 100% von der Disconto-Gesellschaft gehalten wurde.

Das neue Institut hatte Ende 1929 ein Aktienkapital von 285 Mio. RM, also fast soviel wie die restlichen Berliner Großbanken (Dresdner Bank, Darmstädter und Nationalbank, Commerz- und Privat-Bank, Reichs-Kredit-Gesellschaft, Berliner Handels-Gesellschaft) zusammen, wozu die Dresdner Bank 100 Mio. RM und die Commerz- und Privat-Bank 75 Mio. RM beitrugen. Die Bilanzsumme der Deutschen Bank und Disconto-Gesellschaft betrug fast 5,54 Mrd. RM und war somit bei weitem größer als die der Dresdner Bank mit 2,51 Mrd. und die der Commerz- und Privat-Bank mit 1,88 Mrd. RM.

Wurden die deutschen Banken im Mai 1927 bereits von einem ersten größeren Schlag getroffen − die Kurse an den Börsen brachen zusammen, scharfe Restriktionen der Effektenkredite waren mit hohen Verlusten verbunden und führten auch zu erheblichen Einbußen bei den eigenen Wertpapierbeständen der Großbanken −, so konnten die Auswirkungen dieser Krise auf die Ertragsrechnungen der Großbanken doch noch in Grenzen gehalten werden. Dieser Kurseinbruch an den Börsen 1927 und der 1929 eintretende Rückgang in nahezu allen Geschäftsbereichen der Großbanken im Zusammenhang mit der Weltwirtschaftskrise wurden jedoch nicht als ein Signal bzw. als Vorboten jener weitaus größeren, existenzbedrohenden Krise erkannt, die 1931 auf das Bankwesen in Deutschland zukommen sollte.

Als ein auslösendes Moment (LV 9, 11, 31, 44, 59, 63, 96) für die Bankenkrise 1931 − die vor allem eine Großbankenkrise oder, genauer, eine Krise insbesondere bestimmter Großbanken war − ist sicherlich der Abzug der kurzfristigen Auslandsgelder aus Deutschland anzusehen, deren Aufnahme die Großbanken aus verschiedenen Gründen trotz der erkennbaren Abrufgefahr stark vorangetrieben hatten. Einzige Ausnahme war die Berliner Handels-Gesellschaft, die unter Fürstenbergs weitsichtiger Führung in der Krise inländischen wie ausländischen Kreditoren gegenüber voll zahlungsfähig blieb und so gesehen durch die Brüningschen Maßnahmen 1931 grundlos getroffen wurde.

Verhängisvoll wurde jedoch nicht allein jene Refinanzierungspolitik, sondern auch die von den Großbanken zur glei-

Tabelle 3: *Ausgewählte Bilanzpositionen der Jahresabschluß-bilanzen der Filialgroßbanken im Vergleich der Jahre 1913, 1924 und 1930*

Bank/Bilanzposition	1913	1924	1930
Deutsche Bank			
Wechsel und unverzinsliche Schatzanweisungen	639,40	229,3	938,7
Debitoren in laufender Rechnung	638,46	389,2	2292,8
Eigenkapital	312,50	200,0	410,0[1]
Kreditoren	1580,04	864,3	4136,8
Akzepte und Schecks	300,70	5,8	245,4
Bilanzsumme	2245,67	1091,3	4923,6
Dresdner Bank			
Wechsel und unverzinsliche Schatzanweisungen	375,89	153,1	515,6
Debitoren in laufender Rechnung	624,86	312,4	1116,1
Eigenkapital	261,00	100,0	134,0
Kreditoren	958,39	684,8	2220,2
Akzepte und Schecks	287,31	0,4	164,8
Bilanzsumme	1538,12	794,5	2529,0
Commerzbank			
Wechsel und unverzinsliche Schatzanweisungen	75,69	133,7	361,9
Debitoren in laufender Rechnung	197,84	169,9	808,7
Eigenkapital	99,00	63,0	115,5
Kreditoren	315,96	377,9	1488,5
Akzepte und Schecks	83,46	3,0	109,1
Bilanzsumme	507,74	449,3	1804,5

[1] zuzüglich 35 Mio. Aktien im eigenen Besitz

chen Zeit betriebene Kreditpolitik, die Vernachlässigung des „prudent banking". Vor allem die Filialgroßbanken ließen sich durch vermeintlich zu erwartende hohe Gewinne bei den Industrieunternehmen dazu verleiten, auf genauere Überprüfungen der Kreditverwendung im Rahmen der Kreditvergabepolitik bei ihren Großkreditnehmern zu verzichten. Darüber hinaus betrachteten die Banken zudem den Ruf des Unternehmens, dessen Warenbestand sowie die teilweise durch Kartelle gebundenen Preisgestaltungsmöglichkeiten als ausreichende Sicherheiten, wobei zuweilen dieselben dinglichen Sicherheiten mehrfach gegenüber verschiedenen Banken verwendet worden sein sollen.

Nachdem die juristisch kurzfristig gewährten Kredite praktisch ständig prolongiert werden mußten, weil sie zur Finanzierung von Investitionen verwendet worden waren, gerieten vor allem die Großbanken durch ein solches geschäftspolitisches Verhalten von wichtigen Industrie- und Handelsunternehmen zwangsläufig immer mehr in eine Art Beteiligungsverhältnis zu ihren Kreditnehmern, weil andererseits die Verweigerung weiterer Kreditgewährungen schon frühzeitig das Ende der Unternehmen herbeigeführt hätte. Angesichts dieser Situation und der übermäßigen Refinanzierung mit zumeist kurzfristigen Auslandsgeldern ist es nur schwer erkennbar, wie sich die Geschäftsleitungen der Großbanken eine Rückzahlung der Fremdmittel bei krisenhaften, massiven Kündigungen vorgestellt haben könnten. Ihr stark erwerbswirtschaftlich orientiertes Verhalten vertraute wohl offenbar in hohem Maße auf die bisherige Praxis der fast selbstverständlich gewordenen Prolongationen der kurzfristigen ausländischen Einlagen sowie auf die Reichsbank als „lender of last resort".

Neben dieser Refinanzierungs- und Kreditvergabepolitik, die sich vor dem Hintergrund starker Kursrückgänge abspielte, müssen allerdings noch weitere, z.T. schon genannte Ursachen der Bankenkrise angeführt werden. So wurden oben bereits das schon seit Jahren vergebliche Streben der Banken zur Erreichung einer vertretbaren Rentabilität und die andauernde Verschlechterung der Relation von Eigenkapital zu Fremdmitteln hervorgehoben: Während Ende 1913 das Verhältnis von Aktienkapital und Reserven zu Kreditoren und Akzepten der Berliner Großbanken noch bei etwa 1:4 lag, betrug es Ende

1930 bei der Berliner Handels-Gesellschaft 1:9,8, bei der Reichs-Kredit-Gesellschaft 1:10,5, bei der Deutschen Bank und Disconto-Gesellschaft 1:9,8, bei der Commerz- und Privat-Bank 1:13,8, bei der Dresdner Bank nur 1:17,8 und bei der Darmstädter und Nationalbank sogar lediglich 1:20,1. Schließlich bildeten die lang andauernden Verhandlungen über die Reparationszahlungen des Deutschen Reiches an die Gegnerstaaten des ersten Weltkriegs und die daraus folgenden Maßnahmen eine dauernde Belastung für die inländische Wirtschaft. Abgesehen von den zuletzt genannten Ursachen kann allerdings davon ausgegangen werden, daß die Bankenkrise, speziell die der Großbanken, im Kern durch eine fehlerhafte Geschäftspolitik von letzteren zumindest nicht unerheblich verschärft worden ist, wobei dies vor allem auf die beiden zuerst und am weitaus stärksten betroffenen Institute, die Darmstädter und Nationalbank sowie die Dresdner Bank, zutrifft.

Erfaßt wurden die Großbanken von der heraufziehenden Krise zunächst über ihre Kreditpolitik, indem eine beträchtliche Zahl ihrer industriellen Großschuldner im Verlaufe der sich ausbreitenden Weltwirtschaftskrise in Schwierigkeiten geriet (LV 11, 54, 59, 77, 105, 114, 120). Um sie am Leben zu erhalten, aber auch wegen eines teilweise übertriebenen Wettbewerbsdenkens, gaben die Großbanken dennoch vielfach weitere Kredite: Sie „warfen gutes Geld dem schlechten hinterher" – mit der schon erwähnten Folge eines erheblichen Abhängigwerdens von ihren industriellen Schuldnern. So wurden 1927 die Darmstädter und Nationalbank und die Dresdner Bank Großkreditgeber des Nordwolle-Konzerns, nachdem die vorsichtiger operierende Berliner Handels-Gesellschaft aufgrund der ihr bedenklich erscheinenden Expansion dieser Unternehmung deren Kreditwünsche nicht mehr erfüllen wollte. Der Konkurs des Nordwolle-Konzerns im Verlaufe der Weltwirtschaftskrise sollte diese Entscheidung der Berliner Handels-Gesellschaft im nachhinein rechtfertigen, zumal dieses Ereignis das Geschehen um die beiden neuen Hausbanken stark beeinflußte. Der Konkurs war letztlich im Frühsommer 1931 der eigentliche Anlaß, der aus einem zunächst noch relativ ruhigen Abzug der ausländischen Gelder einen regelrechten „run" auf die deutschen Banken gemacht hatte, und zugleich auch die Ursache dafür, warum gerade im kritischen Zeitpunkt, der ersten Julihälfte, weder private Ersatzkredite noch Hilfe von ausländischen Zentralnotenbanken zu erlangen waren.

Insgesamt gesehen läßt ein Vergleich der Kreditgewährungspolitik der einzelnen Berliner Großbanken für den Zeitraum von 1929 bis 1931 aber dennoch ein in etwa gleichgerichtetes Verhalten der Institute erkennen. So verringerten die Deutsche Bank und Disconto-Gesellschaft ihre Debitorenbestände und Warenvorschüsse in dieser Zeit auf 72,5% des Jahres 1929, die Dresdner Bank (mit Darmstädter und Nationalbank) auf 79,2%, die Commerz- und Privat-Bank auf 77,5%, die Reichs-Kredit-Gesellschaft auf 76,3% und die Berliner Handels-Gesellschaft auf 75,4%, wodurch sie zumindest teilweise die negativen Folgen der Krise für sie abschwächen konnten.

Verluste für die Banken entstanden jedoch nicht nur aufgrund ihrer Kreditvergabepolitik, sondern ebenfalls durch notwendige Wertberichtigungen auf die vor allem von den Großbanken gehaltenen Wertpapierpositionen, die sich z.T. aus erheblichen Beständen an Wertpapierpaketen von Unternehmen aus Industrie und Handel zusammensetzten. Diese resultierten teilweise noch aus früheren Umgründungsgeschäften, aber auch aus Aktien umgeschuldeter Kreditengagements sowie aus eigenen Investments. Als der an den deutschen Börsen bereits eingetretene Kursverfall sich selbst auch bei erstklassigen Titeln an ausländischen Börsen erheblich verstärkte, konnten die Großbanken die Wertpapiere in ihren Portefeuilles nicht mehr abstoßen, sondern mußten hohe Abschreibungen auf ihre Effektenbestände vornehmen. So schrieben die Deutsche Bank und Disconto-Gesellschaft Ende 1930 von ihrem Wertpapierbestandskonto (errechneter Aktienbestand Ende 1929 144,5 Mio. RM) 21,3 Mio. RM ab, die Dresdner Bank (52,8 Mio. RM) 6 Mio. RM, die Darmstädter und Nationalbank (71,6 Mio. RM) 10 Mio. RM und die Commerz- und Privat-Bank (48,1 Mio. RM) 4,62 Mio. RM (LV 47).

Dieser Umstand, der für die breite Öffentlichkeit bei der Publizierung der Großbankenabschlüsse offensichtlich wurde, führte zu einem weiteren Verlust an Vertrauen in das deutsche Bankgewerbe und insgesamt in die deutsche Wirtschaftssituation.

Ein gravierendes Sonderproblem der Großbanken bildeten deren eigene Aktien. Ausgehend von der – bis heute keineswegs aufgegebenen – Vorstellung, daß die Bankaktien auch in Krisenzeiten aus Standinggründen ein gewisses Kursniveau nicht unterschreiten dürften, hatten die Großbanken – mit Ausnahme der Reichs-Kredit-Gesellschaft, deren Aktien nicht an der Börse gehandelt wurden, und nur in geringem Maße die Berliner Handels-Gesellschaft – schon 1930 Kursstützungskäufe für die eigenen Aktien getätigt und z.T. hohe Bestände erworben. Ermöglicht wurden diese Transaktionen, weil eindeutige Bestimmungen über den Erwerb eigener Aktien bzw. dessen Verbot damals noch fehlten. Sie wurden erst – nicht zuletzt aufgrund der gemachten Erfahrungen dieser Jahre – in der Aktienrechtsnovelle von 1931 fixiert. Bis weit in das Jahr 1930 hinein wiesen aufgrund dieser Selbstaufkäufe die Großbankenaktien erheblich höhere Kurse als die Industrie- und Handelswerte auf. Ab September 1930 allerdings verzeichneten die Großbankenaktien trotz der Stützungskäufe erhebliche Kursverluste, die offenbar vor allem durch das Ergebnis der Reichstagswahlen vom 14. September induziert worden waren, die unerwartet große Stimmengewinne der radikalen Flügel des Parlaments, besonders für die Nationalsozialisten, gebracht hatten. Als sich im Mai und Juni 1931 die Abflüsse ausländischer Gelder wieder verstärkten und dadurch auch der Druck auf die Großbankenaktien weiter anstieg, ließen die Institute die Kurse ihrer Wertpapiere auf etwas über pari absinken, kauften dann aber weiterhin sehr hohe Beträge zum Aufrechterhalten des Parikurses auf.

Das Ergebnis war, daß sich das Reinvermögen der Großbanken um den Betrag der eigenen Aktien verringerte, somit zugleich auch ihre haftenden Mittel und damit die Gläubigersicherung. Da die Kurse der eigenen Aktien stark fielen, ließen sich die eigenen Bestände auch nicht als Liquiditätsreserven betrachten, die durch Verkauf hätten monetisiert werden können. Vielmehr war der sonst von den Aktionären zu tragende Kursverlust nun von der einzelnen Bank selbst in starkem Maße zu tragen und gefährdete so zusätzlich Bonität und Liquidität der in Schwierigkeiten geratenen Banken. Der ursprüngliche Anlaß des Erwerbs eigener Aktien, nämlich der Versuch, sich das Vertrauen des Publikums am Kapitalmarkt, aber auch in der breiteren Öffentlichkeit und im Ausland zu erhalten, wurde somit durch die weitere negative wirtschaftliche und finanzielle Entwicklung in sein Gegenteil verkehrt – ebenfalls ein Resultat also völlig verfehlter Überlegungen der Großbanken-Geschäftsleitungen. Belastet wurde das Vertrauen in die Großbanken zudem durch die Auswirkungen weiterer, zumindest unglücklich zu nennender Entscheidungen der Geschäftsleitungen. So wurden – vor allem, um auch im Ausland Vertrauen zu gewinnen oder zu erhalten – regelmäßig noch hohe Dividendenzahlungen vorgenommen. Die in dieser Politik implizierte Gefahr wurde virulent, als im Verlaufe der 1928 in der deutschen Volkswirtschaft beginnenden Konjunkturabschwächung auch die Gewinne der Großbanken zurückgingen, trotzdem aber noch 1929 Dividenden bis zu 12% und 1930 bis zu 8% gewährt wurden. Bei gleichzeitig weiter vorangetriebener Expansion ihrer Geschäftsvolumina, besonders mit Hilfe ausländischer Kredite, konnten die Dividendenverpflichtungen nur durch Auflösung stiller Reserven erfüllt werden mit der Folge eines sich verringernden Eigenkapitals und immer ungünstiger werdender Eigenkapitalrelationen.

Durch diese, aber nicht nur allein aus der Geschäftspolitik resultierenden Probleme der deutschen Banken, die das Vertrauen der Einleger, vor allem zunächst der Auslandskreditoren, erschütterten, wurden jedoch die belasteten gesamtwirtschaftlichen und politischen Verhältnisse in Deutschland und Europa noch verschärft. Die stark rückläufigen Kreditoren konnten indes zunächst noch durch eine gesteigerte Kreditaufnahme bei der Reichsbank kompensiert werden, die auf diese Weise jedoch einen Großteil ihrer Gold- und Devisenbestände abgeben mußte.

Waren bis Ende Februar hinsichtlich der Abzüge ausländischer Gelder noch kaum wesentliche Unterschiede zwischen den einzelnen Großbanken festzustellen, so kam es in der Folgezeit zu überproportionalen Belastungen der Darmstädter und Nationalbank und der Dresdner Bank. Letztere hatte einen besonders hohen Bestand nicht rediskontfähiger Schatzanweisungen, was mit ein Grund dafür war, daß das Institut bereits Ende Juni sämtliche Refinanzierungsquellen bis aufs äußerste ausschöpfen mußte – und dies, obwohl das Deckungsverhältnis der Kreditoren und Akzepte durch liquide Mittel ersten Grades sich bei ihr kaum ungünstiger darstellte als bei den meisten anderen Banken. Jener Umstand war jedoch entscheidend dafür, daß sie in den der Zahlungseinstellung durch die Darmstädter und Nationalbank unmittelbar vorausgehenden Beratungen der Reichsregierung auch von ihrer eigenen Illiquidität Mitteilung machen mußte.

Nachdem eine Reihe privater Banken die Regierung nicht von der Notwendigkeit von Hilfeleistungen überzeugen konnte, versuchten Anfang Juli verschiedene Bankiers, ein Garantiesyndikat der deutschen Wirtschaft zu gründen, das bis zu 500 Mio. RM für Kreditausfälle übernehmen sollte. Jedoch kam es u.a. deshalb nicht zustande, weil eine entsprechende Rediskontbereitschaft der Reichsbank als eine Voraussetzung hierfür nicht erklärt wurde. Die Reichsbank wurde in der damaligen Krise deswegen kritisiert und wird es auch teilweise heute noch. Die Ansichten werden zwar gespalten bleiben: Jedoch setzt sich heute immer mehr die Meinung durch, daß die Reichsbank mit ihrer Entscheidung (Kreditrestriktionen) endlich diejenige Verantwortung gegenüber den gesunden Banken zum Ausdruck gebracht hätte, die ihr das Bankgesetz vorschrieb (LV 9). Sie hätte sich allerdings zu den ihr angetragenen Refinanzierungsansinnen bereit erklärt, wenn ihr von ausländischen Notenbanken ein entsprechender Rediskontkredit eingeräumt worden wäre, damit sie nicht unter die gesetzliche Notendeckungsgrenze hätte zu gehen brauchen. Eine Rundreise des Reichsbankpräsidenten als „Bittsteller" bei den europäischen Notenbanken blieb jedoch ohne Erfolg.

Trotz eines zusätzlichen, in Höhe von 30 Mio. RM gewährten Kredits der Deutschen Bank und Disconto-Gesellschaft noch wenige Tage zuvor mußte die Darmstädter und Nationalbank am 13. Juli 1931 ihre Schalter schließen. Als gleichzeitig an diesem Tage noch bekannt wurde, daß u.a. auch die Dresdner Bank und die Landesbank der Rheinprovinz sich in großen Liquiditätsschwierigkeiten befanden, beschloß die seit Tagen fast ständig beratende Reichsregierung unter Mitwirkung einflußreicher Persönlichkeiten des deutschen Bankgewerbes, die beiden nächsten Tage, den 14. und 15. Juli, zu „Bankfeiertagen" zu erklären, um der offenen Zahlungseinstellung weiterer Banken zuvorzukommen. Mit Ausnahme der Reichsbank durfte keine Bank mehr Ein- und Auszahlungen sowie Überweisungen im Inland und an das Ausland vornehmen. Für die Einhaltung von Fristen und Terminen — z.B. bei Fälligkeit eines Wechsels — galten diese beiden Tage als staatlich anerkannte allgemeine Feiertage.

Trotz der Zusicherung englischer und amerikanischer Banken, ihre Rembourskredite bei den Berliner Großbanken zu belassen, nahm die Entwicklung für letztere nach der Wiederfreigabe des Zahlungsverkehrs am 5. August und der beschränkten Auszahlung von Spareguthaben ab dem 8. August (LV 37) doch einen ungünstigeren Verlauf als erwartet, weil vor allem niederländische und schweizerische Banken Einlagenabzüge und Kreditkündigungen vornahmen. Durch Einlagenumschichtungen verschärfte sich die Liquiditätssituation einzelner Großbanken zusätzlich, wobei wieder besonders die Darmstädter und Nationalbank sowie die Dresdner Bank betroffen waren. Die jetzige Anspannung der Großbanken konnte jedoch dadurch in Grenzen gehalten werden, daß die Debitoren und liquiden Mittel verringert und der Akzeptumlauf ausgedehnt wurden. Die Situation entspannte sich erst, als die privaten ausländischen Gläubiger im Baseler Stillhalteabkommen vom 19. August 1931 der sechsmonatigen Stundung eines großen Teils der kurzfristigen deutschen kommerziellen Auslandsschulden zustimmten und dieses Abkommen später mehrmals verlängerten.

Mit Ausnahme der Deutschen Bank und Disconto-Gesellschaft, die z.B. ihre Auslandskreditoren auch freiwillig reduziert hatte (LV 7), unterschieden sich die filialisierten und die nichtfilialisierten Großbanken zum einen in der Bereitwilligkeit der Aufnahme bzw. Ablehnung von Auslandsgeldern, zum anderen aber auch durch unterschiedliche Diversifikationsstrategien speziell im Bereich der Debitoren, was letztlich zu der gegenläufigen Liquiditätsentwicklung beider Gruppen führte. Während die nichtfilialisierten Großbanken, also die Berliner Handels-Gesellschaft und die Reichs-Kredit-Gesellschaft, nicht zuletzt aufgrund ihrer vorsichtigen Debitorenpolitik vor und während der Krisenmonate jederzeit in der Lage waren, ihre Volumina an Akzepten und Indossamentsverbindlichkeiten in engen Grenzen zu halten, wurden die filialisierten Großbanken, und hier vor allem die Darmstädter und Nationalbank und die Dresdner Bank, durch die geringere Liquidisierbarkeit ihrer Debitorenbestände im Verlaufe der Krise z.T. erheblich stärker in Mitleidenschaft gezogen als erstere. Anzumerken ist allerdings, daß die Bilanzsumme der Großbanken ohne Filialnetz nur etwa 10% derjenigen der filialisierten Banken erreichte. Angesichts der bestehenden Eigenkapitalrelationen hätten die Liquiditätsreserven der Filialgroßbanken aus Sicherheitsgründen offenbar wesentlich größer sein müssen als die der nicht filialisierten Institute, um den aus den kurzfristigen Verbindlichkeiten resultierenden potentiellen Gefahren entgegenwirken zu können. Nicht zuletzt aus diesem Grunde konnten die eigenkapitalstärkeren nichtfilialisierten Institute ihre Liquiditätsposition nahezu stetig verbessern, während die der mit relativ geringem Eigenkapital ausgestatteten Filialgroßbanken sich fortlaufend verschlechterte.

Im Zuge der Bewältigung der Folgen der Bankenkrise stand in der ersten Zeit primär das Liquiditätsproblem an. Mit dem Ziel der „Auftauung illiquider Bankkredite" wurde am 28. Juli 1931 auf Anregung der Reichsbank unter Mitwirkung des Reiches sowie öffentlich-rechtlicher und privater Banken die Akzept- und Garantie-Bank gegründet. Dieses Institut sollte bei der Reichsbank diskontierbares Wechselmaterial durch Umwandlung von Buch- in Wechselkredite „produzieren". Etwa sechs Wochen nach der Gründung waren schon über 1,2 Mrd. RM in Anspruch genommen worden. Hiervon wurden allein rund 650 Mio. RM zur Erhaltung der Zahlungsfähigkeit der Sparkassen benötigt, 300 Mio. RM wurden der Dresdner Bank gegeben und 225 Mio. RM der Darmstädter und Nationalbank.

Angesichts der großen Liquiditätsschwierigkeiten vor allem der Dresdner Bank und des nunmehr stärker erkennbar werdenden Umfangs der eingetretenen Verluste wurden zahlreiche Sanierungs- und Reformvorschläge diskutiert, wovon schließlich Zwangsfusionen und Sanierungen im Bereich der Großbanken in Angriff genommen wurden. Dabei schien die Frage nach den zu fusionierenden und verschwindenden Banken leicht beantwortbar: nämlich der Barmer Bankverein, der selbst die Möglichkeit selbständigen Weiterbestehens verneint hatte, und die Darmstädter und Nationalbank, deren Name allein schon zur Belastung geworden war. So wurde insbesondere mit dem Gedanken gespielt, die Darmstädter und Nationalbank mit der Commerz- und Privat-Bank zu verschmelzen, was, weil letztere zunächst noch frei von Reichseinfluß war, eine Reprivatisierung der ersteren bedeutet hätte. Darüber hinaus war die Commerz- und Privat-Bank zeitweilig aber nicht nur dazu ausersehen, als aufnehmende Bank für die Darmstädter und Nationalbank zu fungieren, sondern auch für die Dresdner Bank oder gegebenenfalls für beide Institute. Die Aufnahme beider Banken durch die Commerz- und Privat-Bank hätte jedoch angesichts der erst nach und nach bekanntgewordenen Tatsache, daß auch sie eine nicht unerhebliche Schwächung durch die Bankenkrise erfahren hatte, notwendigerweise eine noch weitergehende Unterstützung und damit Einflußnahme durch das Reich auch für dieses Institut zur Folge gehabt. Zudem wäre die Übernahme einer konkursreifen durch eine beinahe konkursreife Bank – nämlich bei einer Fusion der Darmstädter und Nationalbank mit der Commerz- und Privat-Bank – mit zu großen Unsicherheiten behaftet gewesen. Letztlich wurde argumentiert, daß bei einer Vereinigung der drei Banken eine nicht erwünschte „Mammutbank" entstehen würde.

Als die Commerz- und Privat-Bank Anfang 1932 sich mittlerweile selbst als dringend hilfsbedürftig erwies, galt der Plan einer Fusion mit der Darmstädter und Nationalbank als nicht mehr relevant, weil unter diesen Umständen letztere nicht in Privatbesitz, sondern erstere eher völlig in Reichsbesitz hätte überführt werden müssen. Da inzwischen auch der zeitweilige Plan, die insolvente Dresdner Bank und die gesunde Reichs-Kredit-Gesellschaft zu fusionieren, wieder fallen gelassen worden war, weil die Regierung die Zurückführung der Dresdner Bank in Privatbesitz nach Möglichkeit nicht verbauen wollte, die Deutsche Bank und Disconto-Gesellschaft bei den Fusionsprojekten aber schon deshalb außer Betracht blieb, weil, obwohl sie von den Filialgroßbanken die Krise weitaus am besten überstanden hatte, keine zu großen und ungleichgewichtigen Geschäftsbanken geschaffen werden sollten, blieben als einzige realistische Möglichkeiten der Fusion einerseits die der mittlerweile vom Reich durch Aktienübernahme und sonstige Stützungen beherrschten Filialgroßbanken Dresdner Bank mit der Darmstädter und Nationalbank und andererseits die der noch privaten Commerz- und Privat-Bank mit dem Barmer Bankverein übrig.

Neben dem Reich fand sich – nicht zuletzt unter gesamtwirtschaftlichen Aspekten – die Reichsbank zu Hilfeleistungen bereit, wozu aus formellen Gründen die Deutsche Golddiskontbank eingeschaltet wurde. Diese Tochtergesellschaft der Reichsbank war 1924 gegründet worden, um diejenigen Bankgeschäfte durchzuführen, die der Reichsbank selber nicht erlaubt waren – wie z.B. die Finanzierung des deutschen Außenhandels –, wodurch das Vertrauen der Auslandsgläubiger in die deutsche Wirtschaft gestärkt werden sollte. Außerdem bestand die Hoffnung, auf diese Weise den Umfang und das Tempo des Abzugs von Auslandsgeldern vermindern zu können und neue Auslandskredite zu erhalten.

Da die Banken erheblich auf finanzielle Hilfen angewiesen waren, konnte die Reichsregierung diesen Umstand als Druckmittel zur Sanierung des deutschen Bankwesens einsetzen. Am 20. Februar 1932 verschaffte sich die Regierung durch die „Verordnung des Reichspräsidenten über die Sanierung von Bankunternehmen" die Möglichkeit, sich zum Zwecke der Reorganisation des deutschen Bankwesens an Banken zu beteiligen, die erforderlichen Einzahlungen zu leisten und erworbene Anteile wieder zu veräußern. Darüber hinaus bildete diese Verordnung die Grundlage für die „Verordnung über die Verschmelzung der Darmstädter und Nationalbank mit der Dresdner Bank sowie des Barmer Bankvereins mit der Commerz- und Privat-Bank" vom 11. März 1932 (LV 7, 37, 46, 62, 76, 81, 102).

Nachdem die Hauptversammlungen der Darmstädter und Nationalbank und die der Dresdner Bank einem mit dem Reich geschlossenen Vertrag zugestimmt hatten, konnte die Fusion dieser beiden Institute rückwirkend zum 31.12.1931 erfolgen. Hierzu wurden zunächst bei der Dresdner Bank zur Deckung von Verlusten Reserven in Höhe von 34 Mio. RM gestrichen, das Grundkapital von 100 Mio. RM durch Einziehung von 34 Mio. RM eigener Aktien gekürzt und die restlichen, noch bei freien Aktionären sich befindenden 66 Mio. RM im Verhältnis 10:3 zusammengelegt. Ferner verzichtete das Reich auf 100 Mio. RM, indem es seine im August 1931 gezeichneten und mit Schatzanweisungen bezahlten 300 Mio. RM 7%-Vorzugsaktien der Dresdner Bank im Verhältnis 3:2 zusammenlegte und in Stammaktien umwandeln ließ, so daß sich für die Dresdner Bank ein neues Grundkapital von 220 Mio. RM ergab. Von den 200 Mio. im Besitz des Reiches gab dieses der Dresdner Bank 48 Mio. ohne Entschädigung zurück, die das Institut zum Kurs von 105% an die Golddiskontbank verkaufte. Für den Ausgleich von Verlusten der Darmstädter und Nationalbank, deren eigene Aktien das Reich übernahm, stellte das Reich 100 Mio. RM zur Verfügung.

Nach diesen notwendigen Maßnahmen fusionierten die beiden Institute, indem die noch im freien Verkehr befindlichen Aktien der Darmstädter und Nationalbank im Wert von etwa 25 Mio. RM gegen Aktien der Dresdner Bank im Verhältnis 10:3 eingetauscht wurden. Die für diesen Tausch erforderlichen Dresdner-Bank-Aktien (7,5 Mio. RM) gab das Reich aus seinem Aktienbestand. Ferner gewährte das Reich der Dresdner Bank neben einem Kredit von etwa 60 Mio. RM (einschließlich einer Prozeßrücklage) 30 Mio. RM zur Schaffung eines offenen Reservefonds, 60 Mio. RM zur Bildung einer Ausgleichsreserve für künftig etwa noch eintretende Verluste sowie 20 Mio. RM als Beihilfe zur Abfindung der durch die Fusion freigesetzten Mitarbeiter. Eine Verpflichtung zur Rückzahlung aus künftigen Gewinnen bestand lediglich für den Teil, der den Betrag der erforderlichen Abschreibungen überstieg.

Durch die Reichsverordnung vom 11. März 1932, die alle aktienrechtlichen Bestimmungen außer Kraft setzte, die der Genehmigung der Fusionen entgegenstehen konnten, und somit ein Sonderrecht darstellte, wurden beide Banken schließlich verschmolzen. Mit der Fusion zog das Reich gleichzeitig eine Garantie für die Inlandsverbindlichkeiten der Darmstädter und Nationalbank zurück, während diejenige gegenüber Auslandsgläubigern im Hinblick auf die Stillhaltevereinbarungen bestehen blieb.

Nach der vollzogenen Fusion verfügte die neue Dresdner Bank über ein Aktienkapital von 220 Mio. RM und Rücklagen in Höhe von 30 Mio. RM. Lediglich etwas über 20 Mio. RM Dresdner-Bank-Aktien verblieben in Privatbesitz, so daß das sanierte Institut fast völlig von der öffentlichen Hand beherrscht wurde (Reich 152 Mio. RM, Golddiskontbank 48 Mio. RM). Auch organisatorisch hatte die Fusion der Banken beträchtliche Folgen: So wurden an 52 Orten Filialen der Dresdner Bank mit solchen der Darmstädter und Nationalbank zusammengelegt und gleichzeitig im Laufe des Jahres 1932 der Personalbestand der neuen Bank um fast 3000 Mitarbeiter auf rund 11000 vermindert.

Erheblich einfacher gestalteten sich die Fusions- und Sanierungsmaßnahmen bei der Commerz- und Privat-Bank und dem Barmer Bankverein. Während ein Teil der Reichsmittel für die neue Dresdner Bank à fonds perdu gegeben wurde, mußte die Commerz- und Privat-Bank alle ihr gewährten Mittel aus späteren Gewinnen zurückzahlen. Die ihr gegebene Hilfe bestand zum einen in der Übernahme der eigenen Aktien in Höhe von 37,2 Mio. RM (bei einem Gesamtkapital von 75 Mio. RM) im Tausch gegen 37,5 Mio. RM in verzinslichen Reichsschatzanweisungen, so daß das Reich nach einer Kapitalzusammenlegung im Verhältnis von 10:3 noch für 11,2 Mio. RM Commerz- und Privat-Bank-Aktien besaß. Zum anderen stellte das Reich etwa 23 Mio. RM in unverzinslichen Schatzanweisungen zur Auffüllung des Reservefonds und knapp 17 Mio. RM in verzinslichen Schatzanweisungen zur Bildung eines Delkrederefonds zur Verfügung. Die freien Aktien des Barmer Bankvereins wurden im Verhältnis 1:1 in Aktien der Commerz- und Privat-Bank umgetauscht. Nach der Kapitalzusammenlegung wurden von der Commerz- und Privat-Bank zur Erhöhung des Grundkapitals auf 80 Mio. RM für 45 Mio. RM neue Aktien ausgegeben, die zu einem Kurs von 115% von der Golddiskontbank übernommen wurden. Das Agio dieser Aktien in Höhe von 6,75 Mio. RM wurde zusätzlich zur Bildung des ordentlichen Reservefonds verwendet.

Die neue Commerz- und Privat-Bank A.G., an der die Reichsbank durch ihr Tochterunternehmen, die Golddiskontbank, zu mehr als 50% und das Reich zu 14% beteiligt waren, besaß neben den 80 Mio. RM Grundkapital noch offene Rücklagen in Höhe von 30 Mio. RM. Zudem konnten – ebenso wie bei der Dresdner Bank von den übernommenen Filialen des Barmer Bankvereins – einige – insgesamt 16 – „wegrationalisiert" werden, während sich 1932 der Personalbestand gleichzeitig um 1500 Mitarbeiter auf etwa 6600 verringerte.

Obwohl die Deutsche Bank und Disconto-Gesellschaft als einzige der Filialgroßbanken ihre Unabhängigkeit gegenüber dem Reich im wesentlichen bewahren konnte, waren sanierungsähnliche Maßnahmen jedoch auch hier nicht vollkommen vermeidbar gewesen. Die sich noch im Umlauf befindlichen Aktien im Wert von 180 Mio. RM bei einem Gesamtkapital von 285 Mio. RM wurden im Verhältnis von 10:4 auf 72 Mio. RM zusammengelegt und anschließend durch die Ausgabe neuer Aktien im Wert von 72 Mio. RM, von denen die Golddiskontbank Anteile für 50 Mio. RM zum Kurs von 115% übernahm, wieder verdoppelt. Statt ihres früheren Aktienkapitals von 285 Mio. RM und der früheren Rücklagen von 160 Mio. RM besaß die Deutsche Bank und Disconto-Gesellschaft nunmehr ein Aktienkapital von 144 Mio. RM und Rücklagen in Höhe von 25,2 Mio. RM, wobei sich etwa zwei Drittel des Kapitals in privatem Besitz befanden[1].

Die sich aus den verschiedenen finanziellen Transaktionen ergebenden Überschüsse wurden wie bei den anderen Banken für Abschreibungen und Rückstellungen auf Debitoren sowie Abschreibungen auf Wertpapiere, Konsortialbeteiligungen und dauernde Beteiligungen verwendet. Der Abschreibungsbedarf bei der Deutschen Bank und Disconto-Gesellschaft betrug insgesamt 275 Mio. RM, während er bei der Dresdner Bank bei 321 Mio. RM und bei der Commerz- und Privat-Bank bei 106,7 Mio. RM lag (LV 46). Von den Großbanken reichten allerdings nur bei der Dresdner Bank und der Commerz- und Privat-Bank nicht die Buchgewinne zur Deckung aller Verluste aus. Diesen Instituten mußte das Reich, wie schon erwähnt, zusätzliche Beträge hierzu geben.

Im Zuge der Reorganisation besaß nunmehr das Reich zusammen mit der Golddiskontbank, die für die Bankensanie-

---

1 H.J. Abs bemerkt in einem Leserbrief an die FAZ vom 13.3.1976 zu einem Artikel der Zeitung u.a., es werde dort „von der Zahlungsunfähigkeit der Banken und auch anderer Unternehmen gesprochen. Gleichzeitig wird das Eingreifen des Staates bei den Banken pauschal und ohne jegliche Differenzierung beurteilt. Die Deutsche Bank und Disconto-Gesellschaft zählte weder bei der Reichsregierung noch bei der Reichsbank zu den subventionierten Banken, da keine Staatsbeteiligung bestand. Es wurden lediglich Anfang April 1932 – fast ein Jahr nach der Krise – 50 Millionen Reichsmark-Aktien von der Golddiskontbank vorübergehend ‚in Pension genommen'".

rung über 1 Mrd. RM aufgewendet hatten (LV 37), von der Deutschen Bank und Disconto-Gesellschaft 35%, von der Commerz- und Privat-Bank 70% und von der Dresdner Bank 91% des Aktienkapitals. Die vom Reich und von der Golddiskontbank erworbenen Aktienpakete wurden auf Veranlassung des Reichsbankpräsidenten von dafür in der Rechtsform der GmbH gegründeten Treuhandstellen – für das Reich und die Reichsbank – verwaltet, wobei die Mitglieder der Verwaltungsorgane dieser Stellen, zwischen denen Personalunion bestand, von der Reichsbank und der Reichsregierung bestellt wurden. Im obersten Management der Großbanken wurden vom Reich z.T. erhebliche Umbesetzungen erzwungen (S. 228) (LV 11). Schon im Zuge von Beratungen der Reichsregierung 1931 – vor allem hinsichtlich Dresdner und Danatbank – erläuterte Brüning wiederholt, daß sich neben Sach- vor allem auch Personenprobleme stellten; er sei vom Verhalten der Großbankenleiter während der Krise erheblich enttäuscht. Er hielt personelle Konsequenzen insbesondere bei den beiden vorgenannten Banken für erforderlich und verfolgte diese so nachdrücklich, daß er schon bei den ersten Sanierungsmaßnahmen Rücktritte im Management der Banken von der Reichshilfe abhängig machte. Nach Widerständen bei der Dresdner Bank erklärte Brüning, nötigenfalls durch die Reichsregierung die Geschäfte des Instituts übernehmen zu lassen und ließ eine bereits vorbereitete Rücktrittserklärung von Geschäftsleitungsmitgliedern der Dresdner Bank sofort veröffentlichen (Weiteres S. 228 f.).

Letzte, aus der Bankenkrise resultierende Probleme führten bei der Dresdner Bank zu dem Erfordernis abermaliger Sanierungsmaßnahmen: Aufgrund von hohen Verlusten, die zu 60% auf alte Engagements der Darmstädter und Nationalbank und zu 40% auf solche der alten Dresdner Bank selbst zurückzuführen waren, wurde das Aktienkapital mit Wirkung vom 31.12.1932 durch Zusammenlegung der 220 Mio. RM auf 150 Mio. RM herabgesetzt; zugleich wurden die Rücklagen in Höhe von 30 Mio. RM auf 15 Mio. RM zurückgenommen und der Buchgewinn von 85 Mio. RM zusammen mit ca. 9,5 Mio. RM Betriebsüberschuß von 1932 zu Abschreibungen und Rückstellungen verwendet. Durch die Kapitalzusammenlegung und den Erwerb noch weiterer Aktien im Wert von 10,1

Mio. RM durch das Reich war letztlich nur noch ein Bruchteil von 4 Mio. RM davon in Privatbesitz, die Bank also praktisch vollständig „sozialisiert". Auch der private Anteil an der Commerz- und Privat-Bank verringerte sich ab dem Frühjahr 1932 weiter, weil die Golddiskontbank Aktien zu Kursstützungszwecken aufnahm. Demgegenüber wurde der private Anteil bei der Deutschen Bank und Disconto-Gesellschaft Ende 1933 durch die Inzahlungnahme eigener Aktien aus dem Bestand der Golddiskontbank erhöht. Zu Beginn 1934 betrug das Aktienkapital der Bank schließlich 130 Mio. RM, wovon noch 31 Mio. RM im Besitz der Golddiskontbank, der Rest von mehr als 75% in privaten Händen waren.

Bezüglich der fremden Mittel ist anzumerken, daß der Rückgang von Ende 1930, dem Jahr vor dem großen „run", bis Ende 1932, dem Jahr nach der Sanierung der Banken, teilweise einen nicht unerheblichen Umfang angenommen hatte. So waren z.B. die fremden Mittel der Deutschen Bank und Disconto-Gesellschaft von 4137 Mio. RM (1930) auf 2813 Mio. RM (1932) und die der Dresdner Bank von 4511 Mio. RM (davon 2290 Mio. RM der Darmstädter und Nationalbank) auf 2505 Mio. RM gesunken. Die Commerz- und Privat-Bank hatte lediglich einen Kreditorenrückgang von 1489 Mio. RM auf 1242 Mio. RM zu verzeichnen. Vor der Fusion betrug die Höhe der Kreditoren weniger als 1000 Mio. RM. Gleichzeitig mit dem Rückgang der Kreditoren verbesserte sich das Verhältnis der Fristen untereinander, weil während der Krise gerade die kurzfristigen Fremdmittel abgezogen worden waren und durch das Stillhalteabkommen mehrere Milliarden kurzfristiger Auslandsgelder faktisch in langfristige umgewandelt worden waren.

Betrachtet man die Liquiditätskennzahlen der gesamten Kreditbanken, so hatten sie sich von Ende 1930 bis Ende 1932 im Durchschnitt kaum verändert. Allerdings konnten bei den Berliner Großbanken einige typische Entwicklungen festgestellt werden: So wiesen die Berliner Großbanken ohne Filialnetz 1932 durchweg höhere Zahlen bei der Barliquidität und der Liquidität ersten Grades auf als 1930, während diese bei den drei Großbanken mit Filialnetz z.T. (Dresdner Bank) erheblich niedriger lagen (Filialgroßbanken: Barliquidität von 3,8 auf 3,1 und Liquidität ersten Grades von 28,2 auf 28,1;

filiallose Großbanken: Barliquidität von 4,6 auf 6,4 und Liquidität ersten Grades von 40,8 auf 49,3).

Insgesamt konnte die auf die Krise 1931 folgende Sanierungsperiode mit Ausnahme einiger ergänzender Maßnahmen – so wurden z.B. im September 1933 die Amsterdamer Bankverbindungen der Dresdner Bank und der Commerz- und Privat-Bank zusammengelegt sowie die Liquidation der dortigen Kommandite der Dresdner Bank eingeleitet, weiter zur Verminderung der Übersetzung mit Bankstellen an mehr als 20 weniger bedeutenden Plätzen Großbankenfilialen zusammengelegt – für die Großbanken mit der Nachsanierung der Dresdner Bank Mitte 1933 als abgeschlossen betrachtet werden.

Die Folgen der Bankenkrise für die drei übriggebliebenen Filialgroßbanken hinsichtlich der Besitzverhältnisse nach 1933 wurden ohne besondere Publizität wieder rückgängig gemacht. So konnten insbesondere die de facto verstaatlichte Dresdner Bank und die Commerz- und Privat-Bank bis 1936/37 wieder reprivatisiert werden, indem die vom Reich und der Golddiskontbank übernommenen Aktien wieder zurückgekauft wurden. Die Reprivatisierung konnte deshalb so problemfrei durchgeführt werden, weil die nationalsozialistische Regierung schon frühzeitig die Beseitigung der Unabhängigkeit der Reichsbank betrieben hatte, um u.a. auf diesem Wege Einfluß auf das deutsche Bankgewerbe und die deutsche Industrie zu erlangen, für diesen Zweck somit eine Bankenverstaatlichung nicht erforderlich war.

Entgegen früheren Beobachtungen konstatierten die Banken trotz eines wirtschaftlichen Aufschwungs in den ersten Jahren nach der schweren Krise eine rückläufige Entwicklung ihrer Geschäftstätigkeit. Diese schlug sich rein äußerlich in sinkenden Bilanzsummen nieder: So verringerte sich die Bilanzsumme der Deutschen Bank und Disconto-Gesellschaft von 3259 Mio. RM (1932) auf 2962,8 Mio. RM (1934), ehe sie sich – vor allem durch die Inanspruchnahme der Großbanken durch das Reich zur Finanzierung der Kriegsvorbereitungen – wieder über rund 3 Mrd. RM (1936) auf 3748 Mio. RM (1938) erhöhte. Ähnlich entwickelten sich die beiden anderen Filialgroßbanken: Bilanzsumme der Dresdner Bank 1932: 3 Mrd. RM, 1936: 2,4 Mrd. RM, 1938: 2,8 Mrd. RM; Bilanzsumme der

Commerzbank 1932: 1,6 Mrd. RM, 1936: 1,4 Mrd. RM, 1938: 1,6 Mrd. RM).

Jene Entwicklung kann nicht allein durch den fast völligen Verlust zweier ehemals bedeutender Geschäftsbereiche, nämlich des Devisen- und des Börsengeschäfts, erklärt werden. Vielmehr verminderten sich auch die Einlagen bei den Großbanken, weil die noch 1932 hohen Bestände ausländischer Gelder in den Jahren bis 1935 zurückgeführt wurden, die Einlagen inländischer Kunden sich aber kaum veränderten, u.a. weil die Unternehmen, die „klassischen" Großbankenkunden, die 1932 mit geringen Ausnahmen Bankschuldner waren, sich in der Zeit des wirtschaftlichen Aufschwungs zunächst entschuldeten, bevor sie dann zu Kreditoren wurden.

Auf der Aktivseite der Großbankenbilanzen war auffallend, daß in dem betrachteten Zeitraum trotz der Belebung der Wirtschaftstätigkeit die Debitoren sich nicht nur nicht vergrößerten, sondern sich absolut und sogar relativ zur Bilanzsumme verringerten. Erklärt werden kann dies damit, daß Neuinvestitionen der Unternehmen in großem Umfang nicht erforderlich waren, weil Produktionsmittel zunächst noch ausreichend vorhanden waren; zudem vollzog sich die Finanzierung öffentlicher Investitionen zur Arbeitsbeschaffung überwiegend außerhalb des Großbankenbereichs. Da der Staat die von ihm ausgehenden Bestellungen teils in bar, teils mit Wechseln bezahlte, wurden die Großbanken auch kaum zur Absatzfinanzierung herangezogen. Dabei setzte in dem Maße, in dem der Staat sich verschuldete, eine zunehmende Liquidisierung der Wirtschaft ein, so daß die Unternehmen ihre noch aus der Krise stammenden alten, teilweise als „eingefroren" geltenden Kredite nun zurückführen konnten und gleichzeitig neue Kredite nicht wesentlich nachzufragen brauchten. Während sich also die echten Wirtschaftskredite verminderten, wuchsen die mit den staatlichen Arbeitsbeschaffungsmaßnahmen zuammenhängende Kredite an. Dies zeigte sich deutlich in der Zusammensetzung des Wechselbestandes, der lediglich zu einem geringen Teil aus „klassischen" Handelswechseln bestand. Demgegenüber stieg der Anteil der überwiegend staatsgarantierten Arbeitsbeschaffungswechsel beträchtlich, während darüber hinaus zugleich liquide Mittel der Großbanken in Ermangelung anderweitiger Kreditnachfrage zunehmend in Schatzwechseln, unverzinslichen und verzinslichen Schatzanweisungen sowie langfristigen Anleihen des Reiches angelegt wurden. Auf diese Weise trat der Debitor Staat bei den Großbanken immer mehr an die Stelle von privaten Schuldnern.

Ab 1935/36 verstärkte sich dieser Trend, als die wirtschaftliche Situation in Deutschland zunehmend im Zeichen der einsetzenden Aufrüstung und ihrer Finanzierung stand. Die Großbankenbilanzen füllten sich im Laufe der Zeit immer mehr mit staatlichen „Sonderwechseln" der „unsichtbaren", „geräuschlosen" Finanzierung der Kriegsvorbereitungen sowie mit weiteren langfristigen staatlichen Schuldtiteln auf. Mitverantwortlich für diese Entwicklung war u.a. eine staatliche Reglementierung, die verhinderte, daß die Privatwirtschaft Investitionen durchführte, für die sie in erheblichem Umfang Kredite benötigt hätte. Da auch im – rückläufigen – Außenhandel vor allem aufgrund der Devisenzwangswirtschaft die Kreditgewährung stark zurückgegangen war, kam es schließlich zu einem eindeutigen Mißverhältnis im Bilanzbild der Großbanken: Während sich einerseits die Anteile der Debitoren am Bilanzvolumen verminderten, stiegen auf der Passivseite der Bilanzen die Kreditoren ständig, so daß sich nicht zu unterschätzende geschäftspolitische Probleme für die Banken ergaben: Ihren Kreditangebotsfazilitäten stand kaum private Nachfrage gegenüber, so daß die Banken ihre liquiden Mittel im steigenden Maße durch Wechsel und Wertpapiere ersetzten.

Besonders deutlich zeigte sich jetzt das Ausmaß der Abhängigkeit der Entwicklung des Bankgeschäfts von der staatlichen Finanzgebarung (LV 13, S. 540). Als die Bezahlung der Rüstungsaufträge durch „Mefo-Wechsel" 1938 eingestellt wurde, erfolgte die Bezahlung staatlicher Aufträge außer durch Gelder aus Haushaltsmitteln auch durch „Lieferschatzanweisungen", die den Banken zum Diskont weitergegeben werden konnten, wodurch vor allem bei den Großbanken der Bestand an diesen Titeln erheblich anstieg. Diese Entwicklung verstärkte sich zusätzlich nach dem Ausbruch des zweiten Weltkriegs, während auf der anderen Seite der für die damalige Zeit typische Kreislauf des Geldes ständig Einlagenzuwächse und somit eine stetige Bilanzausweitung bewirkte. Sicht- und Spareinlagen wurden zu den weitaus größten Positionen auf der Passivseite der Großbankenbilanzen, so daß das Eigenkapital in Relation zur Bilanzsumme nur noch einen unbedeutenden Posten darstellte.

Besondere Bedeutung unter den Bankgeschäften gewann während der Kriegsjahre neben der Vermietung von Schrankfächern, die zur Aufbewahrung von Sachwerten zum Schutz vor Angriffen der feindlichen Luftwaffe benutzt wurden, die Verwahrung und Verwaltung von Wertpapieren für andere. Bei den Großbanken wuchs die Zahl der Depotkunden von 1938 bis 1942 um bis zu 30%, während sich der Nennwert der für fremde Rechnung verwahrten Wertpapiere verdoppelte.

Außer auf die Geschäfts- und Bilanzpolitik hatte die Politik der nationalsozialistischen Regierung aber auch einen erheblichen Einfluß auf die Niederlassungspolitik der Banken und im speziellen der Großbanken (S. 148): Im Laufe der Jahre nach 1938 übernahmen vor allem die Großbanken in den „angegliederten" Gebieten einheimische Banken, errichteten Filialen und erwarben Beteiligungen an Banken in diesen Gebieten. So übernahmen z.B. die – seit 1937 wieder so firmierende – Deutsche Bank von der Böhmischen Unionbank und die Dresdner Bank von der Böhmischen Escompte-Bank und Creditanstalt deren Filialen. Die Commerz- und Privat-Bank, die ab 1940 nur noch unter „Commerzbank, Hamburg, Berlin" firmierte, gründete in Riga und Reval die Hansabank.

Neben weiteren Filialerrichtungen im Elsaß und in Lothringen wurden aber auch Niederlassungen der Großbanken aus Rationalisierungsgründen geschlossen oder zusammengelegt. So wurden z.B. bei der Deutschen Bank 136 Geschäftsstellen und bei der Commerzbank 40 geschlossen. Nicht unerwähnt bleiben darf auch, daß die Dresdner Bank 1939 auf Initiative des Reichsbankvizepräsidenten im Zuge der Zusammenfassung der genossenschaftlichen Spitzenkreditinstitute bei der Deutschen Zentralgenossenschaftskasse ihren genossenschaftlichen Geschäftsbereich an das genossenschaftliche Spitzeninstitut abgab. Jedoch stellte dies für die Dresdner Bank keine allzu große Beeinträchtigung in ihrem Geschäft dar, weil sie im mittelständischen Kundenbereich, der erst vor allem durch die Bildung dieser Abteilung nach der Übernahme der Deutschen Genossenschaftsbank 1904 ihr verstärktes Interesse gefunden hatte, schon ausreichend Fuß gefaßt hatte (LV 56).

2.4. Zerschlagung und Neubeginn nach dem zweiten Weltkrieg

Für die Berliner Großbanken wirkte sich das Kriegsende 1945 wesentlich einschneidender aus als das 1918 (LV 29, 33, 40, 74, 75, 91, 117, 122). Aufgrund des Befehls Nr. 1 des Berliner Stadtkommandanten vom 28. April 1945 sowie einer Verordnung des Magistrats der Stadt Berlin vom 5. Juni 1945 mußten alle Banken ihren Geschäftsbetrieb, der schon seit dem 20. April 1945 lediglich als Notbetrieb aufrecht erhalten worden war, einstellen. Allerdings hatte jedoch die überwiegende Zahl der Banken ohnehin schon Berlin verlassen und die Geschäftsleitungen in andere Städte verlegt; so waren die drei Filialgroßbanken mit ihren Verwaltungen nach Hamburg gegangen.

Da für die Siegermächte die Berliner Großbanken ebenso wie Unternehmen und Konzerne in der Montan- und chemischen Industrie sowie die ehemalige Reichsbank übermäßige Machtkonzentration darstellten, empfahlen die Delegierten der Westmächte dem Alliierten Kontrollrat, die Zentraldirektionen der größten deutschen Banken zu liquidieren und ihre Niederlassungen innerhalb der Länder zu dezentralisieren. Zur Überwachung dieser Maßnahmen sollten ein Alliierter Bankenrat und ein Zentraler Bankenausschuß dienen. Die Sowjetunion lehnte diese Regelung jedoch ab und verlangte eine vollständige Beseitigung jeglicher Machtkonzentration der deutschen „Bankenmonopole". Da keine Einigung erzielt wurde, wurde entsprechend dieser verschiedenen Konzeptionen in den einzelnen Machtbereichen der Alliierten vorgegangen.

Am weitestgehenden griff die Sowjetunion in ihrer Besatzungszone durch (LV 1): Hier wurden alle privaten Geschäftsbanken geschlossen, ihre Vermögen enteignet und ihnen jegliche geschäftliche Betätigung untersagt. Während in Mitteldeutschland so die Niederlassungen der drei Filialgroßbanken ihre Existenz beendeten, wurden die Großbanken in Berlin durch die „Ruhensanordnung" des Berliner Magistrats vom 5. Juni 1945 auf unbestimmte Zeit zum „Ruhen" verurteilt, wobei dies ein völliges Verbot jeglicher Geschäftstätigkeit bedeutete. Die abschließende Lösung war bis zu einer entsprechenden

Einigung der Besatzungsmächte aufgeschoben, wodurch Banken, die nicht wie die Berliner Filialgroßbanken mit einem Zweigstellennetz in den westlichen Zonen weiterleben konnten, besonders gravierend betroffen und in ihrer Geschäftstätigkeit zunächst vollständig gelähmt waren.

Da sich die Gegensätze zwischen den drei westlichen und den sowjetischen Alliierten stetig vergrößerten, war schon bald abzusehen, daß an eine baldige Wiederinstallierung der Großbanken in und von Berlin aus für absehbare Zeit nicht zu denken war. Für das System der Zentralverwaltungswirtschaft, das in der sowjetischen Besatzungszone und in der Folge in der Deutschen Demokratischen Republik an die Stelle der Privatwirtschaft trat, war für private Filialgroßbanken kein Raum mehr und wurde ein System staatlicher, „volkseigener" und genossenschaftlicher Bankinstitute errichtet, die aufgrund getrennter Aufgabenbereiche nicht miteinander in Konkurrenz traten.

Demgegenüber führten die alliierten Westmächte in ihren Besatzungszonen die Dekonzentration der Filialgroßbanken durch. Während in den Westzonen die öffentlich-rechtlichen Banken, die Kreditgenossenschaften, die Privatbankiers und die regionalen Aktienbanken ihre Tätigkeit schon im Sommer 1945 wieder aufnehmen konnten, blieben die Zentralen der Großbanken geschlossen; lediglich ihre Filialen durften weiterarbeiten.

Aufgrund des Dezentralisationsabkommens erließ die amerikanische Militärregierung für ihre Zone am 6. Mai 1947 das Gesetz Nr. 57, in dem genaue Vorschriften hinsichtlich der Dezentralisation gemacht wurden. Die französische Militärregierung folgte mit der Anordnung Nr. 25 am 29. September 1947 und die britische, wenngleich widerstrebend, mit der Verordnung Nr. 133 am 1. April 1948. Eine gemeinsame Neufassung der drei Gesetze wurde im April 1949 verabschiedet. Die Gesetzgebung der westlichen Alliierten sah dabei eine Aufteilung ihrer Besatzungszonen in elf „Bankbezirke" vor. Innerhalb eines jeden dieser Bezirke war es den Niederlassungen der ehemaligen Filialgroßbanken gestattet, dezentralisiert und unabhängig von den Niederlassungen in den anderen Bankbezirken Bankgeschäfte zu betreiben. Außerhalb des eigenen Bezirks hingegen durften keine Filialen geführt werden. Kapitaldispositionen zwischen den einzelnen Bezirken waren verboten oder zumindest sehr erschwert; anfangs war sogar der Zahlungsverkehr zwischen ihnen starken Einschränkungen unterworfen. Die Tätigkeit der Institute beschränkte sich zunächst praktisch darauf, die vorhandenen Einlagenbestände zu verwalten oder zurückzuzahlen, die dann in den „schwarzen Markt" flossen.

Das Resultat waren schließlich 30 neue Banken, die lediglich regionale Bedeutung hatten. Es entstanden hierbei zehn Teilinstitute der Deutschen Bank, elf der Dresdner Bank sowie neun der Commerzbank, wobei deren Namen so geändert werden mußten, daß sie nicht mehr an die ehemaligen Großbanken erinnerten (Tab. 4).

Indessen wurden durch die alliierte Gesetzgebung die Großbanken selbst keineswegs liquidiert: Sie blieben vielmehr als juristische Personen weiter bestehen; ihre Funktionen ruhten lediglich. Ihre Löschung in den Handelsregistern erfolgte nicht; vielmehr wurden sogar alle eintragungspflichtigen Veränderungen laufend weiter vorgenommen und in den amtlichen Veröffentlichungen unter den alten Namen der Großbanken bekanntgegeben. Über ihr endgültiges Schicksal war somit noch keine Entscheidung gefallen.

Die neuen Teilbanken besaßen keine eigene Rechtspersönlichkeit; sie waren auch keine Gesellschaften im Sinne des Handelsrechts und arbeiteten mit Eigenmitteln, die rechtlich noch den ehemaligen Filialgroßbanken gehörten. Die entstandenen Teilinstitute stellten zwar Bilanzen auf, jedoch wurden diese nicht veröffentlicht, sondern lediglich bei den zuständigen Landeszentralbanken eingereicht. Die Leitungen dieser Banken waren nicht Vorstände, sondern von den Alliierten bestellte Treuhänder. Die Geschäftsführung bzw. Verwaltung wurde nicht durch die früheren Großbankenaktionäre kontrolliert. Für eventuelle Verluste bei den Teilbanken hatten – was sicherlich ein Kuriosum darstellt – trotz der Dezentralisation die jeweiligen Berliner Großbanken zu haften. Nachteile speziell für die Teilinstitute ergaben sich durch den Ausschluß vom internationalen Bankgeschäft – soweit dies vorhanden war –, weil mit diesen unbestimmbaren Gebilden kaum eine ausländische Bank in Geschäftsverbindung zu treten gewillt war.

Tabelle 4: *Die Teilinstitute der Großbanken in Westdeutschland bis zur Teilrekonzentration am 1. 1. 1952*

Institute der Deutschen Bank
Bayerische Creditbank, München
Disconto-Bank, Bremen
Hessische Bank, Frankfurt a. M.
Norddeutsche Bank, Hamburg
Nordwestbank, Hannover
Oberrheinische Bank, Freiburg i. Br.
Rheinische Creditbank, Ludwigshafen
Rheinisch-Westfälische Bank, Düsseldorf
Südwestbank, Mannheim und Stuttgart
Württembergische Vereinsbank, Reutlingen

Institute der Dresdner Bank
Bayerische Bank für Handel und Industrie, München
Bremer Bank, Bremen
Rhein-Main-Bank, Frankfurt a. M.
Hamburger Creditbank, Hamburg
Niederdeutsche Bankgesellschaft, Hannover
Süddeutsche Kreditanstalt, Freiburg i. Br.
Industrie- und Handelsbank, Neustadt
Rhein-Ruhr-Bank, Düsseldorf
Allgemeine Bankgesellschaft, Stuttgart und Mannheim
Bankanstalt für Württemberg und Hohenzollern, Reutlingen
Lübecker Bank für Handel und Industrie, Lübeck

Institute der Commerzbank
Bayerische Disconto-Bank, Nürnberg
Bremer Handelsbank, Bremen
Mitteldeutsche Creditbank, Frankfurt a. M.
Hansa-Bank, Hamburg
Merkur-Bank, Hannover
Mittelrheinische Bank, Mainz
Bankverein Westdeutschland, Düsseldorf
Bankverein für Württemberg-Baden, Stuttgart
Holsten-Bank, Kiel

Mit der Zerschlagung der Großbankenkonzerne war eine jahrzehntelang gewachsene Organisation ohne Rücksicht auf wirtschaftliche Gegebenheiten dezentralisiert worden. Für eine neu aufzubauende deutsche Wirtschaft erwies sich dieser neue Bankenapparat infolge seiner Zersplitterung jedoch schon sehr bald als zu wenig leistungsfähig. Zweckmäßige Geld- und Kapitallenkungen waren kaum effizient denkbar, zumal ein Liquiditätsausgleich nicht möglich war. Für eine echte wirtschaftliche Betätigung bestanden in der zerstörten und demontierten Wirtschaft somit kaum Möglichkeiten, was von den Besatzungsmächten in der ersten Zeit allerdings auch beabsichtigt war.

Infolge der sich immer mehr abzeichnenden deutschen Spaltung und einer sinkenden Wahrscheinlichkeit für eine gesamtdeutsche Lösung der Großbankenproblematik in absehbarer Zeit lockerte ein „Ausschuß für die ruhenden Banken" die Bankensperre für Westberlin: Zwar durften die Großbanken selber nicht wieder eröffnen, doch konnten sie ab Mitte Mai 1949 mit der Genehmigung der Neuzulassung von Banken in Westberlin unter neuem Namen als Übergangslösung gedachte kleine Nachfolgeinstitute errichten. Eine verbesserte Lösung zeichnete sich ab, als im Bundesgebiet die 35. Durchführungsverordnung zum Umstellungsgesetz im Oktober 1949 verabschiedet wurde, deren Grundlage in der Einsicht bestand, daß eine gesamtdeutsche Lösung der Bankenfrage, die dann auch die in Berlin der „Ruhensanordnung" unterliegenden Großbanken erfaßt hätte, nicht abzusehen war. Diese Verordnung sollte den Banken mit bisherigem Sitz außerhalb des eigentlichen Bundesgebiets – in Berlin und der sowjetischen Besatzungszone – eine „Verlagerung" in das Gebiet der westdeutschen Besatzungszonen ermöglichen und sie unter ihren alten Firmennamen zum „Neugeschäft" wieder zulassen. Für die drei ehemaligen Filialgroßbanken bestand allerdings die Auflage, bei der „Entflechtung" je elf Nachfolgeinstitute errichten zu müssen.

Ende Mai 1950 unterbreiteten Vertreter der drei Großbanken – Hermann J. Abs (Deutsche Bank), Karl Götz (Dresdner Bank) und Paul Marx (Commerzbank) – Vorschläge über eine zukünftige Struktur der Aktienbanken, die die Forderung der Besatzungsmächte nach einer möglichst starken Dezentralisierung der ehemaligen Großbanken zu berücksichtigen suchten, andererseits einer möglichen späteren Rekonzentration nicht im Wege stehen sollten (LV 92, S. 380). Da eine unveränderte Wiedergründung zentralisierter Großbanken in Westdeutschland am Widerstand der Alliierten scheitern mußte, stellte der Plan auf wenigstens eine Teilrezentralisierung ab. Für jede Filialgroßbank wurde die Errichtung von drei regionalen Aktienbanken vorgeschlagen. Begründet wurde dies u.a. damit, daß die 30 Teilbanken vor allem als Folge der Währungsreform mit sehr wenig Eigenkapital (im Durchschnitt nur im Verhältnis 1:30 zum Einlagenbestand) auskommen mußten, sowie daß die Kosten der einzelnen Teilinstitute zwangsläufig viel höher als die der Vorkriegsbanken und die Erträge ersterer erheblich niedriger waren. Zudem ergaben sich für sie gravierendere Risikostreuungsprobleme wegen der differierenden wirtschaftlichen Strukturen der westdeutschen Länder. Geld-, Kapital- und Liquiditätsausgleich erschienen den Bankiers nur durch eine geeignete Zusammenfassung der Teilbanken zu Regionalbanken erreichbar.

Schließlich entschloß sich der Deutsche Bundestag, nachdem schon zuvor einige Anordnungen und Gesetze der Militärregierung aufgehoben worden waren, für eine regionale Lösung, die im „Gesetz über den Niederlassungsbereich von Kreditinstituten vom 29. März 1952" („Großbankengesetz") ihren Niederschlag fand. Dieses Bundesgesetz sollte auf Verlangen der Alliierten innerhalb von drei Jahren nicht geändert werden dürfen, beginnend mit dem Tag, an dem die Vermögensgegenstände der Großbanken an die Nachfolgeinstitute übertragen und die Aktien letzterer an die Bank deutscher Länder zur Verteilung an die Aktionäre übergeben worden waren.

Die wohl wesentlichste Bestimmung des Großbankengesetzes, das noch weitere Forderungen der Alliierten enthielt, die eine erneute Machtzusammenballung bei den Großbanken verhindern wollten, enthielt der §1, in dem für Banken in der Rechtsform der AG oder KGaA drei genau umrissene Bankbezirke festgelegt wurden, in denen sie jeweils Niederlassungen unterhalten durften. Die Großbanken mußten dabei die Ausgründungsbeschlüsse innerhalb von sechs Monaten fassen; die Eintragung als Nachfolgeinstitut mußten die jeweiligen Nachfolger innerhalb weiterer zwölf Monate veranlassen. Die auszugebenden neuen Namensaktien waren der Bank deutscher

Länder als Treuhänderin zu übergeben, von der sie dann den anspruchsberechtigten Aktionären der ehemaligen Großbanken ausgehändigt wurden. Außer daß Beteiligungen der Nachfolgeinstitute untereinander nicht vorgenommen werden durften, um neuerliche Kapitalkonzentrationen zu verhindern, durfte darüber hinaus ein Aktionär mit mehr als 5% der Aktien eines Nachfolgeinstituts von den übrigen Nachfolgebanken nur noch höchstens 5% des Grundkapitals besitzen. Vorstände oder Aufsichtsräte eines Nachfolgeinstituts durften nicht zugleich auch Mitglied des Vorstands oder des Aufsichtsrats eines anderen Nachfolgeinstituts sein. Jeder Verstoß gegen Bestimmungen des Großbankengesetzes war mit Geldstrafen bis zu 300000 DM bedroht.

Das Großbankengesetz sah, wie erwähnt, die Errichtung je eines Nachfolgeinstituts der früheren drei Filialgroßbanken im Bereich Nordwestdeutschland (d.h. in den Bundesländern Hamburg, Bremen, Schleswig-Holstein, Niedersachsen), Mittelwestdeutschland (Nordrhein-Westfalen) und Südwestdeutschland (Württemberg-Baden, Württemberg-Hohenzollern, Bayern, Hessen, Rheinland-Pfalz) vor. Fristgerecht erfolgten am 25. September 1952 nach Genehmigung durch die Hauptversammlungen die Ausgründungen, bei denen die Geschäftsbetriebe der Großbanken durch die Übertragung der Aktiva und Passiva auf die neu entstehenden Nachfolgeinstitute gegen Hingabe von Gesellschaftsanteilen übernommen

Tabelle 5: *Nachfolgebanken der Großbanken bis zur endgültigen Rekonzentration*

Bankbezirk	Deutsche Bank	Dresdner Bank	Commerzbank
Nordwestdeutschland	Norddeutsche Bank Aktiengesellschaft, Hamburg	Hamburger Kreditbank Aktiengesellschaft, Hamburg	Commerz- und Disconto-Bank Aktiengesellschaft, Hamburg
Mittelwestdeutschland	Rheinisch-Westfälische Bank Aktiengesellschaft, Düsseldorf	Rhein-Ruhr-Bank Aktiengesellschaft, Düsseldorf	Bankverein Westdeutschland Aktiengesellschaft, Düsseldorf
Südwestdeutschland	Süddeutsche Bank Aktiengesellschaft, München	Rhein-Main-Bank Aktiengesellschaft, Frankfurt a. M.	Commerz- und Credit-Bank Aktiengesellschaft, Frankfurt a. M.

wurden, so daß rückwirkend vom 1. Januar 1952 je drei regional geleitete Großbanken mit Hauptverwaltungen in Hamburg, Düsseldorf und Frankfurt a.M. bzw. München bestanden (Tab. 5).

Die Aufteilung des Reinvermögens bzw. der eigenen Mittel erfolgte bei den Nachfolgeinstituten der Deutschen Bank im Verhältnis 1:2:2 (Nord-, Mittel- und Südwestdeutschland), bei der Dresdner Bank im Verhältnis 1:1,6:1,6 und bei der Commerzbank im Verhältnis 1:2,2:0,8, während der Aktientausch auf der Basis des Verhältnisses des alten Grundkapitals in Reichsmark zum neuen Grundkapital in Deutsche Mark vorgenommen wurde. Das Umtauschverhältnis betrug bei der Deutschen Bank 10:6,25, weil das Grundkapital bei Kriegsende 160 Mio. RM und das neue zusammengefaßte Grundkapital der Nachfolgeinstitute 100 Mio. DM groß war.

Für je nom. 1000 RM Aktien der Deutschen Bank erhielten die Aktionäre nom. 625 DM in Aktien der Nachfolgeinstitute im Verhältnis 1:2:2. Bei der Dresdner Bank lag das Umtauschverhältnis aufgrund der Grundkapitalien von 150 Mio. RM und 93 Mio. DM bei 10:6,2. Jeder Besitzer von nom. 1000 RM Aktien der Dresdner Bank hatte somit ein Anrecht auf nom. 620 DM in Aktien der Nachfolgeinstitute im Verhältnis 7:12:12. Das Grundkapital der Commerzbank betrug bei Kriegsende 100 Mio. RM und das der Nachfolgeinstitute am 1.1.1952 50 Mio. DM, was somit ein Umtauschverhältnis von 10:5 bedeutete. Für je1000 RM Aktien dieser Bank wurden nom. 500 DM in Aktien der Nachfolgeinstitute im Verhältnis 5:11:4 ausgegeben. Grundlage für den Umtausch der Aktien der Altbanken in Aktien der Nachfolgeinstitute waren die Eröffnungsbilanzen zum 1.1.1952, wobei dieser Umtausch bei der Bank deutscher Länder als Treuhänderin der alten Aktionäre ohne Ausübung von Mitgliedschaftsrechten zwischen dem 15. 12. 1953 und dem 15. 3. 1954 geschehen konnte.

Im Zuge der Einziehung der alten, auf Reichsmark lautenden Großbankenaktien wurden den Aktionären zusammen mit den Namensaktien der Nachfolgebanken zusätzlich neu gedruckte und weiter auf Reichsmark lautende Inhaberaktien („Emission 1952") jeder Berliner Mutterbank über den Nennwert ihres bisherigen Vermögens – einschließlich Couponbogen – zugeteilt, die anteilig den Wert des der Altbank nach

Tabelle 6: *D-Mark-Eröffnungsbilanzen der Nachfolgeinstitute der Großbanken zum 1. Januar 1952 (Mio. DM)*
(1) Nachfolgebanken der Deutschen Bank

AKTIVA	Norddeutsche Bank	Rheinisch-Westf. Bank	Süddeutsche Bank	zusammen
Kasse	6,03	14,37	12,60	33,00
LZB-Guthaben	66,58	188,34	115,74	370,66
Postscheck	1,51	5,74	5,98	13,23
Nostroguthaben	104,37	110,71	92,84	307,92
davon: täglich fällig	102,87	100,71	91,84	295,42
weniger als 3 Monate	1,50	7,00	1,00	9,50
mehr als 3 Monate	–	3,00	–	3,00
Zinsscheine	0,31	0,36	0,50	1,17
Schecks	2,83	8,64	12,68	24,15
Wechsel	148,96	276,57	172,57	598,10
davon zentralbankfähig	142,69	196,65	153,39	492,73
Schatzwechsel	–	55,03	8,92	63,95
Wertpapiere	13,35	23,34	23,75	60,44
Ausgleichsforderungen	89,33	136,98	190,20	416,51
Konsortialbeteiligungen	0,14	1,82	1,02	2,98
Debitoren	276,44	597,46	623,08	1496,98
davon: Kreditinstitute	5,24	18,18	15,48	38,90
sonstige	271,20	579,28	607,61	1458,09
Langfristige Ausleihungen	20,01	55,78	156,68	232,47
Durchlaufende Kredite	2,27	33,06	10,52	45,85
Beteiligungen	1,64	5,38	1,56	8,58
davon: Kreditinstitute	1,62	5,36	1,53	8,51
Immobilien	10,55	26,65	23,20	60,40
Inventar	3,20	8,60	7,80	19,60
Sonstige Aktiva	0,01	0,19	0,94	1,14
Rechnungsabgrenzung	0,01	0,05	0,25	0,31
PASSIVA				
Einlagen	605,22	1214,33	1092,49	2912,04
davon: Sichteinlagen	431,66	785,20	704,12	1920,98
befristete Einlagen	138,33	340,48	315,22	794,03
Spareinlagen	35,24	88,65	73,16	197,05
I. Kreditinstitute	59,26	101,85	113,92	274,43
II. Sonstige Einleger	510,72	1023,83	906,01	2440,56
Nostroverpflichtungen	30,02	69,35	38,11	137,48
Akzepte u. Solawechsel	16,06	38,92	64,33	119,31
Aufgenommene langf. Darlehen	19,36	51,56	119,99	190,91
Durchlaufende Kredite	2,27	33,06	10,52	45,85
Grundkapital	20,00	40,00	40,00	100,00
Gesetzliche Reserven	5,00	10,00	10,00	25,00
Sonderreserve	3,10	6,20	6,20	15,50
Pensionsrückstellungen	15,34	26,86	33,89	76,09
Andere Rückstellungen	26,58	49,83	36,09	112,50
Sonstige Passiva	1,93	3,88	4,35	10,16
Rechnungsabgrenzungen	2,67	5,09	4,89	12,65
Bilanzsumme	747,55	1549,08	1460,87	3757,50
Avale	74,07	244,82	141,71	460,60
Indossamentsverbindlichkeiten	122,35	309,76	362,30	794,41

(2) Nachfolgebanken der Dresdner Bank

AKTIVA	Hamburger Kredit Bank	Rhein-Main-Bank	Rhein-Ruhr-Bank	zusammen
Kasse	5,31	7,92	4,12	17,35
LZB-Guthaben	92,15	90,88	83,27	266,30
Postscheck	1,32	4,94	2,66	8,92
Nostroguthaben	88,26	57,54	83,64	229,44
davon: täglich fällig	63,48	34,23	55,44	153,15
weniger als 3 Monate	23,67	22,21	28,20	74,08
mehr als 3 Monate	1,12	1,09	–	2,21
Zinsscheine	0,02	0,13	–	0,15
Schecks	12,53	21,67	21,73	55,93
Wechsel	95,42	118,48	205,32	419,22
davon zentralbankfähig	85,14	102,93	183,03	371,10
Schatzwechsel	8,23	29,66	12,80	50,70
Wertpapiere	24,01	47,66	34,73	106,40
Ausgleichsforderungen	56,19	89,91	89,91	236,01
Konsortialbeteiligungen	6,78	3,64	5,15	15,57
Debitoren	238,72	359,78	348,31	946,80
davon: Kreditinstitute	4,50	21,47	24,00	49,97
sonstige	234,22	338,30	324,30	896,83
Langfristige Ausleihungen	6,56	28,24	47,25	82,05
Durchlaufende Kredite	1,85	6,61	0,92	9,39
Beteiligungen	4,35	5,92	5,91	16,17
davon: Kreditinstitute	3,49	4,43	3,62	11,54
Immobilien	10,56	23,10	15,79	49,45
Inventar	1,68	3,71	2,31	7,71
Sonstige Aktiva	0,15	0,98	1,32	2,45
Rechnungsabgrenzung	0,22	0,22	0,22	0,66
PASSIVA				
Einlagen	574,47	749,11	747,05	2070,64
davon: Sichteinlagen	312,48	447,87	443,67	1204,01
befristete Einlagen	239,71	254,15	264,07	757,94
Spareinlagen	22,28	47,09	39,31	108,68
I. Kreditinstitute	86,20	128,45	62,21	276,86
II. Sonstige Einleger	466,00	573,57	645,54	1685,11
Nostroverpflichtungen	25,41	19,84	73,76	119,01
Aufgenommene langf. Darlehen	6,44	28,01	47,19	81,63
Akzepte u. Solawechsel	–	22,08	24,84	46,92
Durchlaufende Kredite	1,85	6,61	0,92	9,39
Grundkapital	21,00	36,00	36,00	93,00
Rücklagen	6,50	8,00	8,00	22,50
Rückstellungen	16,86	29,48	26,40	72,75
Rechnungsabgrenzung	1,78	1,78	1,18	4,74
Bilanzsumme	654,30	901,00	965,35	2520,66
Avale	98,40	67,05	100,08	265,53
Indossamentsverbindlichkeiten	137,52	156,82	179,40	463,74

(3) Nachfolgebanken der Commerzbank

AKTIVA	Commerz- und Disconto-Bank	Bankverein Westdeutschland	Commerz- und Credit-Bank	zusammen
Kasse	3,12	13,97	2,05	19,14
LZB-Guthaben	20,98	108,95	23,67	153,60
Postscheck	0,74	3,91	0,82	5,47
Nostroguthaben	42,71	57,48	9,93	110,12
davon: täglich fällig	42,71	57,48	9,78	109,97
weniger als 3 Monate	–	–	–	–
mehr als 3 Monate	–	–	0,15	0,15
Zinsscheine	0,08	0,20	0,05	0,33
Schecks	6,16	29,19	7,91	43,26
Wechsel	65,63	192,05	61,92	319,60
davon zentralbankfähig	56,49	152,45	56,12	265,06
Schatzwechsel	3,31	9,89	0,09	13,29
Wertpapiere	17,39	32,85	10,74	60,98
Ausgleichsforderungen	45,37	50,15	29,09	124,61
Konsortialbeteiligungen	1,53	3,34	1,17	6,04
Debitoren	173,39	311,73	113,33	598,45
davon: Kreditinstitute	1,79	16,08	3,95	21,82
sonstige	171,60	295,65	109,38	576,63
Langfristige Ausleihungen	8,63	39,64	16,91	65,18
Durchlaufende Kredite	2,31	0,29	0,79	3,39
Beteiligungen	1,60	2,52	1,56	5,68
davon: Kreditinstitute	1,43	1,95	1,05	4,43
Immobilien	12,00	23,90	8,70	44,60
Inventar	1,40	2,80	1,10	5,30
Sonstige Aktiva	0,27	1,28	0,28	1,83
Rechnungsabgrenzung	0,02	0,02	0,02	0,06
PASSIVA				
Einlagen	289,64	725,95	222,44	1238,03
davon: Sichteinlagen	200,99	377,59	127,78	706,36
befristete Einlagen	67,82	308,48	80,56	456,86
Spareinlagen	20,83	39,88	14,10	74,81
I. Kreditinstitute	23,10	65,66	23,38	112,14
II. Sonstige Einleger	245,71	620,41	184,95	1051,07
Nostroverpflichtungen	17,43	43,91	22,86	84,20
Akzepte u. Solawechsel	54,86	12,76	10,46	78,08
Aufgenommene langf. Darlehen	8,38	33,82	8,69	50,89
Durchlaufende Kredite	2,31	0,29	0,79	3,39
Grundkapital	12,50	27,50	10,00	50,00
Gesetzliche Rücklage	1,25	2,75	1,00	5,00
Rückstellungen	17,76	31,71	11,47	60,94
Sonstige Passiva	2,04	4,56	2,00	8,60
Rechnungsabgrenzung	0,47	0,91	0,43	1,81
Bilanzsumme	406,66	884,16	290,15	1580,97
Avale	33,99	80,87	23,55	138,41
Indossamentsverbindlichkeiten	90,43	138,42	70,37	299,22

erfolgter Ausgliederung verbliebenen restlichen Vermögens verkörperten. Sie verbriefen im wesentlichen Ansprüche auf die enteigneten Vermögensbestände der Großbanken in der DDR, in den an Polen und die Sowjetunion gefallenen ehemals deutschen Ostgebieten sowie in Ostberlin. Diese Anteile werden als „Restquoten" neben den Aktien der Nachfolgeinstitute bzw. später der wieder zusammengeschlossenen Großbanken an den Börsen der BR Deutschland notiert und gehandelt.

Die neun Nachfolgeinstitute begannen mit zusammen 560 Zweigniederlassungen und Depositenkassen (LV 91, S. 17f.). Im Vergleich hierzu hatten die Berliner Großbanken Ende 1913 bereits 551 Zweigstellen und Ende 1932 sogar 1258 (LV 110). 1952 besaßen die Nachfolgeinstitute der Deutschen Bank 262, die der Dresdner Bank 178 und die der Commerzbank 120 Stellen.

Anzumerken bleibt schließlich, daß die je drei „Regionalbanken" von Beginn an in personell und geschäftsmäßig enger Verbindung zusammenwirkten.

Durch die Zusammenfassung der vorher elf Bankbezirke zu jetzt drei größeren Regionen konnte den finanziellen Anforderungen der deutschen Wirtschaft besser entsprochen werden, was sich auch in der Entwicklung der Bilanzen widerspiegelt. Die Bilanzsumme aller drei Nachfolgegruppen wuchs in der Zeit vom 1.1.1952 bis zum 31. 12. 1956 um 116,5% von 7859 Mio. DM auf 17015 Mio., wobei sich indessen die drei Großbankengruppen recht unterschiedlich entwickelten: Während die Deutsche-Bank- und die Dresdner-Bank-Nachfolger ihre Gesamtbilanzsummen in etwa verdoppeln konnten, stieg die der Commerzbankgruppe sogar um 177,6%. Auffällig ist dabei, daß die stärkste Bilanzsummenexpansion jeweils die südwestdeutschen Nachfolgeinstitute verzeichneten.

Neben den nunmehr existierenden neun Nachfolgeinstituten in den früheren westlichen Besatzungszonen hatten es die drei Berliner Filialgroßbanken verstanden, in Westberlin ebenfalls durch Nachfolgeinstitute vertreten zu bleiben: Die Nachfolgeinstitute der Deutschen Bank besaßen eine 100%ige Beteiligung an der Berliner Disconto-Bank AG, wobei die Norddeutsche Bank AG, Hamburg, 26%, die Rheinisch-Westfälische Bank AG, Düsseldorf, und die Süddeutsche Bank AG, München, je 37% hielten; das Tochterinstitut der Dresdner Bank in

Westberlin war die Bank für Handel und Industrie AG, deren Grundkapital die Hamburger Kreditbank AG mit einem Anteil von 28% sowie die Rhein-Main-Bank AG, Frankfurt a.M., und die Rhein-Ruhr-Bank AG, Düsseldorf, mit je 36% hielten; mit 50% bzw. je 25% waren der Bankverein Westdeutschland AG, Düsseldorf, die Commerz- und Credit-Bank AG, Frankfurt a.M., und die Commerz- und Disconto-Bank AG, Hamburg, am Grundkapital der Berliner Commerzbank AG beteiligt. Alle Großbankennachfolgeinstitute in Westberlin sind 1949 geschaffen worden.

Nach dem erfolgten Zusammenschluß zu wieder leistungsfähigen Banken verstärkten die neun Nachfolgeinstitute in den Folgejahren ihre Bemühungen auf die endgültige Gesamtkonzentration. Bereits 1955 – kurz nachdem die BR Deutschland am 5. Mai 1955 die volle Souveränität erhalten hatte – wurde von den Nachfolgebanken ein Gewinn- und Verlustausgleichsvertrag für ihre jeweilige Gruppe abgeschlossen („Gewinnpool"), wodurch die finanzielle Kraft jeder Nachfolgebank gestärkt und die Aktionäre vor finanziellen Nachteilen aus der Aufteilung geschützt werden sollten. Als erste taten dies die drei Nachfolgeinstitute der Deutschen Bank im August 1955, als sie ihren Aktionären einen Gewinn- und Verlustausgleich vorschlugen, der im Verhältnis 1:2:2 – also nach der Kapitalrelation – stattfinden sollte. Der Poolvertrag sollte eine gleichmäßige Entwicklung aller drei Institute im Hinblick auf die endgültige Wiedervereinigung sichern helfen. Entsprechende Verträge für die Nachfolgebanken der Dresdner Bank und der Commerzbank folgten bald darauf. Durch diese Verträge wurde die bestehende faktische Zusammenarbeit innerhalb der Gruppen auf eine gemeinsame Grundlage gestellt und die enge Verbundenheit untereinander noch mehr hervorgehoben, so daß in den späteren Fusionen nur noch eine relativ unbedeutende Veränderung gesehen wurde. Zusätzlich wurden ebenfalls einheitliche Richtlinien für Wertberichtigungen, Abschreibungen, Rückstellungen usw. verabschiedet.

Auf dem Wege zur Wiedervereinigung änderten im April 1956 die Rheinisch-Westfälische Bank AG und die Bankverein Westdeutschland AG ihre Namen in „Deutsche Bank AG West" bzw. in „Commerzbank-Bankverein AG". Etwa zur gleichen Zeit leitete die Bundesregierung dem Parlament den

Entwurf eines „Gesetzes zur Aufhebung der Beschränkung des Niederlassungsbereichs von Kreditinstituten" (sog. Fusionsgesetz) zu, in dem neben der Schaffung der gesetzlichen Grundlagen für die vollständige Rekonzentration der Filialgroßbanken auch das Verbot personeller Verflechtungen der Geschäftsleitungen der Nachfolgebanken, das Verbot finanzieller Beteiligungen der Banken untereinander und die bisherige Verpflichtung zur ausschließlichen Emission von Namensaktien aufgehoben werden sollten. Es sollte somit ein Zustand, der unter den westdeutschen Großbanken bereits seit längerem Inhalt besonderer Vereinbarungen der einzelnen Gruppen gewesen war, gesetzlich endgültig sanktioniert werden. Darüber hinaus wurden im Gesetzentwurf zusätzlich ausdrücklich die in Frage kommenden Fusionsformen aufgeführt: entweder als Verschmelzung durch Aufnahme bzw. Neubildung oder durch Übertragung der Vermögenswerte nach dem Aktiengesetz oder aber aufgrund des „Gesetzes über den Zusammenschluß von Kapitalgesellschaften", indem ein Nachfolgeinstitut die Mehrheit der Geschäftsanteile der anderen Nachfolgebanken übernahm. Die Legislative stimmte dem Gesetz zu, das dann am 24. Dezember 1956 in Kraft trat.

Der Fusion der Nachfolgeinstitute der Deutschen Bank wurde in den Hauptversammlungen 1957 auf der Grundlage eines vorher am 5. Mai 1957 beschlossenen Verschmelzungsvertrages zugestimmt. Danach übernahm die Süddeutsche Bank AG das Vermögen der beiden anderen als Ganzes mit allen Rechten und Verbindlichkeiten unter Ausschluß der Abwicklung im Wege der Verschmelzung gemäß § 233 Nr. 1 AktG. Vorher verlegte sie ihren Sitz von München nach Frankfurt a.M. und änderte im Verlaufe der Fusion ihre Firmenbezeichnung in „Deutsche Bank Aktiengesellschaft". Zwecks Umtauschs der Aktien der beiden aufzunehmenden Banken, nämlich der Norddeutschen Bank AG (Aktienkapital 40 Mio. DM) und der Deutschen Bank AG West (Aktienkapital 80 Mio. DM), erhöhte das aufnehmende Institut sein Grundkapital um 120 Mio. DM von 80 Mio. DM auf 200 Mio. DM. Gleichzeitig wurden dabei die Aktien von Namens- in Inhaberpapiere umgestellt. Nicht mit einbezogen in die Fusion wurden die Berliner Disconto-Bank AG sowie die Saarländische Kreditbank AG, deren Grundkapital zu zwei Dritteln bei der

Deutsche-Bank-Gruppe, zu 25% bei französischen Banken sowie zu etwa 8% bei saarländischen Aktionären lag. Beide Entscheidungen wurden dabei wohl in erster Linie getroffen, um den politischen Gegebenheiten Rechnung zu tragen. Die Fusion erfolgte rückwirkend zum 1. Januar 1957, wobei der Übertragung die Bilanzen vom 31. Dezember 1956 zugrundegelegt wurden. Mit einem Bilanzvolumen von 7,6 Mrd. DM und einem offen ausgewiesenen Eigenkapital von 350 Mio. DM (Grundkapital 200 Mio. DM, Rücklagen 150 Mio. DM) war die Deutsche Bank damit wieder die größte deutsche Bank.

Die Fusion der Nachfolgeinstitute der Dresdner-Bank-Gruppe erfolgte in ähnlicher Weise wie bei der Deutschen Bank. Die süddeutsche Rhein-Main-Bank AG nahm die Rhein-Ruhr-Bank AG und die Hamburger Kreditbank AG auf und erhöhte das Kapital um den Betrag, der erforderlich war, um die Aktien der beiden anderen Institute im Verhältnis 1:1 umzutauschen. Dies bedeutete in diesem Falle eine Kapitalerhöhung um 76 Mio. DM von 48 Mio. DM auf 124 Mio. DM. Nach einer gleichzeitigen zusätzlichen Kapitalerhöhung betrug das ausgewiesene Eigenkapital 264 Mio. DM (Grundkapital 150 Mio. DM, Rücklagen 114 Mio. DM) bei einem Bilanzvolumen von 5 Mrd. DM.

Einen anderen Weg beschritt die Commerzbank-Gruppe. Sie schaffte zunächst eine als Mutter-Tochter-Verhältnis zwischen den drei Instituten erscheinende, vom Fusionsgesetz erlaubte Form des Zusammenschlusses, indem das Düsseldorfer Institut Mehrheitsbeteiligungen an den beiden Schwesterbanken erwarb. Nach eingehenden Überlegungen kamen die Vorstände jedoch zu dem Entschluß, den Aktionären die Vollfusion vorzuschlagen. Nach Zustimmung der drei Hauptversammlungen wurde das Grundkapital der Commerzbank-Bankverein AG, Düsseldorf, von 90 Mio. DM auf 150 Mio. DM erhöht, so daß die je 30 Mio. DM Aktien des Frankfurter und des Hamburger Instituts im Verhältnis 1:1 umgetauscht werden konnten. Mit Rückwirkung vom 1. Juli 1958 entstand die „Commerzbank Aktiengesellschaft", Düsseldorf, mit einer Bilanzsumme von über 5 Mrd. DM und einem Eigenkapital von 236 Mio. DM (Grundkapital 150 Mio. DM, Rücklagen 86 Mio. DM) (LV 69, S. 128).

Anzumerken ist schließlich, daß im Rahmen der endgültigen Rekonzentration der drei Filialgroßbanken, mit der die Epoche ihrer bis in die Gegenwart reichenden Entwicklung und Tätigkeiten begann, keines der Berliner Tochterinstitute mit in die Fusion einbezogen worden ist — weder die Berliner Disconto-Bank AG noch die Bank für Handel und Industrie AG noch die Berliner Commerzbank AG. Nicht zuletzt ist dies ein Grund dafür, daß die Deutsche Bundesbank in ihren offiziellen Statistiken von sechs Großbanken ausgeht.

Der Vollständigkeit halber sei erwähnt, daß die zu den filiallosen Berliner Großbanken rechnende Reichs-Kredit-Gesellschaft seit ihrer Schließung am Kriegsende 1945 das Neugeschäft nicht wieder aufgenommen hatte. Als Berliner Altbank wickelte die Unternehmung ihr Bankgeschäft nach dem Umstellungsschlußgesetz ab. Die 1856 in Berlin gegründete Berliner Handels-Gesellschaft, deren Entwicklung viele Jahrzehnte eng mit dem Namen Carl Fürstenberg (LV 32) verbunden war, mußte zwar ebenfalls 1945 durch Beschluß der sowjetischen Besatzungsmacht ihre Geschäftstätigkeit einstellen; jedoch baute sie ihr in- und ausländisches Geschäft von Frankfurt a.M. aus bald wieder neu auf. Sie erlangte allerdings nicht mehr die Bedeutung, die sie bis zum Kriegsende innegehabt hatte. 1970 schloß sie sich schließlich mit der 1854 in Frankfurt a.M. gegründeten Frankfurter Bank zur Berliner Handels-Gesellschaft — Frankfurter Bank zusammen, deren Firmenname 1975 in Berliner Handels- und Frankfurter Bank abgeändert wurde.

3. Elemente der Unternehmenspolitik der Großbanken

3.1. Das Zielsystem der Großbanken

Wirtschaftliches Handeln ist ex definitione stets zielorientiert, wobei die Zielkonzeption einer jeden Unternehmung, also auch die der Großbanken, aus ihrem jeweiligen Grundauftrag abzuleiten ist. Das Treffen von Entscheidungen über die Art der anzustrebenden Ziele, über deren Ausmaß und den Zeitbezug ihrer Realisation kann dabei als zu den wesentlichsten Aufgaben einer Bankunternehmensführung gehörig angesehen werden, zumal aus ihnen das strategische Konzept für die zukünftige Unternehmungs- und Geschäftspolitik entwickelt wird (LV 15, 16, 18, 22, 35 III, 51, 53, 84, 95).

Um die Realisierung ihrer Zielvariablen, die der Gruppe der Formalziele zuzuordnen sind, zu gewährleisten, muß die Bankunternehmensführung zunächst Entscheidungen über die Sach- bzw. Leistungsziele treffen. Dabei bezieht sich das Sachziel einer Unternehmung „auf Art, Menge und Zeitpunkt der im Markt abzusetzenden Produkte" (LV 49, S. 223), also im vorliegenden Kontext der Bankdienstleistungen. Für die Großbanken werden ihre Sachziele allgemein in deren Satzungen beschrieben. So wird in § 2 Abs. 1 der Satzung der Deutsche Bank AG als das Sachziel dieser Bank „der Betrieb von Bankgeschäften aller Art und die Förderung von Handelsbeziehungen zwischen Deutschland und dem Ausland" angegeben. Kürzere, jedoch ähnliche Formulierungen weisen die Satzungen der Dresdner Bank AG („Gegenstand des Unternehmens ist der Betrieb von Bank- und Finanzgeschäften aller Art") und der Commerzbank AG („Gegenstand der Gesellschaft ist der Betrieb von Bankgeschäften aller Art und von Geschäften, die damit zusammenhängen") auf. Der Verwirklichung solcher allgemein formulierter Sachziele dient dabei eine Vielzahl konkreter Leistungsziele – Leistungsarten- und -mengenziele –, die sich in der Leistungsprogrammpolitik der Großbanken konkretisieren.

Ebenfalls lediglich sehr allgemeine Hinweise enthalten die Großbankensatzungen hinsichtlich der zur Erreichung des Sachziels bzw. Gesellschaftszwecks möglichen Instrumente. So heißt es bei der Deutschen Bank: „Soweit gesetzlich zulässig, ist die Gesellschaft zu allen Geschäften und Maßnahmen berechtigt, die geeignet erscheinen, den Gesellschaftszweck zu fördern, insbesondere zum Erwerb und zur Veräußerung von Grundstücken, zur Errichtung von Zweigniederlassungen, auch solcher im Ausland, zur Beteiligung an anderen Unternehmen gleicher oder verwandter, in Sonderfällen auch anderer Art, sowie zum Abschluß von Unternehmens- und Interessengemeinschaftsverträgen." In der Satzung der Dresdner Bank heißt es: „Soweit gesetzlich zulässig, kann die Gesellschaft

a) die zu ihrem Geschäftsbetrieb erforderlichen Liegenschaften und Einrichtungen erwerben,

b) sich an anderen Unternehmungen gleicher oder ähnlicher Art beteiligen,

c) solche Unternehmungen erwerben und neu gründen,

d) Zweigniederlassungen im Inland und Ausland errichten, sowie alle Geschäfte eingehen, die geeignet sind, den Geschäftszweck der Gesellschaft zu fördern." Bei der Commerzbank heißt es sogar nur: „Die Gesellschaft ist berechtigt, Zweigniederlassungen im Inland und Ausland zu errichten und sich an anderen Unternehmen zu beteiligen".

Aufgrund solcher lediglich sehr allgemein gehaltener Formulierungen der Zielvorstellungen seitens der Großbanken ist es extern und empirisch relativ schwierig zu erkennen, welche Ziele nun konkret von den Geschäftsleitungen der Großbanken und in welcher Rang- und gegenseitiger Zuordnung verfolgt werden, ganz abgesehen vom Umfang und zeitlichem Ausmaß. Allenfalls Äußerungen von Mitgliedern der Geschäftsführung, in die allerdings Formal- und Sachziele vermengt eingehen, lassen gewisse Rückschlüsse auf längerfristige Konzeptionen der Geschäftspolitik der Großbanken zu. So schrieb Ulrich, daß sich die „Zielvorstellungen. . . hauptsächlich auf die Gewinnhöhe, auf bilanzielle Aufbaustrukturen, auf das Angebot an bankgeschäftlichen Leistungen, auf die Wachstumsrate und den Marktanteil des Geschäftsvolumens" (LV 109, S. 55) konzentrieren. Konkretere Aussagen wurden von

Herrhausen gemacht, der als „sichere Bestandteile" eines Zielkatalogs der Deutschen Bank nannte (LV 39, S. 355):

„1. Eine bestimmte Gewinnwachstumsrate und damit verbunden eine bestimmte Eigenkapitalrendite auf ein weiterhin steigendes Eigenkapital.

2. Sicherung des Dividendenerfordernisses bei ausreichender Dotierung der Rücklagen.

3. Ein bestimmtes Wachstum des Geschäftsvolumens und des Dienstleistungsgeschäfts mit Blick auf eine Ausweitung der Marktanteile.

4. Aufrechterhaltung des Universalbankcharakters der Bank.

5. Eine möglichst vollständige räumliche Repräsentanz der Bank in nationaler Sicht und die Vertretung des Instituts an den wichtigsten internationalen Plätzen.

6. Erhaltung und Ausbau der Stellung unter den deutschen Banken."

Ergänzend wurde zudem zur Zielkonzeption der Deutschen Bank angeführt, daß daneben noch „Stabilitäts-" und „Konkurrenzkriterien" als Zielvariable treten, die sich in bestimmten angestrebten Aufbau- und Deckungsstrukturen sowie Marktanteilen konkretisieren. Trotz fehlender vergleichbarer Aussagen bei den anderen Großbanken kann jedoch angenommen werden, daß, weil unter gleichartigen Unternehmen wohl eher eine Tendenz besteht, sich aneinander zu orientieren, unterstellt werden kann, daß die Anspruchsniveaus der Großbanken inhaltlich weitgehend konvergieren. Ein mögliches Abweichen einer Großbank, aber auch generell jeder Universalbank, kann im allgemeinen nicht von großer Bedeutung sein, weil der Wettbewerb der Kreditbanken untereinander und mit den anderen Bankengruppen relativ intensiv ist und keinen weiten Spielraum für ein individuelles, vom Durchschnitt stark abweichendes Verhalten zuläßt (Konformitätszwang).

3.2. Leistungsprogramm und Marktanteile der Großbanken

3.2.1. *Das Einlagengeschäft sowie sonstige Angebote von Geld- und Kapitalanlagefazilitäten*

Einen wesentlichen Bereich der Geschäftstätigkeit von Banken (LV 15, 16, 18, 35 I, II, 52) und somit auch der Großbanken umfaßt die Durchführung der Passivgeschäfte. Durch das Anbieten von Geld- und Kapitalanlagefazilitäten wird es einer Bank möglich, sich Zentralnotenbankgeld zu beschaffen, das seinerseits Grundlage der Aktivgeschäfte, also des Anbietens und Eröffnens von Finanzierungsfazilitäten, ist. Auffällig dabei ist, daß hinsichtlich der Schwerpunkte bei den verschiedenen Passivgeschäften, deren Skala von der Annahme von Einlagen aller Art über die Aufnahme von Geldern bis zur Ausgabe von Bankschuldverschreibungen reicht, bei den einzelnen Bankengruppen erhebliche Unterschiede bestehen. Während für die dem Typ der Universalbank angehörenden Institute die Annahme von Einlagen die wichtigste Form der Zentralnotenbankgeldbeschaffung bildet, bedienen sich die spezialisierten Kreditinstitute bei der Geldbeschaffung überwiegend der Emission von Bankschuldverschreibungen oder nehmen fremde Gelder auf. Beim Einlagengeschäft handelt es sich um einen typischen Mengengeschäftszweig, der mit allen Arten von Kunden betrieben wird. Zu seiner Durchführung bedarf es einer organisatorischen Aufbaustruktur, die die Großbanken wie keine andere Banken bzw. Bankengruppen aufweisen: nämlich ein bundesweit sich erstreckendes, kleinkundennahes Zweigstellennetz.

Was die einzelnen Gruppen der Einlagen betrifft, so stellen die Sichteinlagen eine der wichtigsten Refinanzierungsquellen für die Großbanken dar, wenngleich ihr Marktanteil hier über die letzten zwei Jahrzehnte zurückgegangen ist. Sichteinlagen dienen, sofern sie nicht aus Sicherheits- und/oder Spekulationsgründen von Kunden gehalten werden, in erster Linie dem Zahlungsverkehr, indem sie Wirtschaftsunternehmen sowie privaten und öffentlichen Haushalten die halbbare oder bargeldlose Abwicklung ihres Zahlungsverkehrs ermöglichen, was insbesondere diejenigen Banken bevorzugt, die, wie die Großbanken, über traditionell enge Geschäftsbeziehungen zu den Großunternehmen in Industrie und Handel verfügen, aber auch Konten für Kunden aus mittleren Handels-, Handwerks- und sonstigen Gewerbebetrieben führen. Die Kreditbanken vereinigten Ende 1981 nicht zuletzt aus diesem Grunde über 97,8 Mrd. DM bzw. nahezu 36,6% aller Sichteinlagen auf sich, wovon die Großbanken allein etwa 16,1% bei 43 Mrd. DM bilanzierten[1]; Ende 1958 waren es sogar noch bei den Kreditbanken bei 16,4 Mrd. DM 46,2% und den Großbanken 26,3% bzw. 9,3 Mrd. DM. Die Verringerung ihres Marktanteils erklärt sich daraus, daß sie es trotz guter Voraussetzungen nicht vermochten, im gleichen Umfange wie der Sparkassen- und der Kreditgenossenschaftssektor an der Ausweitung der bargeldlosen Lohn- und Gehaltszahlung zu partizipieren. Hinzu kommt noch, daß die Kreditbanken zugunsten anderer Geschäftsbanken im Sichteinlagengeschäft auch bei ihrem traditionellen Kundenkreis relativ an Gewicht verloren haben, was vor allem zu Lasten der Großbanken ging.

Ein Vergleich der Großbanken untereinander zeigt, daß Ende 1981 von den über 49,4 Mrd. DM, die bei ihnen in Form von Sichteinlagen eingelegt worden waren, sich allein 94,4% bei den drei westdeutschen Instituten befanden, wobei die Deutsche Bank mit 45,1% den größten Anteil auf sich vereinigte, gefolgt von der Dresdner Bank mit 28,2% und der Commerzbank mit 21,1%. Insgesamt waren bei den Großbanken im Durchschnitt 20,9% aller Einlagen Sichteinlagen, wobei die Dresdner Bank einen Sichteinlagenanteil an den gesamten Einlagen von 21,4%, die Deutsche Bank von 22,2% und die Commerzbank nur von 18,5% aufwies. Anzumerken ist schließlich noch, daß im Durchschnitt aller Banken 34,1% der Sichteinlagen von anderen Banken (gegenüber 28,7% Ende 1958) waren (Kreditbanken Ende 1981 37,3%, Sparkassensektor 27,8%, Kreditgenossenschaftssektor 38,4%); bei den Groß-

---

1 Im folgenden: Die Zahlenangaben der Bankengruppen sind aus den veröffentlichten Statistiken der Deutschen Bundesbank entnommen, während die, die die einzelnen Großbanken betreffen, aus den jeweiligen Geschäftsberichten stammen bzw. auf ihnen basieren. Bei ersteren sind nicht die Auslandsfilialen enthalten.

banken – ohne Auslandsfilialen – betrug der Anteil der Sichteinlagen von anderen Banken an den gesamten Sichteinlagen 26,2%. Die Bilanz der Deutschen Bank wies dabei Ende 1981 einen Anteil von 38,5%, die der Dresdner Bank von 27,4% und die der Commerzbank von 27,8% auf.

Nicht zuletzt aufgrund der Entwicklung in der jüngeren Vergangenheit haben die befristeten oder Termineinlagen für die Großbanken ihre schon traditionell erhebliche Bedeutung behaupten können. Insbesondere sind Termineinlagen von privater Seite für die Großbanken aufgrund ihrer Kundenstruktur, die durch ihre engen Beziehungen zur Industrie und zum Handel geprägt sind, von großem Gewicht, während im Sparkassenbereich und in der Organisation der Kreditgenossenschaften die Termineinlagen von anderen Banken überwiegen. So liegt der Anteil der Termineinlagen von anderen Banken an den gesamten Termineinlagen bei den Kreditbanken mit 50,8% und den Großbanken mit 37,6% unter dem Durchschnitt aller Banken von 51,5%, während der Sparkassensektor mit 57,6% und der Kreditgenossenschaftssektor mit 57,0% weit darüber liegen. Insgesamt besaßen die Großbanken – ohne Auslandsfilialen – Ende 1981 mit 84,9 Mrd. DM einen Anteil an allen Termineinlagen in Höhe von 9,7% bei einem gleichzeitigen Anteil aller Kreditbanken von 28,0%. Demgegenüber wies der Sparkassensektor einen Anteil von 26,7% und der der Kreditgenossenschaften von 16,7% auf. Bis auf die Kreditgenossenschaften haben somit alle Institutsgruppen ihren Anteil gegenüber 1958 nicht halten können: Zu diesem Zeitpunkt vereinigten die Großbanken noch einen Anteil von 14% auf sich – bei einem Gesamtanteil der Kreditbanken von 30% – und der Sparkassenbereich von sogar 36,5%.

Generell ist anzumerken, daß die Mittelanlage in Termingeldern speziell durch die Zinsfreigabe 1967 einen wesentlichen Aufschwung erlebt hat und daß nahezu bei jeder konjunkturellen Abschwächung die Bankenkundschaft zinsbewußter gehandelt hat. Dabei betrifft dies insbesondere die Großbanken mit ihrem überdurchschnittlichen Anteil an Großkunden aus der Industrie und dem Handel, die vor allem ihre oft starke Verhandlungsstellung und ihre Marktkenntnisse zu ihrem Vorteil ausnutzen, und erst in zweiter Linie Banken mit einem hohen Anteil an Mengenkundschaft, obwohl gerade im Verlaufe des

Konjunkturrückgangs Ende der 70er Jahre auch kleine und mittlere Kunden verstärkt Terminanlagen nachgefragt und somit eine stärkere Zinsreagibilität aufgewiesen hatten als zumindest eine Dekade zuvor.

Bei einem Vergleich der Großbanken untereinander entfielen Ende 1981 auf die Deutsche Bank 42,6% aller von ihnen verwalteten Termingelder, auf die Commerzbank 23,3%, auf die Dresdner Bank 28,5%. Hinsichtlich der Strukturierung der befristeten Einlagen bei den Großbanken ergibt sich, daß bei der Dresdner Bank 65,1% von Nichtbanken stammten, bei der Commerzbank 74,7% und bei der Deutschen Bank 59,6%.

Der Anteil der Spareinlagen am Geschäftsvolumen der Großbanken hat sich in den letzten ca. 20 Jahren erheblich vergrößert, wenngleich er nicht deren Bedeutung als Refinanzierungsquelle wie bei den Sparkassen und den Kreditgenossenschaften erreicht. Über 488 Mrd. DM waren bis Ende 1981 innerhalb der BR Deutschland und Westberlins auf Sparkonten eingezahlt worden. Hiervon entfielen etwa 9,5% auf die (sechs) Großbanken bei einem Gesamtanteil der Kreditbanken von 15,7% gegenüber 24,9% bei den Kreditgenossenschaften und Zentralkassen (einschließlich Deutsche Genossenschaftsbank) sowie 53,0% im Sparkassensektor. Der prozentuale Anteil der Großbanken hat sich hierbei seit 1958 mit 8,7% somit lediglich geringfügig erhöht, wobei er in den sechziger Jahren nach der Abschaffung der Niederlassungsbeschränkung und des daraufhin erfolgenden Ausbaus des Zweigstellennetzes zeitweise um die 10% betrug. Demgegenüber konnte der Kreditgenossenschaftssektor seinen Anteil von 14,3% Ende 1958 erheblich vergrößern, was zu einem großen Teil zu Lasten des Sparkassensektors ging, der zwar seine Vormachtstellung halten, aber vor über zwei Jahrzehnten noch 63,9% aller Spareinlagen auf sich vereinigen konnte. Notwendig zu vermerken ist in diesem Zusammenhang, daß die Großbanken das Spargeschäft erst im Jahre 1927 zusammen mit den anderen Mitgliedern der „Berliner Stempelvereinigung", zu denen die Großbanken maßgebend gehörten, aufgenommen hatten. Und erst seit 1934 weisen die Großbanken ihre Spareinlagen gesondert in ihren Jahresbilanzen aus. „Richtig" indessen haben die Großbanken den privaten Haushalt als Sparkunden erst um die Mitte der fünfziger Jahre „entdeckt". Angesichts ihres hohen Spareinlagenvolumens kann sich die Deutsche Bank nicht von ungefähr heute als die „größte Sparkasse" der BR Deutschlands bezeichnen. Werden die Spareinlagen bei den drei eigentlichen Großbanken untereinander verglichen, die allein 90% aller Spareinlagen der insgesamt sechs Großbanken bei sich führen, so bilanzierte Ende 1981 die Deutsche Bank mit über 20 Mrd. DM auf ihren Sparkonten etwa 43,8% aller Spareinlagen bei den Großbanken, gefolgt von der Dresdner Bank mit über 12,5 Mrd. DM (27,0%) und der Commerzbank mit 9,1 Mrd. DM (knapp 20%).

Während bei der Gruppe der Großbanken die Spareinlagen lediglich 25,1% der gesamten Einlagen darstellten und sich somit ihr Anteil von Ende 1958 bis Ende 1981 beinahe verdoppelt hat (alle Kreditbanken 1958 14,5%, 1981 17,3%), ist der Anteil der Sparkassenorganisation und der Organisation der Kreditgenossenschaften mit 39,1% bzw. 35,7% zwar etwas gesunken, jedoch immer noch weit höher als der Durchschnitt aller Banken mit 27,9%. Beim Vergleich der Großbanken untereinander konnte die Deutsche Bank mit über 20 Mrd. DM einen Anteil der Spareinlagen an den gesamten Einlagengeldern von 20,3% erzielen, die Dresdner Bank von knapp 20% und die Commerzbank von 16,1%.

Aufgrund eines steigenden Zinsbewußtseins der Sparer sowie aus Wettbewerbsgründen − nämlich um heute Kunden zu gewinnen und diese langfristig an sich zu binden mit der Aussicht auf zusätzliche und Folgegeschäfte −, aber auch wegen des Vorteils, über einen längeren Zeitraum hinweg mit stetigen Einlagenzuflüssen rechnen zu können, wodurch sich nicht zuletzt auch die Möglichkeiten zum Anbieten längerfristiger Finanzierungsfazilitäten sowie ihre Plazierungskraft im Effektengeschäft vergrößern, sind die Großbanken, aber auch ihre Konkurrenten im Bereich des Spargeschäfts seit den sechziger Jahren dazu übergegangen, besondere Sparformen zu entwickeln und anzubieten: In diesem Zusammenhang ist auf die verschiedenen Formen von Sparbriefen, Sparschuldverschreibungen und Sparplänen der einzelnen Banken hinzuweisen.

Die im Wege der Leistungsprogrammvertiefung hinzugekommen neuen Geld- und Kapitalanlagefazilitäten, die institutsspezifische Namen haben und dadurch beim Umworbenen auch eine bestimmte Assoziation bezüglich einer bestimmten Großbank herstellen sollen, wurden dabei zugleich vielfach in geschickter Weise mit den Möglichkeiten verbunden, die die staatliche Sparförderung bot. Beispielhaft seien hier nur das 1967 geschaffene „Combi-Sparen mit Commerzbank-Sparbonus" und das Ende 1970 eingeführte „Erfolgssystem 100" der Deutschen Bank erwähnt. Letztere versucht dabei mit ihrem Angebot, ebenso wie alle anderen Banken, auf die individuellen Wünsche des einzelnen Kunden und seine spezifische Situation besser als zuvor einzugehen, indem das „Erfolgssystem 100" insgesamt vierzehn unterschiedliche Geldanlageformen – vom einfachen Barsparen über das vermögenswirksame und prämienbegünstigte Sparen bis hin zu der Geldanlage in verschiedenen Arten von Investment- und Immobilienfondsanteilen – zur Kombination bereitstellt.

Neben den verschiedenen Sparplänen sind die Großbanken seit Anfang der siebziger Jahre verstärkt dazu übergegangen, Sparbriefe zu offerieren, die ebenfalls wie alle anderen Formen der Leistungsprogrammvertiefung in der Sparte „Spargeschäft" nicht großbankentypisch sind, sondern in ähnlicher Form auch bei anderen Universalbanken(-gruppen) angeboten werden, was ein zusätzlicher Beweis für die vom Marktwettbewerb erzwungene Angleichung der Leistungsprogramme konkurrierender Universalbanken ist. Die Sparbriefe sind für diejenigen Sparer gedacht, die eine höhere und feste Verzinsung suchen, sich aber nicht zum Kauf kursempfindlicher Wertpapiere entschließen können. Es handelt sich um Namenspapiere, die über mehrere Jahre laufen und vorzeitig nicht zurückgegeben werden, sondern nur zu Vorzugskonditionen beliehen werden können. Angesichts der Tatsache, daß im Spargeschäft die Sparkassenorganisation dominiert, ist es nicht verwunderlich, daß bei einem Gesamtvolumen von nahezu 112 Mrd. DM Ende 1981 68% aller ausgegebenen Sparbriefe auf sie entfallen. Jedoch haben die Großbanken in der relativ kurzen Zeit, in der sie erst Sparbriefe anbieten, mit 8,9% (alle Kreditbanken 15%) einen nicht unerheblichen Marktanteil gewonnen. Über die Mitglieder des Genossenschaftssektors konnten 14,3% aller Sparbriefe ausgegeben werden. Während der Anteil der Sparbriefe an den gesamten Spargeldern bei den Großbanken und der Sparkassenorganisation mit 17,7% bzw. 22,7% relativ groß war, betrug er bei den Kreditgenossenschaften lediglich 11,6%.

Eine wachsende, wenn auch noch relativ geringe Bedeutung für die Großbanken hat hinsichtlich der Beschaffung von langfristigen Fremdmitteln die Ausgabe von Schuldverschreibungen erlangt. Hierbei handelt es sich um die Selbstemission festverzinslicher Wertpapiere, die ansonsten insbesondere von den privaten Hypothekenbanken, den öffentlich-rechtlichen Grundkreditanstalten, den Girozentralen sowie einem Teil der Kreditinstitute mit Sonderaufgaben ausgegeben werden. In den Bilanzen der Großbanken wurden sie erstmals Ende der sechziger Jahre, Anfang der siebziger Jahre gesondert ausgewiesen[1]. Vom Gesamtbetrag der sich im Umlauf befindlichen Inhaberschuldverschreibungen in Höhe von über 484 Mrd. DM entfielen Ende 1981 auf die Großbanken lediglich 2,1%, während der Anteil z.B. der Regional- und Lokalbanken 8,8% betrug. Zu den größten Emissionsinstituten gehören jedoch die Realkreditinstitute sowie die Girozentralen, die 38,5% bzw. 42,9% aller Schuldverschreibungsemissionen tätigten. Von den 16 Mrd. DM, die den (sechs) Großbanken durch die Emission von Inhaberschuldverschreibungen Ende 1981 zur Verfügung standen, entfielen allein 49,9% auf die Dresdner Bank, während die Anteile der Deutschen Bank knapp 20% und der der Commerzbank fast 22% betrugen. Wie relativ begrenzt die Bedeutung der Emission von Schuldverschreibungen noch für die Fremdkapitalbeschaffung ist, läßt sich auch daran erkennen, daß diese im Verhältnis zu dem sonstigen Fremdkapital, den Verbindlichkeiten gegenüber den Kreditinstituten und Nichtbanken, bei Außerachtlassung der „sonstigen Verbindlichkeiten" bislang nur einen sehr geringen Umfang erreicht haben: So machten die Inhaberschuldverschreibungen bei der Deutschen Bank nur 3,1% der Einlagen von den Nichtbanken und Banken und bei der Commerzbank 6,2% aus; lediglich bei der Dresdner Bank besitzen sie mit 12,2% eine größere Bedeutung.

Eine spezielle Art der Mittelbeschaffung der Großbanken

---

1 Erstmals in der Bilanz der Deutschen Bank 1973, der Commerzbank 1972, der Dresdner Bank 1967 (als eigene Kassenobligationen) bzw. 1968 (als eigene Schuldverschreibungen).

durch die Schuldverschreibungen ist deren Emission durch ihre Luxemburger Tochterinstitute. Dabei handelt es sich um Anleihesonderformen, so z.B. um eine Dollar-Optionsanleihe der Deutschen Bank von 1977 und um eine DM-Wandelanleihe der Dresdner Bank, ebenfalls von 1977.

Der Vollständigkeit halber seien als eine weitere Form der Fremdmittelbeschaffungsmöglichkeiten die Durchführung von Pensionsgeschäften genannt. Zwar sind die Verbindlichkeiten der Großbanken aus diesen Pensionsgeschäften − absolut und relativ gesehen − nicht hoch (2,6 Mrd. DM bzw. 1,2% der Bilanzsumme); jedoch sind sie in den letzten Jahren relativ stark gestiegen. Es handelt sich hierbei um eine spezifische Refinanzierungsform bei dritten Geldgebern, die vor allem aus dem Nichtbankenbereich kommen, also insbesondere Großunternehmen und Konzerne aus der Industrie, dem Handel und der Versicherungswirtschaft (LV 18).

Hinsichtlich der Kapitalanlagefazilitäten ist auf das Investmentgeschäft hinzuweisen. Die Dresdner Bank hat wesentlich zum Durchbruch des Investment-Gedankens in der BR Deutschland beigetragen, als 1956 von ihr der Deutsche Investment-Trust Gesellschaft für Wertpapieranlagen mbH (DIT) gegründet wurde, der bald zur größten deutschen Kapitalanlagegesellschaft wurde. Abgelöst in dieser Position wurde der DIT später durch die Deutsche Gesellschaft für Wertpapiersparen mbH (DWS), eine Investmentgesellschaft, an der neben kleineren Banken die Deutsche Bank dominierend beteiligt ist. Gerade diese letztere Gesellschaft hat die Investmentidee durch ein Angebot vielfältiger Leistungsarten innovativ und entscheidend weitergeführt. Weiter haben die Großbanken die Idee der Spezialfonds stark nach vorne gebracht. Dabei herrscht unter solchen Spezialfonds-Investmentgesellschaften ein ausgeprägter qualitativer Wettbewerb, denn: Eine Vielzahl institutioneller Kapitalanleger gibt Vermögensteile gleichzeitig an verschiedene Investmentgesellschaften.

3.2.2. Das Kreditgeschäft sowie sonstige Angebote von Finanzierungsfazilitäten

Als bedeutendster Sektor auf der Aktivseite der Bankbilanzen ist das Kreditgeschäft anzusehen, genauer: das Anbieten und Eröffnen von Finanzierungsfazilitäten (LV 15, 16, 18), wobei zugehörige Aktivitäten – wie z.B. die Abwicklung des Zahlungsverkehrs – nicht alle aus der Bilanz erkennbar sind. Insgesamt lag der Anteil der Kredite am Geschäftsvolumen aller Banken Ende 1981 bei 94% gegenüber 88,6% Ende 1958, wobei im Durchschnitt 66,2% bzw. 64,9% auf Kredite an Nichtbanken entfielen, also öffentliche Haushalte, Wirtschaftsunternehmen und sonstige private Haushalte. Auffällig ist allerdings bei der Entwicklung des Anteils der Kredite am Geschäftsvolumen, daß bei den Großbanken im Gegensatz zu den anderen Universalbanken bzw. -gruppen die Forderungen an Nichtbanken von 67,4% im Jahre 1958 auf 64,5% zurückgegangen waren, was sicherlich auch eine Folge des intensivierten Wettbewerbs am Kreditmarkt nach der Zinsliberalisierung und der sich immer stärker angleichenden Tätigkeit der Geschäftsbankengruppen war – und dies, obwohl die Kreditgewährung an Nichtbanken seitdem mehr als zehnmal so hoch ist. Demgegenüber haben die Kredite an andere Banken, die sich im gleichen Zeitraum mehr als versechzehnfacht haben, ihren Anteil am Geschäftsvolumen von 14,3% auf knapp 23,9% gesteigert. Das Kreditgeschäft, das für praktisch alle Banken die Hauptertragsquelle darstellt, hat sich immer mehr zu einem vielgestaltigen Komplex entwickelt.

Seit jeher sind die Kreditbanken in hohem Maße im kurzfristigen Kreditgeschäft engagiert, was sich nicht zuletzt mit ihren engen Geschäftsbeziehungen zur Industrie und zum Handel erklären läßt, die wiederum die bedeutendsten Kreditnehmergruppen im kurzfristigen Bereich darstellen. So vereinigten die Kreditbanken Ende 1958 etwa 60% aller kurzfristigen Kreditgewährungen an Nichtbanken (ohne Schatzwechsel und unverzinsliche Schatzanweisungen des Bundes und der Länder) auf sich, wobei die Großbanken allein reichlich 30% Anteil daran hatten. Demgegenüber brachten es die Sparkassenorganisation lediglich auf knapp 20% und die Organisation der Genossenschaftsbanken auf nur 13,6%. Welche Bedeutung diese Aktivgeschäfte für die Großbanken hatten, läßt sich auch daran erkennen, daß etwa 80% der gewährten Kredite dem kurzfristigen Bereich zugeordnet wurden; bei den gesamten Kreditbanken waren es im Durchschnitt 69,2% und bei den Kreditgenossenschaften 63,2%, während es im Sparkassensektor lediglich knapp 18% waren. Diese Situation im Kreditgeschäft mit Nichtbanken hat sich aber in den folgenden Jahren erheblich geändert, indem eine verstärkte Tendenz zur Verlängerung der Fristen im Kreditgeschäft deutlich festzustellen war. Wesentliche Gründe hierfür sind sicherlich die gestiegene Wettbewerbsintensität und die gewandelten Wettbewerbsbedingungen − auch im internationalen Bereich − sowie die damit einhergehende Steigerung der Kapitalintensität in den verschiedenen Wirtschaftsbereichen. Sinkende Gewinne, steigende Kosten der Eigenkapitalbeschaffung über den Kapitalmarkt sowie z.B. eine Verlängerung der Zahlungsziele im Anlagenexportgeschäft führten zu einer wachsenden Nachfrage nach längerfristigem Kapital. So ist es nicht verwunderlich, daß der Anteil der kurzfristigen Kreditgewährungen an in- und ausländische Nichtbanken (ohne Schatzwechselkredite, Wertpapierbestände sowie Ausgleichs- und Deckungsforderungen) am gesamten Kreditgeschäft aller Banken von über 1,6 Billionen DM auf 18,9% Ende 1981 zurückgegangen ist, wobei die Großbanken im Zeitraum von 1958 bis 1981 zusammen mit den anderen Kreditbanken relativ am meisten verloren haben. Insgesamt verringerte sich der Anteil der Kreditbanken auf etwa 41,6%, wobei der der Großbanken schließlich nur noch 15,6% betrug. Erkennbar ist aber, daß der Rückgang des Marktanteils der Kreditbanken vor allem zu Lasten der (sechs) Großbanken ging. Demgegenüber konnten die Institute des Sparkassen- und des genossenschaftlichen Sektors ihre Anteile am kurzfristigen Kreditgeschäft mit Nichtbanken auf etwa 32,5% bzw. 22,1% erheblich steigern. Spezielle Gründe für den Marktanteilsschwund insbesondere bei den Großbanken können aus der Struktur des Kundenkreises dieser Banken abgeleitet werden. So gingen die Großkreditnehmer aus Industrie und Handel, die einen hohen Prozentsatz der Großbankenkunden darstellen, verstärkt dazu über, ihren Bedarf an kürzerfristigen Finanzmitteln auch auf dem Wege des Industrie-Clearing sowie über den Eurogeldmarkt zu decken. Aufgrund der starken

Verhandlungsposition der euromarktfähigen Großkunden – nicht zuletzt durch diese Substitutionsmöglichkeiten – lassen sie sich zuweilen Eurokredite zu günstigen Konditionen gewähren, nachdem sie sich zur Verbesserung ihrer Sicherheitsreserve von ihren Hausbanken Kreditlinien haben einräumen lassen. Zudem konsolidierten die großenteils emissionsfähigen Unternehmen ihre formell kurzfristigen, materiell aber vielfach längerfristigen Kredite durch die Ausgabe von Kapitalmarkttiteln und die Aufnahme von Schuldscheindarlehen. Hinzu kam die zunehmende Konkurrenz seitens der Sparkassen- und Kreditgenossenschaftsorganisation sowie der anderen Kreditbanken, wobei sich hier speziell die Wettbewerbsstellung letzterer verbessert hatte, weil viele Institute in Größenordnungen hineingewachsen sind, die es auch ihnen ermöglicht, Kreditwünsche von Großkunden zu befriedigen. Außerdem sind teilweise aufgrund ihrer überschaubaren Betriebsgröße individuellere Beratungen und schnellere Entscheidungen im Kreditgeschäft möglich. Nicht zuletzt wegen ihrer Marktanteilsverluste ist bei den Großbanken der Anteil der kurzfristigen Debitoren und Wechseldiskontkredite an Nichtbanken am gesamten Kreditgeschäft von 52,3% auf knapp 24% zurückgegangen, während sich der Rückgang bei allen Kreditbanken von 47,7% auf etwa 24,5% belief. Ähnlich senkte sich bei den Kreditgenossenschaften dieser Anteil von über 34,9% auf gut 18,8%, während er bei der Sparkassenorganisation mit 11,1% Ende 1981 in etwa konstant geblieben war.

Der Anteil der Gewährung mittelfristiger Kredite, deren Formen sich mit denen der kurzfristigen bzw. langfristigen Finanzierungsfazilitäten teilweise stark überlappen, nahm im Vergleichszeitraum im Gegensatz zu den kurzfristigen Krediten für die Großbanken eine positivere Entwicklung. Während letztere von Ende 1958 bis Ende 1981 bei etwa 307 Mrd. DM (ohne Schatzwechselkredite) einen Anstieg um 840% verzeichneten, wiesen die mittelfristigen Kreditgewährungen (Debitoren und durchlaufende Kredite) bei 184,2 Mrd. DM Ende 1981 eine Steigerung gegenüber Ende 1958 von über 2240% auf. Dabei konnten die Großbanken ihren Anteil am gesamten mittelfristigen Kreditgeschäft ebenso wie alle Kreditbanken und die Sparkassenorganisation, die dennoch mit reichlich je einem Drittel die bedeutendsten Kreditgeber im mittelfristigen

Bereich darstellen, gerade noch mit 15,9% (Ende 1958: 17,3%) bzw. 29,5% (34,3%) bzw. 35,5% (35,8%) halten, während die Kreditgenossenschaften ihren Anteil von 8% auf fast 18% mehr als verdoppeln konnten.

Etwas anders sieht es aus, wenn der Anteil der gewährten mittelfristigen Kredite am gesamten Kreditvergabevolumen bei den verschiedenen Universalbankgruppen Ende 1958 und Ende 1981 und somit deren Entwicklung und Bedeutung für die Institutsgruppen aufgezeigt wird. Hier ist bei den Großbanken deutlich eine Steigerung zu erkennen, die im mittelfristigen Bereich den Anteil der Kreditausleihungen an ihrem gesamten Kreditgeschäft (Debitoren, Wechseldiskontkredite und durchlaufende Kredite) von 11% auf 21,8% steigern konnten, während der Anteil bei allen Banken lediglich von 7,8% auf 11,4% angewachsen war. Bei den Kreditbanken insgesamt waren es noch etwa 7 Prozentpunkte Zuwachs auf 16,2% und bei den Kreditgenossenschaften ebenfalls bei einem Anteil von knapp 16% Ende 1981. Demgegenüber war die Bedeutung dieser Kredite für die öffentlich-rechtliche Organisation bei einer Steigerung von zwei Prozentpunkten auf 10,2% relativ gering.

Die wachsende Bedeutung des mittelfristigen Kreditgeschäfts vor allem bei den Großbanken in den letzten beiden Jahrzehnten spiegelt dabei die Strukturveränderung der Finanzierungserfordernisse der Wirtschaft der BR Deutschland und auch der ausländischen Kreditnehmer deutlich wider. Insbesondere seit Mitte der sechziger Jahre kann eine erhebliche Zunahme mittelfristiger Kreditgewährungen durch die Großbanken konstatiert werden, wobei ein überproportionaler Anstieg bei den Ausleihungen an ausländische Kunden zu beobachten ist.

Im Bereich des langfristigen Kreditgeschäfts, das seit etwa zwei Jahrzehnten strukturell erheblich in den Vordergrund getreten ist, haben die Großbanken vor allem seit Mitte der sechziger Jahre starke Aktivitäten entfaltet und dementsprechend ihre Marktanteile – zu einem nicht unerheblichen Teil zu Lasten ihrer traditionellen Kreditgeschäftssparten – vergrößert. Dabei kommt ihr Engagement in ihren eigenen Jahresabschlüssen allerdings nicht ausreichend zum Ausdruck, weil sie durch ihre Beteiligungen an Hypothekenbanken und die Vermittlung von Schuldscheindarlehen und sonstigen langfristigen

Krediten in diesem Geschäftsbereich einen noch stärkeren Anteil haben. Der langfristige Kreditbereich umfaßt in erster Linie festterminierte Einzelkredite zur langfristigen Investitionsfinanzierung, also vor allem Industriekredite, Kommunal- und Hypothekarkredite. Probleme können den Großbanken daraus erwachsen, daß es ihnen zuweilen schwerer fällt als anderen Banken z.B. mit Pfandbriefprivileg und dementsprechend langfristig stabileren Refinanzierungskosten, die Wünsche der Kreditnachfrager im längerfristigen Bereich nach Festzinskonditionen zu befriedigen. Dennoch konnten neben dem Genossenschaftssektor vor allem auch die Großbanken in der jüngeren Vergangenheit von der steigenden Nachfrage nach längerfristigen Krediten profitieren. Während die Marktführer, die Sparkassen und Girozentralen, mit etwa 41,9% ihren Anteil am gesamten langfristigen Kreditvolumen, der Ende 1981 etwa 1060 Mrd. DM betrug, in etwa hielten, konnten die Großbanken ihre Anteile von knapp 2% auf über 5,4% steigern (Kreditgenossenschaften und Zentralkassen von gut 3% auf 10%). Die Kreditbanken insgesamt konnten ihren Anteil lediglich um das Wachstum der Großbanken auf insgesamt 13,3% erhöhen.

Die zunehmende Bedeutung der langfristigen Kreditgewährungen vor allem für die Großbanken läßt sich besonders an den veränderten Anteilen am gesamten Kreditvolumen der einzelnen Institutsgruppen veranschaulichen. Während die Bedeutung dieser Kredite für die Sparkassen und Girozentralen mit im Durchschnitt knapp 70% in etwa konstant geblieben war, wuchs sie für die anderen Universalbankengruppen in nicht unerheblichem Maße. So stieg bei der genossenschaftlichen Organisation der Anteil der langfristigen Ausleihungen am gesamten Kreditvolumen von 28% auf 50,9% und bei den Kreditbanken von 21% auf 42,1%, wobei er bei den Großbanken sogar von 9% auf 42,8% anstieg. Dabei konzentrierten sich vor allem die öffentlich-rechtlichen, aber auch die genossenschaftlichen Institute besonders auf das Kommunal- und Hypothekarkreditgeschäft, während das längerfristige Industriekreditgeschäft inklusive der langfristigen Exportfinanzierungskredite von den Großbanken dominiert wurde. Vor allem im letzteren Bereich waren und sind die Großbanken maßgeblich vertreten, weil die Unternehmen der exportierenden Investitionsgüterindustrie gerade mit den Großbanken intensive Geschäftsbeziehungen pflegen. Einen Indikator für die Marktstellung der Großbanken in diesem Bereich können die Konsortialquoten bei der AKA Ausfuhrkredit-Gesellschaft m.b.H. darstellen, an der die Großbanken mit mehr als 50% beteiligt sind (Deutsche Bank 26,2%, Dresdner Bank 17,2%, Commerzbank 12,7%; Stand Ende 1981). Vorsprünge haben die Großbanken aber auch, trotz des scharfen Wettbewerbs in den letzten Jahren auf diesem Gebiet, im Bereich des Exportkredits, der Exporteuren oder ausländischen Importeuren ohne Einschaltung der AKA oder der Kreditanstalt für Wiederaufbau gewährt wird.

Jedoch zeichnet sich im Bereich der langfristigen Kreditgewährungen schon seit einiger Zeit ein Wandel in den Schwerpunkten ab: Während die Girozentralen sich verstärkt bemühten, im Industriegeschäft Fuß zu fassen, intensivierten die Großbanken ihre Anstrengungen bei der Vergabe von Hypothekarkrediten und in anderen, zuvor von den beiden konkurrierenden Institutsgruppen beherrschten Kreditsparten. Insbesondere im Bereich des Hypothekarkreditgeschäfts und der sonstigen Kreditgewährungen für den Wohnungsbau entfalteten die Großbanken in jüngerer Zeit verstärkte Aktivitäten, auch indirekt über ihre hohen Beteiligungen an Hypothekenbanken. So entwickelten sie teilweise eigene Kreditleistungsarten – wie z.B. das „Persönliche Hypotheken-Darlehen" seit 1968 –, teilweise aber auch gemeinsam mit anderen Institutionen umfassende und neuartige Leistungen: so z.B. seit 1972 Baufinanzierungsprogramme unter der Bezeichnung „Baufinanzierung aus einer Hand" in Zusammenarbeit mit Hypothekenbanken, Bausparkassen und Versicherungen, so daß der Darlehensnehmer nur noch mit einem Kreditinstitut zu verhandeln braucht und damit Zinsen- und Tilgungsdienst auch nur noch an einen Gläubiger zu leisten hat. Voraussetzung für die Aufnahme der langfristigen Realkredite in das Leistungsprogramm vor allem bei den Großbanken war die Intensivierung des Spareinlagengeschäfts. Der nachhaltige Erfolg dieser Bemühungen, der sich an den Spareinlagenzuwachsraten ablesen läßt, versetzte sie in die Lage, eine bis dahin vorhandene Lücke in ihrem Leistungsangebot – auch unter dem Aspekt des Gewinnens von Folgegeschäften – zu schließen. Während die

Großbanken somit im Bereich der Hypothekarkredite gewisse Erfolge zu verzeichnen hatten, blieb ihre Bedeutung im langfristigen Kommunalkreditgeschäft, zumindest in direkter Form, relativ gering. Allerdings haben die Großbanken an diesem Geschäft über ihre Hypothekenbanken-Beteiligungen ebenfalls einen stärkeren Anteil, als es nach außen hin scheint.

Bei einem Vergleich der Großbanken untereinander vereinigten Ende 1981 die drei Institute in der BR Deutschland allein 93,7% aller Buchkredite und Darlehen einschließlich der Wechseldiskontkredite an Nichtbanken in Höhe von fast 147 Mrd. DM auf sich. Die Deutsche Bank bilanzierte davon etwa 39,8%, während die Dresdner Bank und die Commerzbank mit 28,4% bzw. 25,5% in etwa gleichauf lagen. Somit ergaben sich im Vergleich zum Jahre 1958 in der Bedeutung der einzelnen Institute innerhalb der Gruppe der Großbanken hinsichtlich der Gewährung von Krediten keine wesentlichen Veränderungen. Ebenso verhielt es sich bei einer Betrachtung nur der kurz- und mittelfristigen Kreditgewährungen an Nichtbanken: Auch hier gab es keine wesentlichen Verschiebungen der Anteile unter den Großbanken. Wiederum führte Ende 1981 bei Kreditgewährungen der Großbankengruppe insgesamt von 84 Mrd. DM die Deutsche Bank mit 39,9% vor der Dresdner Bank mit reichlich 28,1% und der Commerzbank mit 25,7%. Im Gegensatz zur Sparte der Nichtbanken-Finanzierungsfazilitäten im kurz- und mittelfristigen Bereich gab es im Vergleichszeitraum gewisse Verschiebungen im langfristigen Bereich: Lag Ende 1958 mit über 37% aller langfristigen Kreditgewährungen die Commerzbank vor der Deutschen Bank mit fast 36% und der Dresdner Bank mit 21%, so nahm Ende 1981 bei einem Gesamtvolumen langfristiger Kreditgewährungen der Großbankengruppe von fast 64 Mrd. DM die Deutsche Bank auch in diesem Geschäftsbereich mit einem Anteil von 39,1% die führende Stellung vor der Dresdner Bank mit 28,5% und der Commerzbank mit 25,1% ein. Ebenso wie im Vergleich der Bankengruppen kann bei den einzelnen Großbanken im Zeitverlauf ein sich verstärkender Nachfragetrend in Richtung längerfristige Kredite festgestellt werden. Dies drückt sich u.a. im wachsenden Anteil langfristiger Buchkredite und Darlehen an Nichtbanken aus: Während Ende 1958 noch über 90% der Kreditgewährungen zum kurz- und mittelfristigen Bereich zu zählen waren, verringerte sich dieser Anteil bis gegen Ende 1981 auf 56,9%. In etwa war dies auch die Relation bei den einzelnen Großbanken. Speziell hinsichtlich der Wechseldiskontkredite ist anzuführen, daß ihre Bedeutung im Vergleichszeitraum erheblich zurückgegangen ist. Besonders deutlich ist dies bei den Großbanken zu erkennen, für die diese Kreditart aufgrund ihrer traditionell hohen Anteile an Kunden aus der Industrie und dem Handel von jeher eine große Bedeutung hatte: So ging der Anteil der Wechseldiskontkredite in Relation zu den gesamten Debitoren, durchlaufenden Krediten und Wechselkrediten in den Bilanzen der (sechs) Großbanken (ohne Auslandsfilialen) von 41,8% auf 9,2% zurück, während für alle Banken von 1958 bis 1981 ein Rückgang von 14,2% auf 3,1% zu verzeichnen war. Insgesamt haben die Großbanken, wie bereits erwähnt, erhebliche Marktanteile eingebüßt, insbesondere auch an andere Kreditbanken, obwohl sie weiterhin eine überragende Bedeutung im Wechselkreditgeschäft besitzen.

Neben den bisher behandelten Geldleihfazilitäten spielen die Kreditleihfazilitäten gerade bei den Großbanken eine nicht zu unterschätzende Rolle, wobei diese vor allem von Kunden aus dem Unternehmensbereich, und zwar insbesondere im Auslandsgeschäft, in Anspruch genommen werden. Die Großbanken bilanzierten Ende 1981 „unter dem Strich" einen Anteil aller Rückgriffsforderungen aus Avalen und Akkreditiven von 28,3%, die Kreditbankengruppe zusammen von 53,9%. Auch wenn die Institute, verglichen mit Ende 1958, am Volumen dieser Position etwa zehn Prozentpunkte verloren haben, dominieren sie dennoch vor der Sparkassenorganisation mit 24,7% und den Kreditgenossenschaften mit 11,6%, die vor allem seit Mitte der sechziger Jahre – was ebenfalls die konvergente Entwicklung im Universalbankenbereich hinsichtlich der Leistungsprogramme, aber auch der Kundenkreise veranschaulicht – stark in Konkurrenz zu den Kreditbanken getreten sind. Welche Bedeutung die Kreditleihe im Leistungsprogramm der Großbanken dennoch weiterhin besitzt, kann man in etwa an der relativen Größenordnung der entsprechenden Bilanzpositionen ermessen: Danach entfielen Ende 1981 bei ihnen im Durchschnitt etwa 16,9% aller Kredite auf Verbindlichkeiten aus Bürgschaften – im Vergleich dazu: bei allen

Kreditbanken 12,9%, bei allen Banken 5,7%, bei der Sparkassenorganisation 3,7%, bei den Kreditgenossenschaften 4,4% –, wobei es bei der Deutschen Bank 18,6%, bei der Dresdner Bank 15,1% und bei der Commerzbank 14% waren.

Der bisherigen Vorgehensweise zur Darstellung der Bedeutung der wichtigsten Geschäfte für die Großbanken im Rahmen des Anbietens von Finanzierungsfazilitäten liegt das Kriterium einer zeitlichen Untergliederung zugrunde. Darüber hinaus berücksichtigen die Institute zur Erzielung einer möglichst optimalen Kredit- und somit Risikostruktur neben dem zeitlichen aber auch sachliche und örtliche Aspekte, wobei letztere wegen der nicht vorhandenen örtlichen oder regionalen Begrenzung bei den Großbanken eine größere Beachtung im Rahmen ihrer Kreditstrukturpolitik finden als z.B. bei den Sparkassen und Kreditgenossenschaften, die in der Regel einen räumlich begrenzten Einzugsbereich haben. Unter einer nach sachlichen Kriterien ausgerichteten Kreditstrukturpolitik wird dabei eine Aufteilung der Ausleihungen in größenmäßiger wie auch kreditnehmer- bzw. branchenmäßiger Hinsicht verstanden. Nicht zuletzt aufgrund dieser risikopolitischen Aspekte, aber auch vor dem Hintergrund der Kreditstreuungsvorschriften des Kreditwesengesetzes haben die Kreditportefeuilles der Großbanken einen hohen Diversifikationsgrad erlangt. So entfielen bei Betrachtung der Streuung der Kreditengagements nach dem branchenmäßigen Kriterium Ende 1981 bei der Deutschen Bank auf das verarbeitende Gewerbe 29,3% ihrer Forderungen und Wechselkredite, bei der Dresdner Bank 34% und bei der Commerzbank sogar 41,2%. Ein relativ hoher Anteil der Kundenforderungen entfiel dabei außer auf Kreditnehmer aus den Bereichen Elektrotechnik, Feinmechanik und Metallwaren insbesondere auf die Eisen- und Stahlindustrie sowie den Maschinen- und Fahrzeugbau. Die nächst wichtige Kreditnehmergruppe stellten die unselbständigen Privatpersonen dar, denen die Deutsche Bank 27%, die Dresdner Bank 31,5% und die Commerzbank 28,5% ihrer Kredite gewährte. Während der Handel mit 13,8% bzw. 14,2% bzw. 11,3% einen relativ geringen Anteil aller Kredite erhalten hatte, hatten die unter „Sonstige" zusammmegefaßten Dienstleistungsunternehmen, wirtschaftlich selbständigen Privatpersonen und öffentlichen Haushalte von der Deutschen Bank 29,9%, von der Dresdner Bank

20,3% und von der Commerzbank 19% aller Kredite dieser Bankengruppe erhalten.

Eine ebenso wichtige Frage ist im Rahmen der Kreditpolitik die Entscheidung, in welcher Höhe Buchkredite und Darlehen im individuellen Fall an den einzelnen Kreditnachfrager und insgesamt an alle Kreditnehmer gewährt werden. Dabei sind die Banken bei ihrer Kreditvolumenspolitik zugleich auch darauf bedacht, abzuschätzen, in welchem Ausmaße zugesagte Kredite auch tatsächlich in Anspruch genommen werden und die Liquidität belasten. Im einzelnen entfielen z.B. bei der Deutschen Bank auf Ausleihungen bis zu einem Betrag von 100 000 DM 93,1% aller gewährten Kredite, wovon allein der Anteil der bis zu 10 000 DM betragenden Kredite schon 62,7% betrug. Weitere 6,4% aller Einzelkredite hatten ein Volumen zwischen 100 000 DM und 1 000 000 DM, während 0,5% der Kreditnehmer Darlehen und Buchkredite von über 1 Mio. DM eingeräumt worden waren. Eine ähnliche Kreditvolumensstrukturierung wiesen Ende 1981 auch die Dresdner Bank und die Commerzbank auf. Eine noch etwas stärkere Gewichtung zugunsten der kleineren Kreditbeträge war bei den Berliner Tochterinstituten festzustellen, was nicht zuletzt aber mit der speziellen Situation Westberlins zu begründen sein mag.

3.2.3. *Das Zahlungsverkehrsgeschäft sowie sonstige Dienstleistungen (i.e.S.)*

Neben dem eigentlichen Einlagen- und Kreditgeschäft gehört zu den herkömmlichen Dienstleistungsangeboten insbesondere der Universalbanken die Durchführung bzw. Vermittlung des Zahlungsverkehrs im Inland und mit dem Ausland. Hinsichtlich der Abwicklung des inländischen Zahlungsverkehrs kommt vor allem den Großbanken zustatten, daß sie (mit Ausnahme der Zeit ihrer Dekonzentration von 1945 bis 1957) auf Grund ihrer hohen Zweigstellenintensität ein das gesamte Bundesgebiet umspannendes überregionales Gironetz zur Verfügung haben. Lange Zeit konnte dabei festgestellt werden, daß sie – gemessen an ihren Geschäftsvolumina und den Sichteinlagenbeständen – einen überproportionalen Anteil des inländischen Zahlungsvolumens auf sich vereinigten, während z.B. die Sparkassenorganisation erst langsam die Bedeutung im inländischen Zahlungsverkehr einnahm, die ihr − in Relation zu ihrem Geschäftsvolumen − eigentlich zukommt. Eine ebensolche überproportionale Bedeutung der Großbanken ist im Bereich der Abwicklung des Zahlungsverkehrs mit dem Ausland festzustellen. Seinen Ursprung hat dies vor allem in ihrer außenhandelsintensiven Kundenstruktur, aber auch in ihren guten internationalen Beziehungen und dem hohen Standing der Großbanken im Ausland. Selbst wenn der für das Jahr 1959 geschätzte Anteil der auf die Großbanken entfallenden bankmäßig finanzierten Außenhandelsgeschäfte von über 50% − davon allein über 25% bei der Deutschen Bank (LV 28, S. 47) − sich wegen des Vordringens der anderen Bankengruppen in den entsprechenden Geschäftsbereichen im Laufe der Zeit verringert haben sollte, dürfte ihr Anteil am Zahlungsverkehr mit dem Ausland dennoch größer sein als der entsprechende Anteil am inländischen Zahlungsverkehr.

In diesem Zusammenhang ist besonders hervorzuheben, daß sich speziell die Großbanken um die Entwicklung neuer Zahlungsverkehrsinstrumente sowie um die Förderung des gesamten Zahlungsverkehrs verdient gemacht haben. So geht z.B. die Entwicklung und seit 1968 die Einführung der Scheckkarte im wesentlichen auf die Initiative der Deutschen Bank zurück. Ebenso verhält es sich mit dem Euroscheck und der Eurocard. Zur besseren Koordinierung der Initiativen, aber auch generell zur Förderung vor allem des bargeldlosen Zahlungsverkehrs, wurde schließlich auf maßgebliches Betreiben der Deutschen Bank die Gesellschaft für Zahlungssysteme mbH in Frankfurt a.M. gegründet, an der das private Bankgewerbe und der öffentlich-rechtliche Sektor mit je 40% sowie der genossenschaftliche Sektor mit 20% beteiligt sind.

Das Effektengeschäft als weiterer wichtiger Dienstleistungsbereich der Banken, der − im weitesten Sinne verstanden − die Ausgabe, den An- und Verkauf sowie die Verwahrung und Verwaltung von Effekten für Kunden zum Gegenstand hat, stellt insbesondere für die Großbanken einen bedeutenden Geschäftszweig dar, wobei sich auch dies wesentlich auf den relativ hohen Anteil an Unternehmens-, institutionellen und sonstigen Großkunden zurückführen läßt. Darüber hinaus besitzen die Großbanken den Vorteil, daß gerade sie auf eine langjährige und große Analyse- und Anlageberatungserfahrung verweisen können. Im Zusammenhang mit dem Effektengeschäft der Großbanken ist auch ihr Investmentgeschäft zu sehen, in dem sie ebenfalls stark tätig sind. Alle Großbanken sind an Kapitalanlagegesellschaften, also den spezialisiert zu betreibenden Investmentgesellschaften, beteiligt, teilweise zu 100%, teilweise quotenmäßig. Gerade die Einschaltung der universalen Großbanken hat für das Investmentgeschäft und damit auch für die von ihm angesprochenen vor allem kleineren Kapitalanleger wesentliche Vorzüge.

Ebenso wie beim Effektenkommissionsgeschäft sind die Großbanken auch überproportional an den Emissionskonsortien, in der Regel zugleich als Konsortialführer, beteiligt. Speziell ihr weitgespanntes überregionales Zweigstellennetz läßt sie dabei als besonders geeignet erscheinen, Fremdemissionen für Unternehmen aus Industrie und Handel sowie für öffentliche Körperschaften im breiten Publikum dauerhaft zu plazieren. Außer an Emissionen für inländische Emittenten sind die Großbanken im internationalen Geschäft in starkem Maße an Emissionen ausländischer Emittenten beteiligt. In engem Zusammenhang mit den verschiedensten Formen des Effektengeschäfts steht das Depotgeschäft. Im Rahmen dieser Dienstleistung, die aufgrund großer Privatisierungsaktionen von vorher im Bundesbesitz gewesener Aktiengesellschaften, aber auch durch den Aufschwung des Investmentsparens und anderer Kapitalanlageformen sowie des prämienbegünstigten Wertpapiersparens auch als Mengengeschäft erheblich an Bedeutung gewonnen hat, führen naturgemäß insbesondere diejenigen Banken einen besonders hohen Anteil am gesamten Kundendepotbestand, die im Emissionsgeschäft und Effektenhandel ebenfalls besonders engagiert sind, also vor allem die Großbanken.

3.3. Sicherheitspolitik der Großbanken

3.3.1. *Das Eigenkapital der Großbanken*

Die Erhaltung einer Unternehmung, also auch einer Bankunternehmung, stellt ein vorrangiges einzelwirtschaftliches

Ziel dar (LV 15, 16, 18, 35 III). Da jede Handlung angesichts der Unsicherheit der zukünftigen Entwicklung und des unvollständigen Informationsstandes über die zukünftigen Daten mit Unwägbarkeiten behaftet ist, kann die Sicherheit einer Bank zu keiner Zeit als absolut gewährleistet angesehen werden. Das Anstreben maximaler Sicherheit ist allerdings für eine Bank als irrelevant zu betrachten, weil zum einen alle Maßnahmen zu deren Herbeiführung Kosten und/oder Opportunitätskosten verursachen, so daß höhere Sicherheit mit einem Verzicht auf zusätzliche Erträge verbunden ist. Zum anderen ist aber die Wahrscheinlichkeit, daß jede im Bereich des Möglichen liegende negative Entwicklung auch wirklich eintritt, nicht gleich 1. Darüber hinaus kann vielfach davon ausgegangen werden, daß erhöhte Risiken in der Regel mit höheren Gewinnchancen verbunden sind, die die Unternehmensführung auch einer Großbank im Hinblick auf das gesteckte Rentabilitätsziel veranlassen kann bzw. sollte, in bestimmten Entscheidungssituationen ein gewisses Maß an erhöhtem Risiko einzugehen.

Die Grenzen, bis zu denen die Risiken für die jeweilige Bank als noch tragbar empfunden werden können, werden letztlich durch die subjektiven Vorstellungen der einzelnen Entscheidungsträger mitbestimmt. Allerdings wird vom Gesetzgeber „im Interesse der Erfüllung ihrer Verpflichtungen gegenüber ihren Gläubigern, insbesondere zur Sicherheit der ihnen anvertrauten Vermögenswerte" (§ 10 I S. 1 KWG) ein Mindestmaß an Sicherheit gefordert, das sich in gesetzlichen Rahmenbestimmungen niederschlägt. Verlangt wird danach von den Banken ein angemessenes haftendes Eigenkapital, das im Rahmen einzelner Vorschriften im Kreditwesengesetz als Bemessungsgrundlage für spezielle Sachverhalte dient. Bei den Großbanken als in der Rechtsform der Aktiengesellschaft firmierenden Bankunternehmen werden zum haftenden Eigenkapital das eingezahlte Grundkapital abzüglich des Betrages der eigenen Aktien sowie die Rücklagen gezählt (§ 10 II Nr. 2 KWG). Zusätzlich ist zu den Positionen noch nach vorherigem Abzug entstandener Verluste der Reingewinn zuzurechnen, soweit dessen Zuweisung zu den Rücklagen bereits beschlossen ist (§ 10 III S. 1 KWG). Aus den gesetzlich fixierten Normen über das Eigenkapital im Kreditwesengesetz, die inhaltlich durch die vom Bundesaufsichtsamt erlassenen „Grundsätze über das

Eigenkapital und die Liquidität der Kreditinstitute" ergänzt und präzisiert worden sind und deren Nichteinhaltung Sanktionen seitens der Aufsichtsbehörden hervorrufen kann, ergeben sich somit auch für die Großbanken eingrenzende Rahmenbedingungen, die bei der Planung und Durchführung ihrer geschäftspolitischen Aktivitäten in den Entscheidungskalkül einzubeziehen sind.

Die Aufbringung des notwendigen haftenden Eigenkapitals erfolgt bei den Großbanken einerseits durch Beteiligungsfinanzierung − als Form der Außenfinanzierung − sowie andererseits durch Selbstfinanzierung − im Rahmen der Innenfinanzierung. Ersteres bedeutet, daß die Großbanken ihr Eigenkapital durch die Ausgabe junger Aktien und deren Übernahme durch den bestehenden Aktionärskreis und/oder durch Neuaktionäre erhöhen. Formen und Modalitäten der Beteiligungsfinanzierung unterscheiden sich dabei bei den Großbanken grundsätzlich nicht von denen anderer Aktiengesellschaften, weil sie sich ebenfalls an den Bestimmungen des Aktiengesetzes orientieren müssen. Ebenso wie die Beteiligungsfinanzierung wird die Selbstfinanzierung bei den Großbanken in ähnlicher Weise wie bei sonstigen Aktiengesellschaften durchgeführt, indem sie vor allem auf der Einbehaltung erwirtschafteter Gewinne und deren Zuführung zu den gesetzlichen und den freien Rücklagen beruht. Allerdings wird die Stärkung der offenen Rücklagen aus dem Gewinn durch § 58 AktG auch für die Großbanken insofern eingeschränkt, daß im Regelfall maximal die Hälfte des Jahresüberschusses vom Bilanzfeststellungsorgan in die offenen Rücklagen eingebracht werden kann.

Eine besondere Bedeutung neben der weiteren Möglichkeit der Kapitalfreisetzung aus der Umschichtung von Vermögenspositionen in liquide Mittel einschließlich der Abschreibungserlöse besitzt für die Großbanken wie für alle anderen Banken auch die Möglichkeit der Bildung stiller Reserven, die vor allem durch Unterbewertung von Aktiva entstehen. Aktienbanken sind gemäß § 26 a KWG − eine in jüngerer Zeit recht umstrittene Vorschrift − ausdrücklich von den Bewertungsvorschriften des § 155 AktG bezüglich ihrer Forderungen und Wertpapierbestände ausgenommen und haben die Möglichkeit, diese Posten des Umlaufvermögens − und damit den wichtigsten und weit überwiegenden Teil ihrer Bilanzaktivseite − mit einem niedrigeren als nach dem Aktiengesetz zugelassenen oder vorgeschriebenen Wert anzusetzen, soweit dies – so das Gesetz – zur Sicherung gegen die besonderen Risiken des Bankgeschäfts notwendig erscheint. Darüber hinaus sind die Großbanken nach § 160 II AktG von Angaben über ihre Bewertungs- und Abschreibungsmethoden sowie deren Veränderungen im Geschäftsbericht befreit, so daß ihnen allein schon aufgrund dieser Möglichkeiten ein beträchtliches Potential zur Bildung und Auflösung stiller Reserven zur Verfügung steht, ohne daß dies nach außen in Erscheinung tritt.

Während für das ausgewiesene haftende Eigenkapital der Banken – und so auch der Großbanken – zu Anfang die Finanzierungsfunktion im Vordergrund gestanden hat, hat es diese Bedeutung im Laufe der Zeit immer mehr verloren; die gesetzlichen Vorschriften zur Eigenkapitalausstattung – so die in den §§ 10 bis 13 KWG – heben aus Bonitätsgründen vor allem die Funktion der Begrenzung des Geschäftsvolumens und damit auch die Garantie- bzw. Gläubigerschutzfunktion hervor, wobei diese Aussage auch durch die Entwicklung des Eigenkapitals in Relation zur Bilanzsumme in der Vergangenheit unterstützt wird. Während bis in die Mitte des vorigen Jahrhunderts die meisten privatrechtlichen Banken zum Großteil ihre Kreditgewährung an die Industrie- und Handelsunternehmen auf der Basis des vorhandenen Eigenkapitals durchgeführt hatten, stellten die Jahre des industriellen und handelsmäßigen Aufschwungs in Deutschland so erhebliche Ansprüche an die Finanzierungskraft vor allem der Großbanken, daß die Beschaffung und Ausstattung mit Eigenkapital damit nicht mehr im Gleichschritt erfolgen konnte und die Banken sich absolut wie relativ immer mehr der Fremdfinanzierung zuwenden mußten: Wiesen z.B. das eingezahlte Aktienkapital und die offenen Rücklagen Ende 1872 bei der Commerz- und Disconto-Bank und bei der Deutschen Bank einen Anteil von über 45% an der Bilanzsumme auf und bei der Dresdner Bank Ende 1873 sogar von 60%, so konnte dieses Verhältnis des Eigenkapitals zur Bilanzsumme in den folgenden Jahrzehnten nicht gehalten werden. Bis Ende 1929 waren die Kennzahlen bei der Deutschen Bank, der Dresdner Bank und der Commerz- und Privat-Bank bis auf 8%, 5,3% bzw. 6,2% gefallen, nachdem sie zwischenzeitlich nach den Jahren der Inflation noch höher gelegen hatten (Ende 1924: Deutsche Bank 18,3%, Dresdner Bank 12,6%, Commerz- und Privat-Bank 14%).

Nach der Währungsneuordnung von 1948 hatten die Großbanken bis etwa 1958 eine überproportionale Steigerung ihrer Eigenkapitalquoten zu verzeichnen, die sich u.a. auch damit erklären läßt, daß es im Verlaufe der sich wieder einstellenden und zunehmenden internationalen Verflechtung im Rahmen der Geschäftstätigkeit der Großbanken als erforderlich angesehen wurde, die Eigenkapitalrelationen vor allem aus Gründen der Bilanzoptik internationalen Beurteilungsmaßstäben anzupassen. So wuchs der ausgewiesene Eigenkapitalanteil an der Bilanzsumme von Ende 1952 bis 1958 bei den Nachfolgeinstituten der Deutschen Bank im Durchschnitt von 3,9% auf 5,1%, bei denen der Dresdner Bank von 4,5% auf 5,4% und bei denen der Commerzbank von 3,8% auf 4,5%. Hernach wurde von den Großbanken stets versucht, diese Bilanzkennziffer bei etwa 5% zu halten, indem u.a. das sichtbare Eigenkapital ungefähr in der gleichen Relation erhöht wurde, wie sich das Geschäftsvolumen steigerte. Jedoch konnte dieses Verhältnis von haftendem Eigenkapital zur Bilanzsumme im Laufe der siebziger Jahre nicht mehr gehalten werden: So betrug der Anteil des haftenden Eigenkapitals Ende 1981 bei der Deutschen Bank nur noch 4,3%, bei der Dresdner Bank 4,2% und bei der Commerzbank 3,9%; bei den Berliner Tochterinstituten betrug die Kennziffer 4,7%, 4,5% bzw. 3,6%. Ein Vergleich mit anderen Bankengruppen zeigt, daß Ende 1981 die Großbanken ohne Auslandsfilialen mit 5,2% und die Kreditbanken mit 4,9% weit über dem Durchschnitt aller Banken von 3,3% lagen, während der Sparkassensektor mit 2,9% (Sparkassen allein 3,4%) und der Kreditgenossenschaftssektor mit 3,4% (Primärkreditgenossenschaften 3,6%) in etwa um den Durchschnitt bzw. knapp darunter lagen.

Insgesamt zeichnet sich bei den Banken allgemein eine Tendenz ab, ihr Eigenkapital der Fortentwicklung ihrer Geschäftsvolumina in der Weise anzupassen, daß bestimmte gruppenspezifische Relationen eingehalten werden (Konformitätsstreben). Das Erreichen einer höheren Richtnorm ist dabei jedoch den Großbanken bislang nicht befriedigend gelungen. Eine Eigenkapitalbasis von unter 5% wird als ein im Verhältnis zu international üblichen Prozentsätzen unbefriedigender

Zustand angesehen. Um langfristig eine ausreichende Relation zu erreichen, sind auch die Großbanken bei Bilanzsummen zwischen 64 Mrd. DM und 114 Mrd. DM (1981) selbst bei guter Ertragslage mehr oder weniger gezwungen, sich Eigenkapital auf dem Wege der Außenfinanzierung zu beschaffen und/oder verstärkt aus den Jahresergebnissen Zuführungen in die offenen Rücklagen vorzunehmen.

Spezifische zusätzliche Probleme der Eigenkapitalerhöhung ergaben sich für die Großbanken u.a. nach der Währungsreform (LV 5). Das durch die Umstellung auf D-Mark zusammengeschrumpfte Eigenkapital auf der einen und die wachsenden Geschäftsvolumina infolge des Wiederaufbaus der deutschen Wirtschaft auf der anderen Seite ließen zu Anfang der fünfziger Jahre vor allem wegen der Begrenzung durch den damaligen „Richtsatz I" Eigenkapitalerhöhungen notwendig werden. Der kaum funktionierende Kapitalmarkt ließ aber Aktienemissionen zunächst nicht zu. Zudem waren in der BR Deutschland die Fähigkeit und die Bereitschaft zur Aktienanlage nur sehr gering ausgeprägt. Darüber hinaus wurden z.T. notwendige Kapitalerhöhungen zuweilen hinausgeschoben, weil die endgültige Rekonzentration abgewartet werden sollte; bei der Dresdner Bank wurde sogar bis 1956 gewartet. Als die ersten Kapitalerhöhungen schließlich vorgenommen wurden, bemühten sich die Nachfolgeinstitute jeder der früheren Großbanken, diese im Verhältnis zu ihrem im Zeitpunkt der Teilrekonzentration vorhandenen Grundkapital gemeinsam durchzuführen. Dies gelang allerdings nur der Deutschen Bank (1955 und 1956) sowie der Dresdner Bank (1956). Die Nachfolgeinstitute der Commerzbank-Gruppe hingegen führten einzeln – jedes für sich und zu unterschiedlichen Zeitpunkten – Grundkapitalerhöhungen durch: So der Bankverein Westdeutschland 1953, 1955, 1957, die Commerz- und Credit-Bank 1954, 1955, 1958 sowie die Commerz- und Disconto-Bank 1955 und 1956. Auffällig ist hierbei, daß vor allem bei den Nachfolgeinstituten der Commerzbank die Bezugskurse zunächst teilweise hohe Agien enthielten, während die Deutsche Bank (bzw. ihre Nachfolgeinstitute) mit konstanten Emissionen von 50 Mio. DM zu 100% bis einschließlich noch 1966 so auch gleichzeitig ihre gefestigte Stellung zum Ausdruck bringen wollte.

Tabelle 7: *Eigenkapital und Bilanzsumme der Großbanken seit 1952 (Mio. DM)[1]*

(1) Deutsche Bank AG

Jahres-ende	EK	EK/BS (%)	GK	oR	BS
(1.1.1952	141	3,8	100	41	3758)
1952	175	3,9	100	75	4488
1953	185	3,4	100	85	5431
1954	200	3,1	100	100	6473
1955	275	4,1	150	125	6725
1956	350	4,6	200	150	7621
1957	380	4,5	200	180	8357
1958	465	5,1	250	215	9111
1959	500	4,8	250	250	10474
1960	550	4,9	250	300	11222
1961	640	5,1	300	340	12575
1962	660	5,0	300	360	13196
1963	700	5,0	300	400	14042
1964	730	4,9	300	430	14786
1965	850	5,4	350	500	15854
1966	1000	5,5	400	600	18152
1967	1050	5,1	400	650	20421
1968	1300	5,2	480	820	24843
1969	1330	4,8	480	850	27736
1970	1360	4,3	480	880	31432
1971	1624	4,6	560	1064	35188
1972	1714	4,3	640	1274	40234
1973	2179	4,7	720	1459	46264
1974	2269	4,5	720	1549	50333
1975	3000	5,3	900	2100	56839
1976	3100	4,6	900	2200	67361
1977	3450	4,4	960	2490	78608
1978	3890	4,2	1040	2850	92130
1979	4278	4,3	1114	3164	98777
1980	4398	4,2	1114	3284	104246
1981	4873	4,3	1232	3641	114473

(2) Dresdner Bank AG

Jahres-ende	EK	EK/BS (%)	GK	oR	BS
(1.1.1952	116	4,6	93	23	252¹)
1952	139	4,5	93	46	3075
1953	150	4,1	93	57	3653
1954	165	4,0	93	72	4131
1955	186	4,1	93	93	4485
1956	238	4,6	124	114	5005
1957	292	4,9	150	142	5943
1958	350	5,4	180	170	6517
1959	390	5,2	180	210	7566
1960	490	6,1	220	270	7989
1961	560	6,0	245	315	9260
1962	575	5,8	245	330	9960
1963	600	5,5	245	355	10914
1964	625	5,3	245	380	11748
1965	650	5,3	245	405	12289
1966	745	5,7	315	430	12999
1967	795	5,1	315	480	15475
1968	901	4,7	360	541	19228
1969	1026	4,9	400	626	21122
1970	1036	4,2	400	636	24834
1971	1206	4,4	430	776	27559
1972	1361	4,2	484	877	32026
1973	1503	3,8	534	969	39082
1974	1726	4,1	610	1116	41650
1975	1958	4,0	670	1288	48554
1976	2388	4,4	790	1598	53924
1977	2484	4,0	799	1685	62065
1978	2756	3,9	849	1907	70081
1979	2920	3,8	878	2042	77624
1980	2970	3,9	878	2092	75706
1981	3305	4,2	988	2317	79609

(3) Commerzbank AG

Jahres-ende	EK	EK/BS (%)	GK	oR	BS
(1.1.1952	55	3,5	50	5	1581)
1952	73	3,8	50	23	1915
1953	89	3,5	62	27	2516
1954	101	3,2	68	33	3154
1955	152	4,1	100	52	3710
1956	179	4,1	110	69	4389
1957	226	4,2	140	86	5326
1958	253	4,5	150	103	5601
1959	338	5,3	180	158	6409
1960	360	5,2	180	180	6937
1961	410	5,2	200	210	7821
1962	420	4,8	200	220	8661
1963	435	4,7	200	235	9335
1964	500	5,1	225	275	9825
1965	520	5,1	225	295	10272
1966	540	4,9	225	315	11028
1967	605	4,7	250	355	12919
1968	660	4,3	275	385	15432
1969	840	4,8	350	490	17406
1970	850	4,3	350	500	19696
1971	990	4,5	400	590	22102
1972	1115	4,4	444	671	25577
1973	1213	4,3	469	744	28405
1974	1364	4,3	517	847	31436
1975	1548	4,0	570	978	38536
1976	1781	4,2	644	1137	42090
1977	2078	4,1	726	1352	50896
1978	2129	3,5	726	1403	60624
1979	2478	3,7	844	1634	67090
1980	2478	3,8	844	1634	64702
1981	2478	3,9	844	1634	64298

[1]) EK = Eigenkapital
 BS = Bilanzsumme
 GK = Grundkapital
 oR = offene Rücklagen

Die offenen Reserven in Gestalt der gesetzlichen Rücklagen wurden in der Zeit nach der Rekonzentration in erster Linie gemäß §130 II AktG (1937) bzw. § 150 II AktG (1965) durch Agien sowie aus den Jahresüberschüssen und Beträgen aus der Umstellungsrechnung aufgefüllt, während die Großbanken die anderen offenen Rücklagen insbesondere mittels erwirtschafteter Gewinne aufstockten. Bei der Dresdner Bank kamen darüber hinaus in den Jahren 1958/60 noch „Sondererträge" aus Effektengeschäften hinzu.

Welche Bedeutung die offenen Rücklagen für die Eigenkapitalausstattung der Großbanken im Laufe der Zeit besonders nach dem zweiten Weltkrieg erlangt haben, läßt sich daran zeigen, daß ihr Anteil am haftenden Eigenkapital in den letzten drei Jahrzehnten ständig gestiegen ist und Ende 1981 bei der Deutschen Bank knapp 75% des gesamten haftenden Eigenkapitals, nämlich 3640,8 Mio. DM, betrug, bei der Dresdner Bank 70% (2317,4 Mio. DM) und bei der Commerzbank 66% (1634 Mio. DM). Dabei sind besonders in den fünfziger Jahren die Rücklagendotierungen nicht zuletzt aufgrund der relativ spät einsetzenden Grundkapitalexpansionen und der relativ niedrigen Dividendensätze durch die Einbehaltung von Gewinnen ermöglicht worden und auch erfolgt.

Insgesamt gesehen hat sich das ausgewiesene Eigenkapital (Tab. 7) seit der Eröffnungsbilanz vom 1.1.1952 bis zum 31.12.1981 bei der Deutschen Bank um 3360% auf 4872,9 Mio. DM erhöht, bei der Dresdner Bank um 2750% auf 3305,4 Mio. DM und bei der Commerzbank um 4405% auf 2477,6 Mio. DM. Ohne dabei speziellen Gesetzmäßigkeiten zu folgen, versuchten sich die Großbanken stets an − allerdings eher psychologisch begründbare, heute jedoch − international beachtete Strukturnormen der Bilanz zu halten (LV 48, S. 349). Zum einen handelt es sich dabei um die bereits erwähnte Eigenkapitalrelation in bezug auf die Bilanzsumme, die nach Möglichkeit 5% nicht unterschreiten sollte, zum anderen um das Verhältnis der offen ausgewiesenen Rücklagen zum Grundkapital; dieses sollte mindestens eins betragen. Diese mehr oder weniger freiwillig gestellte Anforderung wurde von der Deutschen und der Dresdner Bank seit 1959 und von der Commerzbank seit 1960 stets eingehalten; Ende 1981 verhielten sich die offenen Rücklagen zum Grundkapital wie 2,95:1, 2,35:1 bzw. 1,94:1.

Nach einer längeren Zeit der Angleichung sind die Relationen aufgrund der unterschiedlichen geschäftspolitischen Entwicklungen bei den drei Großbanken seit Mitte der siebziger Jahre wieder etwas auseinander gedriftet.

3.3.2. Exkurs: Die Großbankenaktien

Die Geschichte der heutigen, auf D-Mark lautenden deutschen Großbankenaktien begann am 1.1.1952, der Zeit der Teilrekonzentration und der DM-Eröffnungsbilanzen der Großbanken (vgl. S. 67). Die 30 „künstlichen" Teilinstitute, die nach der Auflösung der früheren Berliner Großbanken durch die Militärregierungen in den Jahren 1947/48 in den einzelnen Ländern der Westzonen zugelassen worden waren, besaßen keine Rechtsform und veröffentlichten auch keine Bilanzen. Erst im Zuge der Neuordnung des deutschen Bankwesens und des Gesetzes über den Niederlassungsbereich von Kreditinstituten vom 29. März 1952 entstanden rückwirkend zum 1.1.1952 neun Nachfolgeinstitute der ehemaligen drei Berliner Filialgroßbanken, in der Rechtsform der Aktiengesellschaft firmierend.

Bei dieser Ausgründung war für den einzelnen Aktionär der ehemaligen Großbanken vor allem die Kapitalausstattung der neuen Institute von Interesse, weil von ihr das Verhältnis abhing, wieviel Aktien der neuen Banken er für seine Altaktien erhalten würde. Grundlage für den Umtausch der Aktien der Altbanken in Aktien der Nachfolgeinstitute bildeten dabei die zu erstellenden DM-Eröffnungsbilanzen.

Das Grundkapital der Deutschen Bank wurde dabei von 160 Mio. RM auf 100 Mio. DM reduziert, von denen die Norddeutsche Bank AG, Hamburg, 20 Mio. DM zugewiesen bekam, die Rheinisch-Westfälische Bank AG, Düsseldorf, 40 Mio. DM und die Süddeutsche Bank AG, München, ebenfalls 40 Mio. DM. Als die Aktionäre der alten Deutschen Bank auf der ersten (außerordentlichen) Hauptversammlung seit fast zehn Jahren am 25. September 1952 den Vorschlägen der Verwaltung zustimmten, bedeutete dies für sie, daß sie für einen Nominalbetrag von 1000 RM neue Aktien der Nachfolgeinstitute der Deutschen Bank in Höhe von 625 DM erhielten. Es handelte sich um mehrere neue Titel, die sich aus 125 DM in Aktien der Norddeutschen Bank, 250 DM in Aktien der Rheinisch-Westfälischen Bank und 250 DM in Aktien der Süddeutschen Bank zusammensetzten.

In entsprechender Weise verfuhren die beiden anderen Großbanken. Das Grundkapital der alten Dresdner Bank wurde von 150 Mio. RM auf 93 Mio. DM, also im Verhältnis 10:6,2 reduziert und auf die Nachfolgeinstitute verteilt. Da die Hamburger Kreditbank, Hamburg, davon 21 Mio. DM, die Rhein-Ruhr-Bank, Düsseldorf, 36 Mio. DM und die Rhein-Main-Bank, Frankfurt a.M., 36 Mio. DM als Grundkapitalausstattung bekamen, erhielten die Aktionäre der Altbank für je 1000 RM Anteile an den Nachfolgeinstituten in Höhe von 140 DM bzw. 240 DM bzw. 240 DM, insgesamt also 620 DM.

Das Grundkapital der alten Commerzbank wurde von 100 Mio. RM auf 50 Mio. DM halbiert, wovon der Commerz- und Disconto-Bank, Hamburg, 12,5 Mio. DM, dem Bankverein Westdeutschland, Düsseldorf, 27,5 Mio. DM und der Commerz- und Credit-Bank, Frankfurt a.M., 10 Mio. DM zugewiesen wurden. Dies bedeutete für die Aktionäre der früheren Commerzbank, daß sie für eine alte Aktie im Nennwert von 1000 RM neue Titel in Höhe von 125 DM bzw. 275 DM bzw. 100 DM erhielten, insgesamt nominell also 500 DM.

Während inländische Aktionäre somit jeweils drei neue Aktien erhielten, bestand für ausländische Aktionäre eine Sonderregelung: Sie konnten die Aktien einer Nachfolgebank auswählen, erhielten also lediglich Aktien *dieses* Instituts.

Keine der drei Ex-Berliner Großbanken war also in der Lage, den Aktientausch im Verhältnis 1 RM = 1 DM durchzuführen. Hieran kann ermessen werden, welche enormen Verluste die drei Banken durch den Zusammenbruch des Deutschen Reiches erlitten haben. Die unterschiedlichen Schlüssel hinsichtlich des Umtauschs der RM-Aktien in DM-Titel und somit die ungleiche Behandlung der verschiedenen Aktionärskreise sind dadurch entstanden, daß die stillen Rücklagen der Nachfolgeinstitute der früheren Berliner Großbanken sowie die Kriegs- und Nachkriegsverluste an Gebäuden, Beteiligungen, Wertpapieren und Debitoren in ihrer Höhe teilweise erheblich differierten. So lag z.B. der Schwerpunkt der Geschäftstätigkeit der alten Commerz- und Privat-Bank in den von der

Sowjetunion besetzten Gebieten. Darüber hinaus darf bei der Bewertung der Umtauschverhältnisse aber auch nicht übersehen werden, daß die Ausgliederung erst zum 1.1.1952 erfolgte, die einzelnen Teilinstitute zumindest seit 1948 zwar unterschiedlich ertragreich, jedoch zufriedenstellend gearbeitet, Gewinne erzielt und thesauriert hatten.

Zur Vermeidung von Störungen im Börsenhandel mit den neuen Namensaktien wurde vorgesehen, daß eine Übertragung mittels Blankoindossament erfolgen konnte. Lediglich zur Ausübung des Stimmrechts mußte sich der jeweilige Eigentümer in das Aktienbuch der betreffenden Großbank eintragen lassen. Bei dieser Gelegenheit mußte der Aktionär zugleich eine Erklärung abgeben, daß er nicht auch mehr als 5% der Aktien eines anderen Nachfolgeinstituts besaß. Letzteres bezog sich auf die Nachfolgeinstitute aller drei Großbanken, also nicht nur auf solche desselben ausgegründeten Instituts. Es sollte hierdurch jede Verbindung zwischen Nachfolgeinstituten und jegliche Konstellation verhindert werden, die die Alliierten als „Machtkonzentration" betrachteten.

Neben diesen neuen Titeln der Nachfolgeinstitute erhielten die Aktionäre der Altbanken in Höhe ihres ursprünglichen Anteils auf RM ausgestellte Aktien der jeweiligen Großbank, Ausgabe 1952, die ebenfalls an den Börsen, allerdings mit DM-Notierungen, gehandelt werden: die sog. Restquoten. Diese sind auch heute noch im Handel, aber: Da die ruhenden Altbanken über kein nennenswertes eigenes Vermögen verfügen und keine eigenen Geschäfte betreiben dürfen — die zu leistenden Arbeiten betrafen zunächst lediglich die Abwicklung der eigenen Vermögensteile und Schulden, während der Gesetzgeber ihnen erst später Dienstleistungen für ihre Kunden übertrug, die noch immer fortbestehen und deren Umfang über eine Abwicklungstätigkeit im engeren Sinne hinausgeht —, haben die Besitzer der Restquoten auch keine Dividende zu erwarten. Der Wert dieser Titel wird durch die Ansprüche repräsentiert, die die Großbanken im Falle einer Wiedervereinigung Deutschlands hinsichtlich der Rückgabe ihrer enteigneten Vermögenswerte in der DDR und den ehemaligen deutschen Ostgebieten geltend machen könnten. Vielfach werden die Restquoten aus diesem Grunde als reine Spekulationspapiere angesehen. Dem kommt entgegen, daß ihr Markt relativ eng ist und er sich deshalb schon mit kleinen Beträgen manipulieren läßt: Denn das Reichsmarkkapital, das z.B. bei der Dresdner Bank mit etwa 3 Mio. DM bewertet wird, befindet sich zu einem großen Teil im Besitz der Nachfolgeinstitute. Zwar erklärt jede Großbank, lediglich über eine Beteiligung von über 25% an ihrer Altbank zu verfügen, doch dürfte es unzweifelhaft sein, daß bei wichtigen Entscheidungen auf den Hauptversammlungen der Altbanken die Nachfolgeinstitute stets eine Stimmenmehrheit auf sich vereinigen können.

Wenn es nach dem Willen der heutigen Großbanken geht, werden die Restquoten wohl nicht mehr lange an der Börse notiert sein. Voraussetzung hierfür ist eine Löschung aus dem Handelsregister, die aber erst nach Beendigung der Abwicklung durchgeführt werden kann. Bislang (Ende 1982) hat jedoch erst die Deutsche Bank am 30. September 1982 ihr Abwicklungsverfahren abgeschlossen.

Im November 1953 erschienen die Namensaktien der Nachfolgeinstitute im – noch inoffiziellen – Börsenhandel. Die Prospekte für die Zulassung zum offiziellen Börsenhandel wurden erst im März 1954 publiziert. Heute werden die Aktien der Großbanken im amtlichen Handel an allen deutschen Effektenbörsen, einschließlich Berlin, gehandelt. Darüber hinaus sind sie im Laufe der Jahre in zunehmendem Maße an wichtigen ausländischen Wertpapierbörsen zum Handel eingeführt worden (Tab. 8).

Hinsichtlich der Frage, wer heute die Aktien der Großbanken hält, liegen z.T. von den Großbanken selbst angestellte Erhebungen über den Umfang und die soziologische Schichtung ihrer Aktionärskreise vor. Die drei Großbanken in der BR Deutschland können hiernach – gemessen an der absoluten Zahl der Aktionäre – als ausgesprochene Publikumsaktiengesellschaften angesehen werden. Daß dies zumindest von der Deutschen Bank gewollt ist, kann daraus geschlossen werden, daß sie als einzige Großbank eine Stimmrechtsbeschränkung eingeführt hat: So beschränkt sich das Stimmrecht eines Aktionärs laut § 18 I ihrer Satzung auf höchstens die Zahl von Stimmen, die Aktien im Gesamtnennbetrag von 5% des Grundkapitals gewähren, auch wenn einem Anteilseigner Aktien im Gesamtnennbetrag von mehr als 5% des Grundkapitals gehören.

Tabelle 8: *Die Aktien der deutschen Großbanken an ausländischen Börsenplätzen*
(Stand: Ende 1981)[1]

Börsenplatz	Deutsche Bank	Dresdner Bank	Commerzbank
Amsterdam	X	X	X
Antwerpen	X	X	X
Basel	X	X	X
Bern			X
Brüssel	X	X	X
Genf	X	X	X
Lausanne			X
London	X		X
Luxemburg	X	X	X
New York	O		
Paris	X	X	X
Wien	X	X	X
Zürich	X	X	X

[1] X: amtlich notiert und gehandelt
O: im Freiverkehr gehandelt

Nach einer (teilweise geschätzten) Erhebung waren Ende 1978 etwa 203 000 Aktionäre an der Deutschen Bank beteiligt, womit sie an achter Stelle in der Rangfolge deutscher Publikumsaktiengesellschaften lag; an 13. Stelle folgte die Dresdner Bank mit 145 000 und an 15. Stelle die Commerzbank mit etwa 120 000 Anteilseignern. Werden diese Aktionärszahlen mit denen von Ende 1980/ Anfang 1981 verglichen, so ist zumindest bei der Deutschen Bank eine nicht unerhebliche Steigerung festzustellen: Während bei der Commerzbank etwa 130 000 Aktionäre (drittes Quartal 1981) und bei der Dresdner Bank 150 000 genannt werden, erhöhte sich die Zahl der Anteilseigner bei der Deutschen Bank bis Anfang 1981 auf rund 232 000; sie hat sich somit nach 115 000 Aktionären Anfang 1971 in den siebziger Jahren mehr als verdoppelt.

Da trotz gewisser Abweichungen von einer in etwa gleichartigen soziologischen Struktur der Aktionärskreise für alle drei

Großbanken ausgegangen werden kann, sei an dieser Stelle die Situation bei der Deutschen Bank im Januar 1981 dargestellt: Kennzeichnend für das Grundkapital dieser Großbank ist, daß es über breite Bevölkerungskreise gestreut ist. Von den 232 000 Aktionären waren über 98% Privatpersonen, wobei ihr Anteil am Grundkapital in Höhe von 1114 Mio. DM mehr als zwei Drittel betrug. Nicht eingerechnet waren hierbei die Privatpersonen, die über Investmentgesellschaften, Versicherungen, Pensionskassen usw. zu über einem Fünftel an dem Institut indirekt beteiligt waren. Fast ein Zehntel des Aktienkapitals befand sich im Besitz von etwa 1400 Wirtschaftsunternehmen, während ausländische Anteilseigner zu knapp einem Viertel am Grundkapital beteiligt waren. Bei der Dresdner Bank hatte letztere Aktionärsgruppe etwa einen Anteil von 20% und bei der Commerzbank von ca. 15%. Unter den privaten Aktionären der Deutschen Bank waren Arbeitnehmer und Pensionäre mit einem Anteil von etwa 57% bei absolut 135 000 Privatpersonen vertreten, hielten jedoch lediglich 29,3% des Grundkapitals. Demgegenüber besaß die Gruppe der Hausfrauen mit 46 200 bzw. 20% Aktionärsanteil einen etwa gleichgroßen Anteil am Grundkapital der Bank, gefolgt von den etwa 24 500 Selbständigen (10,6% der Aktionäre), die mit 13,2% am Grundkapital beteiligt waren. Eine besondere Position nahmen, ähnlich wie bei den anderen Großbanken, die oben schon erwähnten Unternehmen sowie institutionellen Anleger ein: Sie waren Anfang 1981 zwar lediglich mit 1,6% (absolut 3 600) im Aktionärskreis vertreten, besaßen jedoch 32% des Aktienkapitals.

Als eine besondere Gruppe von Anteilseignern sei noch auf die Belegschaftsaktionäre der Großbanken eingegangen. Dabei fällt auf, daß bei den Großbanken ein relativ großer Anteil ihrer Beschäftigten zugleich auch Anteilseigner „ihres" Unternehmens ist. Hatte die Commerzbank bis Ende 1981 seit der ersten Ausgabeaktion im Jahre 1965 an etwa 16 800 tätige und ehemalige Mitarbeiter Belegschaftsaktien ausgegeben (bei einer Mitarbeiterzahl Ende 1981 von 18 895 Vollzeitkräften) und die Dresdner Bank seit 1970 an ca. 30 000 Personen (bei einem Personalbestand von 26 780), so hatten bei der Deutschen Bank bisher bei einer Mitarbeiterzahl Ende 1981 von 39 836 ungefähr 40 000 Mitarbeiter und Ehemalige die Möglichkeit wahrgenommen, unter Tageskurs angebotene Aktien der Unternehmung zu erwerben, bei der sie auch beschäftigt sind bzw. waren. Ihr Anteil am Aktienkapital betrug dabei 1,7% (Commerzbank), 2,4% (Dresdner Bank) bzw. 3% (Deutsche Bank).

Ein Grund dafür, warum bei den Großbanken relativ viele Mitarbeiter im Vergleich zu den meisten anderen Unternehmen, die Belegschaftsaktien ausgeben, von dieser Möglichkeit Gebrauch machen – so nutzten dies bei der letzten Ausgabeaktion 41% der Berechtigten bei der Commerzbank, 70% bei der Dresdner Bank und sogar 83% bei der Deutschen Bank –, scheint neben der Attraktivität des Beteiligungsangebots auch mit dem Bildungsstand der Beschäftigten in den verschiedenen Unternehmen begründet werden zu können. Auf jeden Fall kann festgestellt werden, daß das Interesse an Belegschaftsaktien in Unternehmen mit einem hohen Anteil an Angestellten in der Regel größer ist als bei Unternehmen mit einem hohen Anteil an Arbeitern.

Neben der Tatsache, daß die Großbanken durch sorgfältige Beobachtung des börsenmäßigen Handels ihrer Aktien und erforderlichenfalls Interventionen die Erhaltung ihres Charakters als Publikumsaktiengesellschaften zu stützen versuchen, kann der weite Streubesitz ihrer Anteile in der Hand von Privatpersonen an sich als Indiz dafür gewertet werden, daß die Großbankenaktien – im Vergleich zu Aktien mancher anderer Unternehmen – weit weniger als Spekulationspapiere angesehen werden (können). Daraus kann aber auch gefolgert werden, daß sie stärker vom Konjunkturverlauf und der Struktur der emittierenden Bank abhängig sind als von rein börsentechnischen Faktoren.

Interessant ist in diesem Zusammenhang zu fragen, welchen wirtschaftlichen Wert Aktien von Großbanken für einen einzelnen Anteilseigner darstellen. Um diesen zu ermitteln, bedürfte es jedoch des Aufzeigens einiger allgemeiner Grundtatbestände, die zugleich einen Blick auf die Art der externen Rechnungslegung der Filialgroßbanken – entsprechend aller Kreditbanken – freigeben würden (z.B. Bewertung von Bilanzpositionen nach §26a KWG, Bildung stiller Reserven). Da die Erörterung der hiermit im Zusammenhang stehenden Probleme den Rahmen dieser Darstellung sprengen würde, soll hier ein anderer Weg zur Beurteilung des wirtschaftlichen Wertes der Großbankenaktien gegangen werden. Anhand eines fiktiven Beispiels einer Kapitalanlage in Aktien der Großbanken soll, basierend auf tatsächlichen Börsendaten, die Entwicklung einer Kapitalanlage gewissermaßen simuliert werden, um so einer isomorphen Abbildung der Realität nahe zu kommen.

Ausgangspunkt soll dabei ein Depotbestand sein, der jeweils zehn Stück Aktien der Deutschen Bank, der Dresdner Bank sowie der Commerzbank enthält. Aus Gründen der besseren Vergleichbarkeit wurde das Depot erst Ende 1958 zusammengestellt, weil erst im Laufe des Jahres 1958 rückwirkend zum 1.7.1958 auch die drei Nachfolgeinstitute der Commerzbank wieder zu einer Einheit zusammengefaßt worden sind. Nicht mit in die Berechnungen einbezogen wurden somit eine Kapitalerhöhung der Deutschen Bank aus dem Jahre 1958 sowie zwei Kapitalerhöhungen der Dresdner Bank, die sie 1957 und 1958 durchgeführt hatte. Am 17.10.1966 bei der Deutschen Bank und der Dresdner Bank sowie am 29.5.1967 bei der Commerzbank sind die Großbankenaktien jeweils auf den heutigen Nominalwert von 50 DM je Stück umgestellt worden, nachdem sie bis zu diesen Zeitpunkten einen Nominalwert von 100 DM aufwiesen. Das Depot bestand seitdem aus 20 Stück Aktien zu 50 DM einer jeden Filialgroßbank. Bei sämtlichen Berechnungen wurden – aus Gründen der Vereinfachung und weil anders allgemein wohl kaum möglich – steuerliche Aspekte sowie ein Zinseszins für kumulierte Dividendenzahlungen nicht berücksichtigt, ebenso nicht die in der Zwischenzeit ausgegebenen Wandelanleihen.

Als eine mögliche Strategie des Aktionärs bot sich hierbei an, seinen ursprünglichen Depotbestand konstant zu halten. Er verzichtete demnach auf die Ausnutzung der Bezugsrechte und somit auf den Zukauf junger Aktien im Rahmen von Grundkapitalerhöhungen. Mit dem Verkauf seiner Bezugsrechte schmälerte er aber gleichzeitig seine Beteiligungs- und Stimmrechtsquote an den Unternehmen zugunsten von anderen Altaktionären bzw. von Neuaktionären, wobei als Entschädigung für die Kapital- und Stimmrechtsverwässerung die Erlöse aus dem Verkauf der Bezugsrechte angesehen werden können. Trotz der vielfach gemachten Erfahrung, daß Bezugsrechtsabschläge im Kurs der alten Aktie oft in relativ kurzer Zeit wieder „aufgeholt" werden − ein Umstand, der aber eher auf eine mit der Transaktion und der begleitenden Publizität verbundenen optimistischen Einschätzung der Entwicklung der Aktiengesellschaft und ihrer Gewinnverwendungspolitik zurückzuführen ist −, können diese Erlöse aus dem Verkauf der Bezugsrechte nicht als ein zusätzlicher Ertrag angesehen werden.

Vom Zeitpunkt der Anlage des Depots am 31.12.1958 an bis zu dessen angenommener Auflösung am 30.12.1981 hätte der Aktionär danach durch den Verkauf der Bezugsrechte (es wurde jeweils der erste amtlich notierte Bezugsrechtswert zugrunde gelegt) der Deutschen Bank 5213 DM, der der Dresdner Bank 4138 DM und der der Commerzbank 4381 DM erlöst. Hinsichtlich der gezahlten Dividenden zuzüglich von „Bonus"zahlungen − z.B. zum 100jährigen Bestehen der Großbanken − hätte der Eigentümer von zehn Stück Aktien von jeder der drei Großbanken insgesamt 4386,20 DM bei der Deutschen Bank, 4221,20 DM bei der Dresdner Bank und 3816,80 DM bei der Commerzbank vereinnahmt. Als aufaddiertes Ergebnis hätte ein Aktionär in dem vorgegebenen Vergleichszeitraum aus dem Verkauf der Bezugsrechte und den Dividendenzahlungen somit über die Wertpapiere der Deutschen Bank 9599,20 DM, über die der Dresdner Bank 8359,20 DM und über die der Commerzbank 8197,80 DM erlöst.

Neben der eben angeführten Strategie kann es aber auch das Ziel eines Aktionärs sein, seinen Anfangsbestand durch die Ausübung von Bezugsrechten kontinuierlich zu vergrößern. Bei dieser Vorgehensweise kauft der Anteilseigner bei jeder Kapitalerhöhung jeweils so viele junge Aktien hinzu, wie es das Bezugsrechtsverhältnis und die bis dahin angesammelten Dividendeneinnahmen sowie die Erlöse aus nicht verwerteten und daraufhin verkauften Bezugsrechten zulassen. Der Rest an nicht benötigten Bezugsrechten wird veräußert. Zusätzlich zum Anfangsdepot von je zehn Stück Aktien zu 100 DM der drei Großbanken, der am 31.12.1958 zum Tageskurs der Düsseldorfer Börse (Deutsche Bank 345 bG; Dresdner Bank 340 bG; Commerzbank 330 bG) zusammengesellt wurde, gehörten als Ausgleich zu den unterschiedlichen Kursnotierungen an diesem Tag noch 150 DM an Bargeld zum Bestand der Commerzbank-Position sowie 50 DM zu der Dresdner-Bank-Position. Wie bei der ersten Vergleichsmodellrechnung wurden auch hier keine Verzinsung des jeweiligen Bargeldbestandes sowie mögliche Steuereinflüsse auf Seiten des Anteilseigners berücksichtigt. Bezüglich der erworbenen jungen Aktien wurde darüber hinaus in die Berechnungen nicht mit einbezogen, ob bzw. ab wann sie jeweils voll dividendenberechtigt waren.

Der Anteilseigner der Deutschen Bank hätte, wäre er auf diese Art und Weise vorgegangen – die Ähnlichkeiten mit der „operation blanche" aufweist –, seinen Aktienbestand von vormals 10 Stück à 100 DM im Wert von 3 450 DM am 31.12.1958 bis zum 30.12.1981 auf 83 Stück Aktien à 50 DM vermehren können. Zuzüglich eines Bargeldbestandes von 1 264,44 DM stellte diese Position Ende 1981 einen Gesamtwert von 23 126,64 DM dar (Kurs der Deutsche-Bank-Aktie am 30.12.1981 an der Düsseldorfer Börse 263,40 b). Der Eigentümer der 10 Stück Aktien der Dresdner Bank à 100 DM im Wert von 3 400 DM und des Ausgleichsbetrages von 50 DM hätte danach am Schlußtag der Vergleichsperiode 72 Stück Aktien à 50 DM zuzüglich 4 497,40 DM an Bargeld besessen, was insgesamt am 30.12.1981 bei einem Tageskurs an der Börse in Düsseldorf von 132 b einen Vermögenswert von 14 001,40 DM darstellte. Ein Vermögensbestand von 10 Stück Commerzbankaktien à 100 DM im Wert von 3 300 DM plus des Ausgleichsbetrags von 150 DM hätte sich schließlich in dem betrachteten Zeitraum auf 76 Stück Aktien à 50 DM und einen Bargeldbetrag von 2 559,87 DM erhöht, was bei einem Börsenkurs von 128,50 b insgesamt einen Wert von 12 272,67 DM bedeutete. Somit hätte ebenso wie bei der ersten Strategie der Kauf von Aktien der Deutschen Bank eine ertragreichere Kapitalanlage dargestellt als der Kauf von Aktien jeder der beiden anderen Großbanken, gefolgt von der Anlage in Aktien der Dresdner Bank und schließlich der Commerzbank. Allerdings wäre die Differenz zwischen dem Ergebnis für die Deutsche Bank und denen für die Dresdner Bank und die Commerzbank nicht so groß ausgefallen, wenn der Vergleichszeitraum um z.B. sechs Monate verlängert worden wäre. Aufgrund unbefriedigender geschäftspolitischer Entwicklungen in den vorangegangenen Jahren waren die Aktienkurse der beiden letzteren Großbanken gerade im Jahre 1981 auf für sie seit einer

Reihe von Jahren historische Tiefstkurse abgefallen, während eine sich abzeichnende Verbesserung der Ertrags- und Risikosituation ab Anfang des Jahres 1982 ihre Kurse, wenngleich unter Schwankungen, wieder steigen ließ.

3.3.3. Die Aufrechterhaltung des finanziellen Gleichgewichts

Im Rahmen der Verfolgung des Sicherheitszieles ist neben dem Vorhandensein eines ausreichenden haftenden Eigenkapitals die Aufrechterhaltung des finanziellen Gleichgewichts, der Liquidität, als von existenzieller Bedeutung für jede Unternehmung anzusehen. Für alle Banken (LV 15, 18) entsteht das Problem der Liquiditätserhaltung durch die nur begrenzte Verfügungsmacht über Zentralnotenbankgeld. Verstärkt wird das Liquiditätsproblem zudem dadurch, daß die Zahlungsströme lediglich teilweise der autonomen Disposition der einzelnen Bank unterliegen; de facto werden die Zahlungsverfügungen erheblich von den Kreditoren und den Debitoren mitbestimmt, die jedoch in ihrem Ausmaß nur approximativ anhand von Erfahrungswerten zu prognostizieren sind.

Die wesentliche Aufgabe der Unternehmensführung auch der Großbanken besteht im Rahmen der bankbetrieblichen Liquiditätspolitik darin, die Mittelanlagen nach Volumen und Struktur so zu dimensionieren, daß ihre Zahlungsfähigkeit unter gleichzeitiger Beachtung des Rentabilitätsziels stets gewährleistet ist (LV 15, 18). Eine besondere Bedeutung erhält dabei in diesem Zusammenhang die Eigenschaft der einzelnen Bilanzpositionen auf der Aktivseite, in welchem Maße sie zur Aufrechterhaltung der Liquidität herangezogen werden können. Einen gewissen Einblick in die Liquiditätspolitik der Großbanken ergibt eine Betrachtung der ausgewiesenen sog. primärliquiden Mittel. Außer wegen der Mindestreserveverpflichtungen gegenüber der Deutschen Bundesbank werden sie aufgrund der Notwendigkeit, in jedem Zeitpunkt einerseits fälligen bzw. berechtigten Forderungen nach Zentralnotenbankgeld, andererseits aber auch zur Erfüllung von an sich vorzeitigen Auszahlungswünschen von Kunden, denen jedoch aus geschäfts- (marketing-)politischen Erwägungen nachgekommen werden soll, gehalten. Da diese primärliquiden Mittel vielfach nur sehr gering, wenn nicht sogar überhaupt nicht verzinst werden, besteht naturgemäß auch bei den Großbanken das (Optimierungs-)Bestreben, diese Positionen aus Rentabilitätsgründen so niedrig wie möglich, aus Sicherheitsgründen allerdings ausreichend groß zu halten.

Auffallend ist bei einem Vergleich der primärliquiden Mittel der Bankengruppen untereinander, daß die Relation der Kassenbestände und der Guthaben bei der Deutschen Bundesbank zu den Einlagen von Banken und Nichtbanken bei den Großbanken größer ist als bei anderen Universalbankengruppen. Betrug sie Ende 1981 bei den hier behandelten Banken 7,0% und bei allen Kreditbanken zusammen noch 5,7%, so lagen der öffentlich-rechtliche Sektor mit 3,7% und der Genossenschaftssektor mit sogar nur 3,3% teilweise weit unter dem Durchschnitt aller Banken mit 3,8%. Generell kann zu der Entwicklung dieser Kennziffer angeführt werden, daß sie im Laufe der Jahre tendenziell stetig kleiner geworden ist: So hielten die Großbanken z.B. Ende 1958 noch etwa 11,5% der Gesamteinlagen in Form von Kasse oder als Guthaben bei der Deutschen Bundesbank, die Kreditbanken insgesamt 11%. Auch die genossenschaftlichen Banken lagen mit reichlich 9% noch über dem Durchschnittswert aller Banken von 7,7%, während der Sparkassensektor mit 6,5% schon damals eine niedrigere Kennziffer aufwies.

Der Vergleich der Großbanken untereinander zeigt weiter, daß nach anfänglichem Gleichschritt der drei Institute Anfang 1952 mit reichlich 14% vor allem die Dresdner Bank relativ hohe primärliquide Mittel unterhielt: Ende 1958 waren es bei ihr 14% der Einlagen, während es bei der Deutschen Bank 12,1% und bei der Commerzbank 10,6% waren. Auch 1966 war die Institutsreihenfolge mit 13,3%, 11,7% und 10,4% die gleiche. Demgegenüber lag Ende 1981 die Deutsche Bank – nicht zuletzt aufgrund unterschiedlicher geschäftlicher Entwicklungen in der zweiten Hälfte der siebziger Jahre – mit einem Verhältnis der Barreserve zu Gesamteinlagen von 6,6% vor der Dresdner Bank mit 5,5% und der Commerzbank mit 4,7%.

Im Verkehr mit der Zentralnotenbank haben die Großbanken in den letzten Jahren steigende Teile ihrer Überschußreserven in von der Deutschen Bundesbank verkauften Geldmarktpapieren angelegt. Auch dies resultiert aus der bereits hinsichtlich der Aktivierung ihrer Stellung am inländischen Geldmarkt erwähnten starken Ausdehnung des Mengengeschäfts, die positiven Einfluß auf ihren Liquiditätsstatus genommen hat. Ergänzt wird diese Tendenz durch die Entwicklung der Großbankenposition am zweiten Teilmarkt der Zentralbank-Geldfazilitäten: Der erhebliche Abbau der Verschuldung der Großbanken bei der Bundesbank.

3.4. Rentabilitätspolitik der Großbanken

Das Streben der Wirtschaftssubjekte und somit auch der Großbanken nach Gewinn bzw. Rentabilität ihres Kapitaleinsatzes kann als ein Wesensmerkmal des marktwirtschaftlichen Systems angesehen werden. Zwar gilt die Gewinnmaximierung nicht mehr wie in der „klassischen" Betriebswirtschaftslehre als alleiniges, monovariables Leitziel der Unternehmung; es besitzt jedoch bei den Großbanken ebenso wie bei anderen Unternehmen im Rahmen eines heute vorherrschenden pluralistischen Zielsystems neben den Zielen Sicherheit bzw. „Eigenkapital" und Marktanteil eine von der jeweiligen wirtschaftlichen Situation abhängige, zumindest mehr oder weniger gleich große Bedeutung (LV 15, 16, 18).

Lange Zeit erhielt die Öffentlichkeit einen Einblick in die Ertragslage der Banken im wesentlichen lediglich durch Bilanzveröffentlichungen der einzelnen Institute, wobei diese z.T. Informationen enthielten, die aufgrund ihrer unterschiedlichen Aussagefähigkeit einen Vergleich mit anderen Banken nicht zuließen. Die Voraussetzungen für einen Vergleich der Ertragssituation und -entwicklung wurden dadurch verbessert, daß bei der Umgestaltung der Bilanzformblätter im Jahre 1968 auch für die Gewinn- und Verlustrechnung der Banken ein – von den Besonderheiten der Rechtsformen abgesehen – einheitliches und für alle Banken verbindliches Gliederungsschema vorgeschrieben wurde. Das nunmehrige Gliederungsschema für die Gewinn- und Verlustrechnung erlaubt einen besseren Einblick in die Ertragssituation der Banken als früher, weil die Aufwendungen und Erträge jetzt stärker nach dem

Bruttoprinzip, d.h. gesondert auszuweisen sind und nicht mehr gegeneinander aufgerechnet werden dürfen. Allerdings ist die ausreichende Ertragspublizität in mehreren wichtigen Fällen auch weiterhin durchbrochen: So erlaubt vor allem z.B. § 26a KWG Banken, die in der Rechtsform der AG – wie die Großbanken – geführt werden, Forderungen und Wertpapiere des Umlaufvermögens mit einem niedrigeren Wert anzusetzen, als es nach §155 AktG vorgeschrieben oder zugelassen ist, sofern diese Bewertung „nach vernünftiger kaufmännischer Beurteilung zur Sicherung gegen die besonderen Risiken des Geschäftszweigs der Kreditinstitute notwendig ist" – eine de facto nicht restriktiv wirkende Einschränkung. Es bestehen somit für die Banken erheblich größere Möglichkeiten zur Bildung stiller Reserven. Schwankungen in der Ertragslage der Banken sind somit nur bedingt im Endergebnis der Gewinn- und Verlustrechnung, dem Jahresüberschuß, zu erkennen. Aufgrund dieses Umstandes verwendet die Deutsche Bundesbank einen Zwischensaldo, um den Bereich zu isolieren, in dem das Bruttoprinzip gilt. Diese als „Betriebsergebnis" bezeichnete Größe setzt sich dabei aus den Komponenten Zinsüberschuß und Provisionsüberschuß zusammen, vermindert um den Verwaltungsaufwand.

Bei weitem die bedeutendste dieser drei Größen ist der Zinsüberschuß, der in den einzelnen Perioden zum einen durch das Geschäftsvolumen, zum anderen durch Schwankungen des Zinsniveaus, im speziellen der Zinsspanne, bestimmt wird. Auffällig sind dabei z.T. beträchtliche Unterschiede in der relativen Höhe des Zinsüberschusses zwischen den Bankengruppen. So schwankte er in Relation zum Geschäftsvolumen bei den Großbanken in den Jahren 1968 bis 1981 zwischen 2,06% und 3,23%. Ein ähnliches Verhältnis wiesen die Sparkassen (2,75% – 3,41%) und die Primärkreditgenossenschaften (2,91% – 3,67%) auf, während er z.B. bei den Teilzahlungsbanken sogar zwischen 5,43% und 7,83% pendelte. Demgegenüber wiesen die Girozentralen (einschließlich der Deutschen Girozentrale – Deutsche Kommunalbank) lediglich einen Zinsüberschuß zwischen 0,49% und 0,95% des Geschäftsvolumens und die genossenschaftlichen Zentralbanken (einschließlich der Deutsche Genossenschaftsbank AG) von 0,73% bis 1,47% auf. Diese Zahlen sind indessen kein unbedingtes Indiz für eine unterschiedliche Ertragskraft in den jeweiligen Bankengruppen, sondern sie beruhen vor allem auf den unterschiedlichen Geschäftsstrukturen, die sich auch – mit veränderten Vorzeichen – im Verwaltungsaufwand niederschlagen: So können sich z.B. Banken mit einem ausgedehnten Filialnetz – wie die Großbanken – zwar zinsmäßig billiges Geld beschaffen, doch müssen sie dafür höhere Personal- und Sachkosten als ein filialloses Institut in Kauf nehmen.

Ein Provisionsüberschuß wird im Bankgeschäft vor allem durch die Abwicklung des inländischen Zahlungsverkehrs, im Auslandsgeschäft sowie im Wertpapier- und Depotgeschäft erzielt. Die Kreditbanken und hier insbesondere die Großbanken haben bei dieser Gruppe von Erträgen eine Spitzenstellung inne, die sich mit ihrem hohen Anteil sowohl im Außenhandels- als auch im Wertpapiergeschäft erklärt. Nicht zuletzt deswegen weisen die Großbanken im betrachteten Vergleichszeitraum mit einem Provisionsüberschuß von 0,64% bis 0,93% des Geschäftsvolumens den mit Ausnahme der Privatbankiers weitaus höchsten von allen Bankengruppen aus.

Der mit Abstand größte Anteil an den gesamten Verwaltungsaufwendungen entfällt auf die in den letzten Jahren besonders schnell gestiegenen Personalkosten, wobei es hier teilweise erhebliche Unterschiede zwischen den einzelnen Bankengruppen gibt. Dies hängt stark davon ab, wie sehr sich eine Institutsgruppe auf das personalintensive Mengengeschäft oder das Großkreditgeschäft konzentriert. Während die Großbanken neben den Sparkassen und Kreditgenossenschaften aus diesem Grunde einen vergleichsweise hohen Verwaltungsaufwand haben – bei den Großbanken lagen in den Jahren 1968 bis 1981 die Personal- und Sachaufwendungen zwischen 2,4% und 3,3% des Geschäftsvolumens, bei den Sparkassen zwischen 1,96% und 2,51% und bei den Primärkreditgenossenschaften zwischen 2,55% und 3,03% –, wiesen andere Institute Relationen aus, die unter einem Prozent ihres Geschäftsvolumens lagen.

Werden die geschilderten Komponenten schließlich in der Größe „Betriebsergebnis" zusammengefaßt, so zeigt sich, daß die Großbanken im Vergleichszeitraum mit 0,14% bis 0,86% ihres Geschäftsvolumens in fast jedem Jahr ein ungünstigeres Betriebsergebnis aufwiesen als die Sparkassen (0,67% bis

1,38%) und die Kreditgenossenschaften (0,73% bis 1,39%). Dieses Ergebnis stellt sich für die Großbanken auch dadurch nicht wesentlich besser, wenn die zu den beiden konkurrierenden Bankengruppen gehörenden überregionalen Zentralinstitute in den Vergleich mit einbezogen werden, die im Durchschnitt ein etwas schlechteres Betriebsergebnis erzielten. Auffällig ist bei diesen Ergebnissen, daß anscheinend ein Zusammenhang zwischen Betriebsergebnis und Betriebsgröße existiert: Größere Institute wie die Großbanken haben danach mit einem – bezogen auf das Geschäftsvolumen – relativ kleineren Betriebsergebnis auszukommen. Zum einen könnte bei kleineren Banken ein höheres Betriebsergebnis erforderlich sein, um strukturell höhere Aufwendungen auszugleichen; zum anderen könnten Unterschiede in der Eigenkapitalausstattung Bedeutung besitzen. Zwar werden die Unterschiede zwischen den einzelnen Bankengruppen geringer, wenn das Betriebsergebnis in Relation zum Eigenkapital und nicht zum Geschäftsvolumen gesetzt wird, jedoch ergeben sich auch dann keine völligen Übereinstimmungen. Während der öffentlich-rechtliche Sektor dadurch besser dasteht, verschlechtert sich bei dieser Vorgehensweise die Stellung der Großbanken im Verhältnis zu den anderen Bankengruppen. Letztlich ist darüber hinaus nicht auszuschließen, daß die großen Banken insbesondere im Geschäft mit Großkunden einem intensiveren Wettbewerb ausgesetzt sind als kleinere Banken und daß sie deswegen mit geringeren Spannen in ihrer Ergebnisrechnung auskommen müssen.

Wird die Größe „Jahresüberschuß" als Vergleichskriterium bei der Beurteilung der Ertragslage der Banken herangezogen, so muß berücksichtigt werden, daß er aus steuerlichen Gründen durch die Ausnutzung von Bewertungsspielräumen vielfach kein betriebswirtschaftlich „echtes" Bild abgibt. Wird der Jahresüberschuß in Relation zum Geschäftsvolumen gesetzt, so ist zu erkennen, daß die Großbanken und die Sparkassen in ihren Extremwerten in dem hier betrachteten Zeitraum von 1968 bis 1981 in etwa gleich lagen: Bei den Großbanken betrugen die Kennzahlen 0,19% bzw. 1,04% und bei den Sparkassen 0,3% bzw. 1,07%. Die Kreditgenossenschaften lagen zwar in der Spitze mit 1,04% in etwa gleich auf, jedoch sank ihre Kennzahl Jahresüberschuß zu Geschäftsvolumen niemals unter 0,74%.

Demgegenüber lagen die Werte bei den genossenschaftlichen und öffentlich-rechtlichen Zentral- und Spitzeninstituten z.T. weit unter denen der Großbanken.

Werden die drei (westdeutschen) Großbanken miteinander verglichen, so kann für den Zeitraum von 1968 bis 1981 festgestellt werden, daß die Deutsche Bank mit durchschnittlich 0,84% das höchste Betriebsergebnis aufweisen konnte. Ihr folgt mit einigem Abstand die Dresdner Bank, die im Durchschnitt der vergangenen 14 Jahre ein Betriebsergebnis von 0,52% vom Geschäftsvolumen erwirtschaften konnte, vor der Commerzbank mit 0,48%. Dabei wies die Commerzbank in den Jahren 1968 bis 1970 sowie 1974 ein durchaus besseres Betriebsergebnis auf als die Dresdner Bank, womit sie auf dem zweiten Rang lag. Die Deutsche Bank hatte demgegenüber im Vergleich stets den ersten Rang unter den drei Großbanken inne.

Während das Betriebsergebnis, bezogen auf das Geschäftsvolumen, bei den beiden größten deutschen Banken lediglich um etwa 0,7 Prozentpunkte zwischen 0,49% und 1,3% bzw. zwischen 0,24% und 0,84% schwankte, lag der niedrigste Wert bei der Commerzbank bei 0,04% im Jahre 1980 und der höchste bei 0,88% in 1974. Wird bei letzterer Bank das äußerst unbefriedigende Jahr 1980 nicht mit einbezogen – zumal sich eine Besserung aufgrund veränderter Geschäftspolitik in der Folgezeit abzeichnete –, so mußte die Großbank das niedrigste Betriebsergebnis in dieser Vergleichsperiode 1973 mit 0,22% des Geschäftsvolumens hinnehmen.

Zu fast ähnlichen Ergebnissen kommt es bei einem Vergleich der Jahresüberschüsse der drei Großbanken. Zwar nahm auch hier die Deutsche Bank in dem betrachteten Zeitraum mit im Durchschnitt 0,38% die Spitzenstellung ein, gefolgt von der Dresdner Bank mit 0,36% und der Commerzbank mit 0,29%; jedoch lag in einigen Perioden zuweilen die Dresdner Bank vor ihrer großen Konkurrentin, in anderen aber auch auf dem dritten Rang hinter der Commerzbank.

Wie auch bei den Schwankungen der Kennzahl Betriebsergebnis zu Geschäftsvolumen kann auch an den Schwankungen der Relation der Jahresüberschüsse zum Geschäftsvolumen in etwa der Verlauf der konjunkturellen Entwicklung der Gesamtwirtschaft abgelesen werden, wobei die starke Korrelation zwischen der gesamtwirtschaftlichen Entwicklung und der der Großbanken nicht zuletzt auf die engen Verbindungen dieser Institute mit weiten Bereichen der Industrie und des Handels zurückzuführen ist. Waren das Ende der sechziger Jahre, der Anfang der siebziger Jahre sowie die Jahre 1975 bis ungefähr 1977/78 Zeiten wirtschaftlicher Hochkonjunktur bzw. Belebung, so waren die Jahre um 1973 sowie die letzten dieses Jahrzehnts von einer eher gedämpften Wirtschaftssituation geprägt. Dieser Verlauf ist dabei besonders anschaulich an den Werten für die Dresdner Bank und die Commerzbank zu verfolgen.

Exkursorisch soll im folgenden noch kurz auf die sog. Wertschöpfung der Großbanken eingegangen werden. Bei der Wertschöpfungsrechnung als wichtigem Teilelement auch der „gesellschaftsbezogenen" Rechnungslegung („Sozialbilanz") handelt es sich – vereinfacht ausgedrückt – um die Ermittlung des Beitrags einer Unternehmung zum Volkseinkommen bzw. seinen Komponenten, wobei sie zugleich auch eine verteilungs- und damit gewinnorientierte Ergänzungs- und Auswertungsrechnung zum Jahresabschluß darstellt. Ein unmittelbares Informationsinteresse an den Ergebnissen einer solchen Rechnung wird dabei vor allem den verschiedenen „Koalitionsteilnehmern" wie Mitarbeitern, Anteilseignern, Gläubigern und der öffentlichen Hand unterstellt.

Die sog. Wertschöpfung einer Bank läßt sich aus den Zins- und Provisionsüberschüssen sowie den sonstigen Erträgen bei gleichzeitigem Abzug der Sachaufwendungen ermitteln. Werden zusätzlich die Abschreibungen auf die Sachanlagen berücksichtigt, so ergibt sich hieraus die sog. Nettowertschöpfung. Da Abschreibungen auf Sachanlagen im Vergleich zu Industrieunternehmen jedoch nur in relativ geringem Umfang anfallen, sind die beiden Größen „Bruttowertschöpfung" und „Nettowertschöpfung" bei einer Bank vielfach fast identisch.

In Zahlen ausgedrückt betrug die so ermittelte Nettowertschöpfung der Großbanken im Jahre 1981 bei der Deutschen Bank 2,9 Mrd. DM, bei der Dresdner Bank 1,7 Mrd. DM und bei der Commerzbank knapp 1,1 Mrd. DM. Sie hatte damit seit 1970 um 230%, 180% bzw. 135% zugenommen (die Bilanzsumme um 364%, 321% bzw. 326%).

Der größte Teil der Unternehmenswertschöpfung, also der bei den Großbanken entstandene Beitrag zum Volkseinkommen, entfällt, wie bei wohl allen anderen Unternehmen auch, auf die Einkommen der Mitarbeiter. Etwa 70% bis 80% der Nettowertschöpfung setzt sich in der Regel aus den Löhnen und Gehältern, den sozialen Abgaben sowie den Aufwendungen für die Altersversorgung und Unterstützung für die Mitarbeiter zusammen. So betrug der Anteil der Personalaufwendungen bei der Deutschen Bank im Jahre 1970 75,8%, 1975 70,1% und 1981 72,6%. Als Ausnahmen aufgrund der sehr unbefriedigenden Geschäftsentwicklung müssen die Anteile der Mitarbeitereinkommen an der Wertschöpfung im Jahre 1981 bei der Dresdner Bank und der Commerzbank angesehen werden, als sie 83,5% bzw. sogar 96,3% betrugen, zumal sie in den siebziger Jahren ebenfalls ständig in dem zuerst genannten Bereich gelegen hatten: so bei der Dresdner Bank z.B. 1970 bei 77,4% und 1975 bei 73,5% sowie bei der Commerzbank bei 74,7% bzw. 72%.

Nächst den Mitarbeitern zieht zumeist die öffentliche Hand den größten Nutzen aus der Unternehmenstätigkeit der Großbanken. So zahlte die Deutsche Bank 1981 über 550 Mio. DM Steuern an Bund, Länder und Gemeinden, die Dresdner Bank bei unbefriedigender Geschäftslage immerhin noch 140 Mio. DM und die Commerzbank trotz ihrer schlechten Ertragslage noch über 40 Mio. DM, was relativ gesehen somit einen Anteil an der gesamten Unternehmenswertschöpfung von 19,1%, 8,3% bzw. 3,7% bedeutete.

Eine weitere Gruppe von „Koalitionsteilnehmern" stellen bei den Großbanken, da diese in der Rechtsform der Aktiengesellschaft firmieren, die Anteilseigner (Aktionäre) dar, deren Nutzen bzw. Einkommen in den Dividendenzahlungen zum Ausdruck kommt. Der Anteil der Aktionärseinkommen an der Wertschöpfung, der sich in den siebziger Jahren in der Regel um 10% belief, betrug 1981 bei der Deutschen Bank 8,3% und bei der Dresdner Bank bei gegenüber dem Vorjahr stark verringertem Dividendensatz 4,7%, während ein Einkommen für die Anteilseigner der Commerzbank aufgrund des Gesamtausfalls der Dividendenzahlung nicht erzielt wurde.

Als vierter Nutznießer aus der Geschäftstätigkeit der einzelnen Großbank ist letztlich das Institut selbst – die Unternehmung – anzuführen. Sein Anteil an der Nettowertschöpfung setzt sich dabei in erster Linie aus den Zuführungen zu den offenen Rücklagen zusammen, wobei anzumerken ist, daß diese „Einkommensart" den geringsten Anteil an der jeweils erzielten Unternehmenswertschöpfung bei den Großbanken hatte: so z.B. bei der Deutschen Bank 1970 von 3,4%, 1975 von 5,4% und 1981 sogar lediglich von 0,05%; bei der Dresdner Bank von 1,5%, 4,8% bzw. 3,5% und bei der Commerzbank von 2,2% bzw. 5,1%; 1981 konnte die Unternehmung Commerzbank AG ebenso wie ihre Anteilseigner aufgrund der schlechten Geschäftsentwicklung ein Einkommen nicht erzielen.

Abschließend sei jedoch generell darauf hingewiesen, daß das Ergebnis der Wertschöpfungsrechnung hinsichtlich der einzelnen „Koalitionsteilnehmer" im Vergleich zu anderen Unternehmen in hohem Maße zu relativieren ist, weil Banken über die Vorschriften des Aktiengesetzes hinausgehend weitere Möglichkeiten z.B. bezüglich der Bewertung von Positionen des Jahresabschlusses, die die Grundlage der Wertschöpfungsrechnung bilden, eingeräumt worden sind. Aufgrund dieses Umstandes sind nicht unwesentliche Einflußmöglichkeiten seitens der Bankunternehmensführung vor allem auf das Einkommen der Anteilseigner und der Bank selbst denkbar, die wegen der sich dann ändernden Basisgröße wiederum Auswirkungen auf die prozentualen Anteile der anderen Wertschöpfungsrechnungsbestandteile – wie die Einkommen der Mitarbeiter und der öffentlichen Hand – haben.

3.5. Wachstumspolitik der Großbanken

Das Wachstums- und das damit eng verbundene Marktanteils- bzw. -anteilserweiterungsziel gehören zu denjenigen Zielvariablen, die speziell auch aus der Sicht der Praxis vielfach eine besondere Stellung innerhalb des Zielsystems einer Bank einnehmen (LV 15, 16, 18). Diese Sichtweise kann damit erklärt werden, daß die Stellung und das Ansehen einer Bank in der Öffentlichkeit in hohem Maße von ihrer Marktposition beeinflußt werden. Darüber hinaus wird von den Kunden zudem vielfach die „Größe" einer Bank mit als Gradmesser für die

Sicherheit der Einlagen angesehen. Das Streben nach Wachstum und hohem Marktanteil muß somit neben dem Gewinnbzw. Rentabilitätsstreben, zwischen denen zudem Interdependenzen zu erkennen sind (LV 16), zumindest je nach der jeweiligen Unternehmenssituation als gleichwertig angesehen werden. Das Streben nach Wachstum kann dabei allgemein als die Summe aller geschäftspolitischen Bemühungen der Großbanken gesehen werden, die Bestände an passiven Finanzierungsmitteln, und hier insbesondere an Einlagen, zu erhöhen und diese Mittel im Rahmen des Aktivgeschäfts unter Rentabilitätsaspekten wieder optimal einzusetzen.

Um dem Streben nach Wachstum und Marktanteilserweiterung nachzukommen, stehen den Großbanken verschiedene Wege offen. Zum einen können sie das Ziel dadurch verfolgen, indem sie ihre geschäftlichen Aktivitäten verstärken und dabei versuchen, diejenigen Bilanzzahlen zu vergrößern, an denen in erster Linie ihr Wachstum gemessen wird, also vor allem die Bilanzsumme und das Geschäftsvolumen. Zum anderen können die Großbanken das Ziel „Wachstum" in der Form anstreben, daß sie Zweigstellen und sonstige Niederlassungen errichten sowie Gründungen von und/oder Beteiligungen an anderen Instituten des finanziellen Sektors der Volkswirtschaft vornehmen. Schließlich können sie auch bereits bestehende Banken und sonstige Institutionen des finanziellen Sektors übernehmen (internes und externes Wachstum).

Bevor auf neuere Entwicklungen nach dem zweiten Weltkrieg eingegangen wird, soll noch ein kurzer Blick in die in Wachstumshinsicht für die Großbanken besonders bedeutsame Historie erfolgen, d.h. in die Perioden, in denen die Großbanken durch starkes Wachstum und z.T. gewaltige Expansionsbewegungen ihre „Größe" begründet haben.

3.5.1. *Die Wachstumsstrategien der früheren Berliner Großbanken*

Das Wachstum, auch als Expansion oder Konzentration oder – im vorigen und im ersten Viertel dieses Jahrhunderts – allgemeiner oft auch als „Machtpolitik" der Großbanken bezeichnet, spielte sich in verschiedenen Formen ab (LV 74, 79, 88, 118). Nachdem die deutsche Hauptstadt Berlin die eindeu-

tige politische und wirtschaftliche Führung im Reich übernommen hatte und die Großbanken an diesem zentralen Bankplatz Deutschlands Filialen errichtet hatten (1871 Darmstädter Bank, 1873 Mitteldeutsche Creditbank, 1881 Dresdner Bank, 1891 A. Schaaffhausen'scher Bankverein, 1898 Commerz- und Disconto-Bank), die später überwiegend ihre Zentralen wurden, verstärkten die Berliner Großbanken nunmehr ihre z.T. schon vorher in geringerem Umfang bestehenden Expansionsbemühungen in der „Provinz". Hierbei war zu beobachten, daß die einzelnen Banken, zumindest zeitweilig und schwergewichtig, teils unterschiedliche Wachstumsformen bevorzugten, ohne allerdings die anderen möglichen Wege vollkommen außer acht zu lassen. So ergab sich zwar, daß bei einzelnen Banken wie z.B. der Dresdner Bank das System der „Kommanditen" sowie der Übernahme anderer Institute, deren Niederlassungen zu eigenen Filialen umgewandelt wurden, vorherrschte, während die Deutsche Bank der Errichtung eigener Filialen, wie später auch die Disconto-Gesellschaft, und der Angliederung von Provinzbanken, die sie vielfach als de jure selbständige Institute fortbestehen ließ, den Vorzug gab, daß alle aber ebenso auch je nach den Umständen andere Wachstumsformen wählten. Je nachdem prägte sich aber die eine oder andere Form bei der einzelnen Bank stärker aus, so daß die verschiedenen Wachstumsformen zunächst sogar mit dem Namen bestimmter Großbanken direkt in Verbindung gebracht wurden: so z.B. das System der Dresdner Bank, d.h. die völlige Aufnahme der Banken und deren Auflösung und Eingliederung als Filialen der Großbank, oder das der Deutschen Bank, d.h. die dauernde Beteiligung, wobei das kleinere Institut zunächst vollständig oder nahezu vollständig seine formelle Selbständigkeit bewahrte. Als die am häufigsten beschrittenen und zugleich deutlich zu unterscheidenden Wege der Großbanken insgesamt zur Ausdehnung ihrer Interessenbereiche konnten dabei
(1) die Errichtung eigener Filialen und Zweigstellen,
(2) die Übernahme von Privatbankiers,
(3) die Übernahme von „Provinzbanken",
(4) die Bildung von Interessengemeinschaften und
(5) die Konsortienbildung
angesehen werden.

Bezüglich der Errichtung eigener Filialen und Zweigstellen waren die Entscheidungsträger bei den einzelnen Großbanken nicht einheitlicher Meinung. So schien diese Vorgehensweise zuweilen im Vergleich z.B. zu der Situation der Provinzbanken für die Großbanken weniger geeignet zu sein, weil dieser Weg, sollte er Aussicht auf Erfolg haben, oft nur unter Aufgabe einer straffen Organisation beschritten werden konnte. Entweder versuchten die Filialen, sich den örtlichen und regionalen Gegebenheiten anzupassen, wodurch sie sich aber wegen der hierfür notwendigen Entscheidungsfreiheit von der Zentrale in Berlin oft weitgehend emanzipieren mußten, oder das geschäftspolitische Risiko wurde weiterhin von der Zentrale in Berlin getragen. Da die Filialen zumeist in enger Abhängigkeit zur Zentrale verblieben, war es ihnen deshalb oft nur schwer möglich, in ihrem örtlichen Wirkungsbereich Fuß zu fassen. Es verging in der Regel eine geraume Zeit, ehe sie sich gegen konkurrierende Institute am Ort durchsetzen und rentabel arbeiten konnten. Nicht zuletzt war dies ein Grund dafür, daß die Großbanken kaum die Wachstumsstrategie der Errichtung eigener Filialen verfolgten. Lediglich die Deutsche Bank errichtete die meisten ihrer Filialen selbständig.

Als „Kommanditen" wurden – zumeist kleinere – Beteiligungen der Großbanken an anderen Privatbanken mit Kapitaleinlagen bezeichnet. Dabei kam den Großbanken vielfach das Anlehnungsbedürfnis der Regionalbanken und Privatbankiers an den Berliner Bankplatz entgegen. Letztere waren in gewisser Weise dazu gezwungen, weil zu jener Zeit die stark wachsende Wirtschaft einen steigenden Kapitalbedarf verzeichnete, den diese Banken jedoch allein nicht zu befriedigen vermochten. Von Vorteil für die Berliner Großbanken war es, daß sie die guten Kenntnisse der kleineren Banken über den Kundenkreis sowie die lokalen Verhältnisse an dem Bankplatz „in der Provinz" für die eigene Geschäftsausweitung nutzen konnten. Da diese Strategie der Expansion allerdings auch nicht zu unterschätzende Nachteile zeitigte (Schwierigkeit der Kontrolle; Unmöglichkeit, bei schlechter Geschäftsführung der kommanditierten kleineren Bank von Seiten der Großbank gegen den Willen der kleineren eine Änderung herbeizuführen), erlangte sie im deutschen Bankwesen lediglich eine relativ geringe Bedeutung. Da zudem einige Großbanken aufgrund mangelnden Einflusses und Kontrolle nicht unerhebliche Verluste verkraften mußten, war es schließlich verständlich, daß sie das System der Kommanditierung nach und nach wieder aufgaben.

Zum eigentlichen typischen Instrument des Wachstums bei den Berliner Großbanken wurde auf Dauer letztlich die Angliederung anderer Banken. Ein Unterschied gegenüber dem System der Kommanditierung war darin zu sehen, daß, während die Großbank sich in der Regel an kleineren Privatbankiers beteiligte, es sich bei den angegliederten Instituten oft auch um Regionalbanken in der Rechtsform der Aktiengesellschaft mit zuweilen beträchtlichen Geschäftsvolumina handelte, die ihrerseits bereits eine längere Phase der Expansion hinter sich hatten.

Die Angliederung und schließlich Übernahme erfolgte teils sofort, teils suchte man die jeweilige Bank und ihre Kundschaft erst an die neue Situation dadurch zu gewöhnen, daß das mit den örtlichen Verhältnissen vertraute und auch den Kunden bekannte Personal übernommen wurde. Gefördert wurde diese Form des Wachstums und der Marktanteilserweiterung der Großbanken durch die bereits erwähnten gesetzgeberischen Maßnahmen in den letzten Jahren des vorigen Jahrhunderts, weil zahlreiche Privatbankiers und Provinzbanken daraufhin in der Folgezeit, wenn sie nicht ihren Geschäftsbetrieb einstellen wollten, gezwungen waren, sich an eine Berliner Großbank anzulehnen. So gelangten schließlich praktisch alle großen Provinzbanken im Laufe der Zeit in ein Abhängigkeitsverhältnis zu den Großbanken. Darüber hinaus verloren die restlichen verbliebenen Privatbanken gegenüber den großen Berliner Aktienbanken mit ihren sich über das gesamte Reich erstreckenden Filialnetzen, die von der Reichshauptstadt aus die deutschen Finanzmärkte immer mehr beherrschten und bei denen sich fast das gesamte deutsche Bankgeschäft konzentrierte, ebenfalls ständig an Bedeutung.

Ein wesentliches Ziel vor allem der „jüngeren" Großbanken, das mit der Angliederung von Provinzbanken verfolgt wurde, war darin zu sehen, daß erstere in bestimmten Wirtschaftsgebieten des Reiches – z.B. im rheinisch-westfälischen Industriegebiet, in Sachsen und in Schlesien – ihre Präsenz und somit ihren Einfluß stärken oder diesen sogar erst begründen wollten. Dabei waren insbesondere drei − z.T. schon erwähnte − mögliche Varianten einer Angliederung denkbar: Zum einen war es die völlige Aufnahme der Provinzbanken, deren Auflösung und Ersatz durch Filialen der Großbanken. Es war dies das Verfahren, mit dem 1892 die Dresdner Bank durch die Aufnahme der Anglo-Deutschen Bank in Hamburg die Übernahme von Banken in der Provinz eröffnete und das diese Bank dann beibehielt, allerdings später ergänzt durch die Strategie der bloßen Beteiligung. Zum anderen wurde eine Provinzbank dadurch angegliedert, daß ein Großteil ihres oder sogar ihr gesamtes Grundkapital in das Eigentum der Großbank überging, wobei jedoch formell und bis zu einem gewissen Grade auch materiell die kleinere Bank ihre Selbständigkeit behielt. Eingeführt wurde dieses Verfahren durch die Disconto-Gesellschaft, als 1895 die Norddeutsche Bank in Hamburg mit allen Aktiva und Passiva auf sie übertragen wurde und sie eine KGaA aus ihr machte, wobei sie alle Aktien hielt. Einen ähnlichen Weg − lediglich in der Form des Aktientauschs − ging seit 1897 konsequent die Deutsche Bank. In diesem Jahr übernahm sie die Aktien der Bergisch-Märkischen Bank und des Schlesischen Bankvereins. Während es sich bei diesen Aktionen um hundertprozentige Übernahmen handelte, begnügte sie sich bei anderen Angliederungen zuweilen mit einer geschäftspolitisch ausreichenden Aktienbeteiligung.

Das Belassen der formellen Selbständigkeit bei den Provinzbanken, die die Großbanken beherrschen wollten, hatte Gründe, die gegen die Umwandlung in eigene Filialen sprachen. Vor allem konnte ein alt eingesessenes, mit dem Gewerbe seiner Region lange Zeit verbundenes Bankhaus, dem Richtlinien lediglich in Grundzügen und bestimmten Einzelfällen vorgegeben wurden, die Beziehungen zum Handel und zur Industrie seines Bereichs besser gestalten als eine von der Großbank-Zentrale eingesetzte, mit den speziellen lokalen und regionalen Gegebenheiten zunächst wenig vertraute Filialdirektion. Bei der Konkurrenzsituation in den einzelnen umworbenen Regionen, die u.a. dadurch gekennzeichnet war, daß die Bankengruppen an Kapitalkraft in etwa ebenbürtig waren, gaben schließlich oftmals die leitenden Persönlichkeiten der Banken und ihre langjährigen Beziehungen zu den Produzenten, Händlern usw. den Ausschlag über Erfolg oder Mißerfolg der wachstumspolitischen Maßnahme.

Bot sich eine größere Selbständigkeit der Provinzbank als zweckmäßig an, ohne daß das Berliner Institut auf einen ausschlaggebenden Einfluß verzichten wollte, oder war die Großbank nicht zur völligen Beherrschung einer Provinzbank in der Lage, die sie aber nach und nach zu gewinnen suchte, so wurde vielfach eine lockere Verbindung eingegangen. Diese dann als „Freundschaftsverhältnis" oder durch „nahestehend" gekennzeichnete dritte Möglichkeit der Angliederung konnte durch Verträge untermauert werden, in Aktienbeteiligungen und/ oder in der Besetzung einer oder mehrerer Aufsichtsratssitze mit Vorstandsmitgliedern der Großbank bestehen. Darüber hinaus basierte sie aber auch zuweilen lediglich auf gewissen traditionellen Zusammengehörigkeiten, persönlichen Freundschaftsverhältnissen, gemeinsamen Interessen u.dgl. oder stellten sich in einer stillschweigenden oder formlos verabredeten Zusammenarbeit dar.

Eine besondere Bedeutung erlangte die Form der Interessengemeinschaft, die auf Aktienbesitz bzw. -erwerb als dauernde kommanditistische Beteiligung oder auf Verträgen beruhte. Durch erstere Handlungsweisen geschaffene Verbindungen wurden zumeist durch Gewährung der sog. Meistbegünstigung im gegenseitigen Geschäftsverkehr begründet. Reine Vertragsinteressengemeinschaften kamen in der Regel dann zustande, wenn sich etwa gleich starke Partner gegenüberstanden, die entweder gleichartige Geschäftsinteressen verband oder die sich in ihren geschäftlichen Aktivitäten ergänzten.

Das Eingehen von Interessengemeinschaften war dabei häufig die Vorstufe zu einer engeren und schließlich endgültigen Vereinigung, die von den Großbanken aus ähnlichen Beweggründen wie bei der Fusion mit anderen regionalen Provinzbanken vorgenommen wurde. So wollte z.B. die Deutsche Bank die Konkurrenz zweier Institute am Bankplatz Berlin beseitigen oder zumindest vermindern, als sie sich an der Bergisch-Märkischen Bank und am Schlesischen Bankverein beteiligte, weil diese in Berlin Filialen zu errichten gedachten. Ein anderes Motiv hingegen lag bei derselben Bank zugrunde, als sie sich an der Hannover'schen Bank beteiligte: Sie wollte auf diesem Wege geschäftliche Beziehungen zur Kali-Industrie aufnehmen. Eine ähnliche Motivation mag auch die Geschäftsführung der Dresdner Bank dazu veranlaßt haben, mit dem A. Schaaffhausen'schen Bankverein eine – allerdings erfolglose – vertragliche Interessengemeinschaft einzugehen; und natürlich versprach sich aber auch der Bankverein, ebenso wie die Dresdner Bank zur Gruppe der Berliner Großbanken gehörend, nicht unerhebliche Vorteile von dieser Zusammenarbeit: Die Stärke des Bankvereins lag in seiner beherrschenden Stellung im rheinisch-westfälischen Industriegebiet, wogegen es ihm an Beziehungen zur Industrie im übrigen Reich sowie an einer guten Stellung am Berliner Emissionsmarkt, vor allem aber am Zutritt zum internationalen Geldmarkt fehlte. Alles dies wies die Dresdner Bank auf, während sie geschäftliche Kontakte zum Rheinland und nach Westfalen, den Plätzen der Syndikate und Standorte der westlichen Produktionsmittelindustrien, lediglich in Ansätzen durch ihre Beziehungen zur Rheinischen und Westdeutschen Bank besaß. Ähnlich wie bei der Fusion wollte es sich die Bank somit erleichtern, ihre geschäftlichen Aktivitäten in einer von ihr bisher vernachlässigten Region zu intensivieren oder weitere geschäftspolitische Ziele zu verfolgen, ohne selber eine eigene Organisation in Form von z.B. zusätzlichen Filialen aufbauen und/oder sonstige aufwendige, aber notwendige Verbindungen knüpfen zu müssen.

Vielfach wurde der von der aufnehmenden Großbank gewünschte Effekt, ihren Einflußbereich zu erweitern, noch zusätzlich dadurch verstärkt, daß die angegliederten kleineren Banken ihrerseits kleinere Banken mit sich vereinigten oder mit einbrachten. So nahm die Bergisch-Märkische Bank nach ihrem Zusammenschluß mit der Deutschen Bank die Trierer Bank auf. Besondere Beachtung fand so auch die 1904 erfolgte Fusion der Oberrheinischen Bank mit der Rheinischen Kreditbank bei gleichzeitigem Anschluß der letzteren an die Deutsche Bank.

Handelte es sich bei den Wachstumsbestrebungen der Großbanken in der Mehrzahl der Fälle um Bemühungen, unter Beibehaltung der bisher betreuten Kundengruppen und der angebotenen Bankleistungen ihre Geschäftsvolumina zu erhöhen, also um ein Breitenwachstum, so wurden darüber hinaus aber auch zuweilen Expansionen in die Tiefe vorgenommen.

Zu diesem Zweck wurden Spezialinstitute gegründet und/oder bereits bestehende Institute aufgenommen oder sich an ihnen beteiligt. Hierzu waren insbesondere die „Trust-Gesellschaften" zu rechnen, wobei von den Großbanken zumeist solche gegründet oder angegliedert wurden, die auf einzelne Branchen spezialisiert waren, um dadurch der jeweiligen Großbank die Möglichkeit zu geben, auf diese spezielle Branche einen stärkeren Einfluß zu bekommen.

Zu dieser Form des Wachstumsstrebens gehörte auch das Vorgehen der Dresdner Bank mit der Übernahme der Deutschen Genossenschaftsbank von Soergel, Parrisius & Co. im Jahre 1904. Diese Maßnahme implizierte nicht nur eine bloße Vergrößerung des Geschäftsvolumens und der Anzahl der Kunden der Großbank, sondern zugleich auch die Aufnahme eines neuen Geschäftszweiges. Neue Zielgruppen stellten hierbei die verschiedenen Kleingewerbetreibenden und Kleinhändler dar, die andere Bankleistungen bei der Dresdner Bank nachfragten, als es die Berliner Großbank von ihren bisherigen Kunden aus der Industrie und dem Großhandel gewohnt war. Die Dresdner Bank ließ die von Soergel, Parrisius & Co. übernommenen Niederlassungen in Frankfurt a.M. und Berlin als besondere Genossenschaftsabteilungen nicht nur bestehen, sondern gründete sogar neue hinzu. Daran läßt sich erkennen, daß es sich bei dieser Übernahme um eine zielbewußte Maßnahme gehandelt hatte, mit der die Bank in neue Tätigkeitsbereiche eindringen wollte.

Vorteile, die die Berliner Großbanken aus ihren starken Wachstumsbemühungen zogen und sie auch weiterhin veranlaßten, diese fortzusetzen, wurden zum einen im Anwachsen ihres laufenden Geschäfts gesehen, und hier insbesondere im zunehmenden Kontokorrentgeschäft sowie dem starken Wachstum des Industrie- und Handelskreditgeschäfts, wodurch aufgrund der vermehrten und intensivierten Geschäftsverbindungen sich zugleich auch die Möglichkeit des Absatzes weiterer Bankdienstleistungen ergab. Zum anderen sahen die Großbanken in der steigenden Ausweitung ihrer Niederlassungsnetze eine zunehmende Chance, Aufträge von Kunden im Rahmen ihres Effektenkommissionsgeschäfts innerhalb des eigenen Hauses zu kompensieren. Erhebliche Vorteile aufgrund des Wachstums zeigten sich bei den Großbanken auch alsbald im Bereich des Fremdemissionsgeschäfts: Durch die starke lokale Verzweigung und die zunehmend engere Verbindung mit den verschiedensten Kundengruppen stieg die Plazierungskraft und damit die Emissionsstärke der Großbanken, verglichen mit den filiallosen Banken, erheblich an.

Bezüglich möglicher Nachteile der Dezentralisation bei den Großbanken – und hier insbesondere hinsichtlich der Filialisierung – wiesen aber auch schon damalige Untersuchungen auf mögliche, hiermit verbundene Probleme hin: Hervorgehoben wurden dabei vor allem Schwierigkeiten, die bei der Innenorganisation, bei der Kontrolle der einzelnen Zweigniederlassungen, aber auch bei der Auswahl der leitenden Persönlichkeiten für die einzelnen Filialen aufgrund der hohen an sie zu stellenden Anforderungen bestanden (LV 88).

Das Wachstumsstreben der Großbanken und insbesondere der damit im Zusammenhang stehende Konzentrationsprozeß im Bankgewerbe wurde schon damals wie heute kritischen Betrachtungen aus gesamtwirtschaftlicher Sicht unterworfen (LV 87, 99). Schon früh wurde positiv die besondere Bedeutung der Großbanken mit ihrem weitverzweigten Filialnetz für den Transformationsprozeß in der finanziellen Sphäre hervorgehoben, indem plastisch von „Saugapparaten" und „Zerstäubern" gesprochen wurde. Aufgrund des Ansammelns auch kleinster Geldbeträge in Regionen mit tendenziell höherer Spartätigkeit als Kreditnachfrage und dem Zur-Verfügung-Stellen dieser Gelder in Gebieten mit tendenziellem Nachfrageüberhang nach Krediten erfüllten sie schon damals eine wichtige Geldausgleichsfunktion innerhalb der deutschen Volkswirtschaft. Zudem war es den Großbanken auch eher möglich, die Nachfrage der Wirtschaft nach immer größeren Kreditvolumina zu erfüllen. Eng damit im Zusammenhang stehend ist zugleich auch zu sehen, daß die Großbanken eine weit größere Emissionskraft als die kleineren und mittelgroßen Banken in der Provinz besaßen. Deren Kapitalkraft reichte meist nicht mehr aus, um die großen Emissionen, wie sie die stark aufstrebende deutsche Großindustrie, vor allem im Montanbereich, benötigte, am Markt unterzubringen. Die Großbanken besaßen, je bedeutender sie waren, um so mehr Bankstellen und konnten nicht zuletzt dank ihrer damit verbundenen größeren Emissionskraft auch günstigere Übernahmebedingungen gewähren als die früheren Finanziers der deutschen Industrie, die Privatbankiers.

Ein weiterer Vorteil der Größe wurde darin gesehen, daß die Berliner Großbanken als sicherer galten als Kleinbanken und Privatbankiers, wobei dies vor allem seit Zusammenbrüchen einer großen Anzahl kleinerer Banken in Zeiten wirtschaftlicher Krisen sowie aufgrund sich verändernder gesetzlicher Rahmenbedingungen zu Beginn der neunziger Jahre des vorigen Jahrhunderts galt. Das Vertrauen, welches ehedem die Person des Privatbankiers genossen hatte, wurde mehr und mehr dem Kapital der Großbank geschenkt.

Als positiver Aspekt der Konzentration im Bankgewerbe, vornehmlich bezogen auf die Berliner Großbanken, wurde zu Beginn dieses Jahrhunderts bisweilen hervorgehoben, daß durch die gewaltige Akkumulation von Marktanteilen bei wenigen Banken diese durchaus auch als konjunkturelle Krisen dämpfende Elemente in der Wirtschaft wirken konnten. So wurden die Großbanken als Institutionen angesehen, die einen relativ genauen Überblick über die Situation der Industrie- und Handelsunternehmen, der Börsen und der Finanzmärkte besaßen und so rechtzeitig bei wirtschaftlichen Anspannungen von ihrer Seite her auf notwendige Maßnahmen hinweisen konnten. Z.B. wirkten die Großbanken vor der Depression der Jahre 1900/01 auf den Abbau überzogener Kreditgewährungen hin, indem sie an ihre Kunden Zirkularschreiben mit der Aufforderung, ihre Engagements zu verringern, verschickten und zusätzlich in ihren Jahresberichten eine größere Zurückhaltung empfahlen.

Darüber hinaus verhinderten Großbanken mehrmals den Zusammenbruch anderer Banken, um möglichen Vertrauenskrisen zuvorzukommen, und stützten die Kurse bedeutender Industriewerte. So war es auch in der Depression 1907/08, die sich – wohl nicht zuletzt dank zielbewußter Eingriffe der Banken – nicht zu einer Krise auswuchs. So übernahm z.B. die Deutsche Bank den „Fürstenkonzern" und wehrte dadurch einen Zusammenbruch ab.

Die gewaltigen Größenordnungen der Berliner Großbanken ließen indes bereits zu Beginn des Jahrhunderts auch mahnende Stimmen aufkommen, daß trotz solcher Größenordnungen die Geschäftsleitungen der Großbanken zu sehr rein privatwirtschaftlich, d.h. zum Wohle des einzelnen Instituts und seiner Aktionäre handelten und weniger an ihre Bedeutung innerhalb und für die gesamte Volkswirtschaft dächten. Kritisch wurde so schon früh vermerkt, daß in der Konzentration im Bankgewerbe auch krisenverschärfende Momente enthalten sein könnten, wenn z.B. aus geschäftspolitischen Überlegungen das akkumulierte Kapital nur in bestimmte Regionen geleitet würde, andere hingegen vernachlässigt würden. So bestände auch stets die Gefahr, daß die Großunternehmen aufgrund der engen Beziehungen zwischen Großindustrie und Großbanken bei der Kreditgewährung den kleineren und mittleren Unternehmen vorgezogen würden (LV 78, S. 82).

Erhebliche Kritik der Konzentrationsprozesse knüpfte aber auch daran an, daß die Berliner Großbanken zahlreiche, vorher selbständige Banken übernommen und außerdem kleinere und mittlere Banken aus zahlreichen Geschäftsbereichen verdrängt hatten. Allerdings darf dabei nicht übersehen werden, daß es im Grunde genommen nicht die Großbanken an sich waren, die die Verdrängung vor allem vieler Privatbankiers herbeigeführt haben, als vielmehr die Rechtsform der Aktiengesellschaft. Vor allem die Überlegenheit ihrer hohen Aktienkapitalien und die Pflicht zur Veröffentlichung ihrer Bilanzen, aber auch die Börsennähe der Großbanken, die Börsenstempelgesetzgebung, das Verbot des Terminhandels u.a.m. müssen als eigentliche Ursachen für das Verschwinden vieler kleinerer und mittlerer selbständiger Privatbanken angesehen werden.

3.5.2. Die Filialisierung der früheren Berliner Großbanken

Die systematische Entwicklung eines Zweigstellennetzes (LV 66) als ein wesentliches und effizientes Wachstumselement muß historisch den filialisierten Großbanken zugerechnet werden, wobei jedoch die eigentliche Filialisierung – die Gründung von Zweigstellen – nicht immer von Konzentrationsvorgängen unterschieden werden kann, d.h., daß übernommene Banken zu Filialen umgewandelt wurden. Zwar wird als frühester Träger des Filialgedankens die Darmstädter Bank bezeichnet, doch können tatsächlich in den heutigen Großbanken in historischer Sicht die eigentlichen „Erfinder" einer systematischen Zweigstellenpolitik als ein Mittel expansiver Geschäftspolitik gesehen werden.

Der eigentliche Zeitpunkt des Beginns der Zweigstellenexpansion wird in der Regel im Jahre 1895 gesehen, als ein großer wirtschaftlicher Aufschwung die deutsche Volkswirtschaft bis zur Jahrhundertwende beflügelte. Bis zu dieser Zeit war bei den Großbanken vor allem ein Vordringen nach Berlin das Ziel der Expansion gewesen und waren daneben zunächst nur einige als besonders wichtig erachtete Plätze mit Filialen bedacht worden; so von der Deutschen Bank Bremen (1871), Hamburg (1872), Frankfurt a.M. (1881), Dresden (1886) sowie München (1891), und von der Dresdner Bank Berlin (1881), Hamburg (1891, hervorgegangen aus der Anglo-Deutschen Bank) und Bremen (1895). Demgegenüber eröffnete die Commerz- und Disconto-Bank ihre ersten Filialen erst wesentlich später: 1898 in Berlin und Frankfurt a.M. nach Übernahme des Bankhauses J. Dreyfus & Co. Die Zurückhaltung der Commerz- und Disconto-Bank im Inland, aber auch der Deutschen Bank in den ersten Jahren ihres Bestehens kann wohl vor allem damit erklärt werden, daß sie zunächst ein stärkeres Gewicht auf ihre Auslandsaktivitäten legten. Demgegenüber lag das Schwergewicht der Geschäftstätigkeit der Dresdner Bank von Anfang an auch im Inland. Die Dresdner Bank ließ in den späteren Jahren eine zielbewußte Förderung ihres Filialwesens erkennen, wobei das Institut bei gleichzeitiger Steigerung seines Grundkapitals seine bisher eher zentralisierte Organisationsstruktur zugleich immer mehr dezentralisierte. Im Gegensatz zur Deutschen Bank, die in stärkerem Maße die Gründung eigener Filialen vornahm, die sich im Wettbewerb gegen die anderen Großbankenfilialen durchsetzen mußten, übernahm die Dresdner Bank überwiegend Regional- und Lokalbanken und wandelte diese in Filialen um. Sie konnte somit vielfach auf einem bereits vorhandenen Kundenstamm aufbauen. Besaß die Dresdner Bank zu Beginn der eigentlichen Zweigstellenexpansion 1895 erst drei Filialen, so waren es 1905 schon 16 und 1910 sogar 40. Demgegenüber führten die Deutsche Bank und die Commerz- und Disconto-Bank 1895 fünf bzw. keine Filialen und 1910 erst zehn bzw. fünf. Hieran läßt sich wohl erkennen,

daß die Großbanken mit Ausnahme der Dresdner Bank und der Darmstädter Bank, die 1910 bereits 35 Filialen besaß, erst nach und nach zu einer umfangreicheren Dezentralisation ihres Geschäftsbetriebes im Inland durch Errichtung von Niederlassungen übergingen (LV 118, S. 41).
In den folgenden Jahren bis zur Währungsreform von 1923 bauten die Berliner Großbanken ihr Filialnetz erheblich aus, wobei zunächst räumliche Schwerpunkte der Zweigstellenbildung das rheinisch-westfälische Industrierevier mit seinen Ausläufern ins Saarland und nach Lothringen, Sachsen und letztlich Schlesien waren. Daneben waren es die großen Handelsplätze des Deutschen Reiches, namentlich diejenigen, die einen Zugang zum Meer besaßen, in erster Linie also Hamburg, Bremen und Stettin, sowie Städte und Regionen mit einer kapitalkräftigen Bevölkerungsstruktur wie z.B. Frankfurt a.M. und Umgebung. Nach Süddeutschland wurde das Niederlassungsnetz erst allmählich ausgeweitet, weil hier mit erhöhtem, von Lokalpatriotismus getragenem Widerstand zu rechnen war. Das Filialnetz der Deutschen Bank umfaßte 1923 schließlich 143 Niederlassungen (1921 sogar 156), das der Dresdner Bank 120 und das der Commerz- und Disconto-Bank sogar 246 (1922 308). Hervorzuheben ist in diesem Zusammenhang die 1914 erfolgte Übernahme der Bergisch-Märkischen Bank mit ihren sämtlichen Niederlassungen durch die Deutsche Bank, die dadurch auf einen Schlag 38 neue Filialen erwarb, sowie die Übernahme der Rheinisch-Westfälischen Disconto-Gesellschaft durch die Dresdner Bank (1917), wodurch die Berliner Großbank sich neben einer Vielzahl neuer wertvoller Beziehungen zur rheinisch-westfälischen Industrie zugleich ein weites Netz zahlreicher Zweigstellen sicherte. Eine weitere Stärkung ihrer Stellung innerhalb des deutschen Bankwesens erfuhr sie durch die Übernahme der Märkischen Bank in Bochum 1917 (LV 24,118).
Während die Großbanken ihre Interessensphären in der Provinz zu erweitern suchten, bauten sie aber auch gleichzeitig ihre Stellung am wichtigsten Bankplatz Deutschlands, Berlin, beständig aus. Für die besonderen räumlichen Verhältnisse der Großstadt wurde eigens eine neue Einrichtung geschaffen: die „Depositenkasse", auch „Wechselstube" genannt, mit der vor allem Berlin und Umgebung allmählich dicht versehen wurden.

Es handelte sich dabei um eine „Erfindung" der als erste in das massenhafte Einlagengeschäft eingetretenen Deutschen Bank, die schon relativ früh (1877) auf einem Gebiet voranging, das für die Expansion der weiteren Zeit eine erhebliche Bedeutung erlangen sollte: der Auf- und Ausbau eines systematisch und umfassend betriebenen Einlagengeschäfts. Im Gegensatz zur Deutschen Bank hatten bis in die letzten Jahre des vorigen Jahrhunderts hinein vor allem die älteren Großbanken diesem Geschäftszweig nur geringe Bedeutung beigemessen und sich vielmehr fast nur auf dem Gebiet des Industriegeschäfts mit überwiegend eigenen Mitteln betätigt. Mit dem Erfolg dieses Bankgeschäfts stieg auch die Anzahl der Depositenkassen: Sie erhöhte sich bis 1914 in Berlin auf 254 bei insgesamt 401 im gesamten Deutschen Reich. Die Dresdner Bank eröffnete ihre erste Depositenkasse 1895 und die Commerz- und Disconto-Bank sogar erst 1902, wobei dies vor allem auf den erhöhten Wettbewerbsdruck im Bankwesen zurückzuführen war. Nach und nach gingen schließlich mit Ausnahme der Berliner Handels-Gesellschaft alle Großbanken zu diesem System über.

Die meisten Depositenkassen hatten 1914 die Deutsche Bank mit 97 (davon allein 48 im Berliner Raum), die Dresdner Bank mit 87 (52) und die Commerz- und Disconto-Bank mit 62 (44) (LV 118, S. 42f.). Nach dieser schnellen Entwicklung bis zum Anfang des ersten Weltkriegs war es – abgesehen von den spekulativen Neugründungen der Inflationszeit, die aber größtenteils bald wieder verschwanden – zu keinem weiteren Ausbau des Depositenkassennetzes in dem Maße mehr gekommen. Es hatte vielmehr, nachdem 1922 die Zahl von ca. 275 und 1925 von 278 Depositenkassen erreicht worden war, eine Zusammenlegung und Umgruppierung stattgefunden, so daß 1930 schließlich nur noch 221 Kassen in Berlin existierten (LV 60, S. 37).

Nach den Jahren der Inflationszeit begann ein Umdenken im deutschen Bankgewerbe (LV 111). Aus Kostengründen erzwungene Rationalisierungsbestrebungen hatten auch ihre Auswirkungen auf die Zweigstellenpolitik der Großbanken. Die Euphorie der Zeit der gewaltigen Zweigstellenexpansion war vorüber, was nicht zuletzt mit einer „Übersetzung" (LV 111) im Bankgewerbe begründet wurde. Neben der Expansion der Großbanken in der Vergangenheit wurden als Ursachen hierfür die Schrumpfung der Wirtschaftstätigkeit sowie das Vordringen neuer, insbesondere dem Bereich des öffentlichen Bankwesens angehöriger Institute angeführt. Das Filialnetz einiger Berliner Großbanken wurde als zu groß für die von den Instituten zu erfüllenden Aufgaben angesehen. Veranschaulicht werden kann dabei das Ausmaß des Wachstums an einem Vergleich der Anzahl der Zweigstellen im Vorkriegsjahr 1913 mit der im Jahre 1929. Während die filialisierten Großbanken (Deutsche Bank und Disconto-Gesellschaft, Dresdner Bank, Darmstädter Bank, Commerz- und Privat-Bank) 1929 ein Netz von 759 Filialen mit einer Bilanzsumme von insgesamt 12544,9 Mio. RM besaßen, waren es 1913 bei diesen Großbanken erst 150 Filialen mit einer Bilanzsumme von 6933,9 Mio. Mark gewesen. Die auf die einzelne Bankstelle entfallende Bilanzsumme betrug demnach Ende 1913 durchschnittlich 46,2 Mio. Mark, wogegen es Ende 1929 bei den verbliebenen vier filialisierten Berliner Großbanken im Durchschnitt nur noch 16,5 Mio. RM waren, somit ohne Berücksichtigung der geänderten Kaufkraft lediglich noch etwa ein Drittel der Bilanzsumme von 1913. Aus solchen Durchschnittsberechnungen wurde speziell für die Großbanken ein hoher Grad an Disproportionalität zwischen Filialnetzgröße und geschäftlichen Aufgaben gefolgert, was u.a. bedeutete, daß die Kapazität der Großbankfilialen an verschiedenen Plätzen nur in einem unzureichenden Ausmaß ausgelastet sein konnte.

Bei einem Vergleich der einzelnen filialisierten Berliner Großbanken weichen allerdings die ermittelten Kennzahlen z.T. erheblich vom Durchschnitt ab. So lagen z.B. die Deutsche Bank mit 149,7 Mio. Mark Bilanzsumme je Filiale und die Disconto-Gesellschaft mit 72,8 Mio. Mark im Jahre 1913 und nach deren Fusion 1929 mit 19,1 Mio. RM teilweise erheblich über dem Durchschnitt. Demgegenüber besaß eine Filiale der Dresdner Bank 1913 mit nur 30,8 Mio. Mark und eine Filiale der Darmstädter Bank mit 23,4 Mio. Mark weniger als der Durchschnitt der hier betrachteten Großbanken, während sie 1929 mit 26,7 Mio. RM bzw. 24,3 Mio. RM darüber lagen. Die Commerz- und Disconto-Bank schließlich wies 1913 eine durchschnittliche Filialbilanzsumme von 63,5 Mio. Mark auf, wogegen die Zahl für eine Niederlassung der Commerz- und Privat-Bank 1929 mit nur 7 Mio. RM am Ende der Skala stand.

Trotz der unterschiedlichen Kennzahlen wurde zwischenzeitlich erwogen, nach einem von den Großbanken gemeinsam aufzustellenden Plan Filialen an Plätzen mit einer besonders starken Übersetzung zu schließen, wobei natürlich keine der beteiligten Großbanken eine Einbuße erleiden sollte: Hätte z.B. eine Großbank ihre Filiale an einem bestimmten Ort schließen müssen, so sollten die anderen Großbankkonkurrenten je eine Filiale an Plätzen von etwa gleicher Bedeutung aufgeben müssen. Letztlich sollte hierdurch eine bessere Kapazitätsauslastung der filialisierten Großbanken mit den daraus resultierenden Auswirkungen auf ihre Rentabilität erreicht werden.

Ende 1940 konnte festgestellt werden, daß die Zahl der Berliner Großbanken trotz der Fusionen der Jahre 1925 bis 1932 unverändert geblieben, ihr Niederlassungsnetz hingegen stark bereinigt worden war. Ein Ausbau des Bankstellennetzes, soweit es überhaupt noch neben den Abbaumaßnahmen stattfand, erfolgte in den Jahren nach der großen Bankenkrise von 1931 nur noch in geringem Umfang. Ein wesentlicher Grund hierfür war sicherlich, daß alle Neueröffnungen von Bankstellen der Genehmigungspflicht durch das Reichsaufsichtsamt für das Kreditwesen unterlagen, das im Anschluß an die Bankenkrise gegründet worden war und das die Bedarfs- und Wettbewerbsfrage vor der Erteilung der Genehmigung zur Errichtung jeweils im Einzelfall sorgfältig prüfte („Bedürfnisprüfung", erst 1958 entfallen).

Im Verlaufe des zweiten Weltkriegs wurden dann schließlich die Rationalisierungsbestrebungen − d.h. die Bereinigung des Zweigstellennetzes − in hohem Maße von äußeren Umständen zusätzlich beeinflußt. Ähnlich wie im ersten Weltkrieg zwang auch der Fortfall qualifizierter Mitarbeiter durch ihre Einberufung zum Wehrdienst nicht nur die Berliner Großbanken dazu, Zweigstellen zu schließen. Darüber hinaus kam es zu einem weiteren Abbau des Niederlassungsnetzes in den Kriegsjahren durch die Verabschiedung der sog. Stillegungsverordnung vom 21. März 1940 durch die Reichsregierung. Sie bestimmte, daß generell 10% des bestehenden Bankstellenbestandes abgebaut werden sollten.

3.5.3. Das Wachstum nach dem zweiten Weltkrieg

Bei einem Vergleich der Marktposition der verschiedenen Bankengruppen sowie der einzelnen Großbanken untereinander, wobei als Maßstab zur Ermittlung der Stellung der hier betrachteten Institute zumeist neben der Höhe der hereingenommenen Einlagen vor allem die der Bilanzsumme oder des Geschäftsvolumens herangezogen werden, kann konstatiert werden, daß die Großbanken seit 1952 bis auf den Zeitraum 1965 bis 1970 ständig mit den Wachstumsraten ihrer Bilanzsummen unter dem Durchschnitt des gesamten Bankgewerbes gelegen haben. Insgesamt hat sich die Bilanzsumme aller Banken vom 31.12.1952 bis zum 31.12.1981 auf das knapp zweiundvierzigfache erhöht, während die aller Großbanken zusammen von knapp 10 Mrd. DM auf über 219 Mrd. DM, also lediglich um das etwa Einundzwanzigfache gesteigert werden konnte. Alle Kreditbanken zusammen konnten allerdings immerhin ihr Bilanzvolumen um das Achtundzwanzigfache steigern. Deutlich höhere Wachstumsraten weisen jedoch die öffentlich-rechtliche und die genossenschaftliche Bankengruppe auf: Während die erstere ihre Bilanzsumme um das fast neunundvierzigfache steigern konnte, betrug der Multiplikator bei den genossenschaftlichen Instituten aller drei Ebenen zusammen in dem betrachteten Zeitraum sogar 75.

Daß die Ziele Wachstum und Marktanteilserweiterung in einem engen Zusammenhang zu sehen sind, läßt sich auch an der ähnlichen Entwicklung der Marktanteile der verschiedenen Bankengruppen nachweisen: So besaßen die Großbanken am 31.12.1952 noch einen Marktanteil, gemessen am Bilanzvolumen aller Banken, von 16,9% und alle Kreditbanken von 32,5%. Dieser hatte sich dann aber – bei geringeren Wachstumsraten als der Durchschnitt aller Banken – bis Ende 1981 auf 8,8% bzw. 22,4% verringert. Eine entgegengesetzte Entwicklung haben hingegen der öffentlich-rechtliche und der genossenschaftliche Sektor genommen: Ersterer konnte seinen Marktanteil von 32,7% auf 38,6% erweitern, während letzterer seinen Anteil von 8,5% auf 15,2% anhob.

Bei einem Vergleich der Großbanken untereinander ist bemerkenswert, daß von diesen – werden die Berliner Tochterinstitute einmal ausgenommen – insbesondere die Commerzbank trotz eines bisher zweimaligen Bilanzsummenrückgangs 1980 und 1981 ihren Anteil unter dieser Bankengruppe von 19,5% auf 23,3% bei einer Bilanzsumme von 64,3 Mrd. DM besonders stark ausbauen konnte. Demgegenüber konnten die Deutsche Bank — die allerdings stets die größte deutsche Bank gewesen war — ihren Anteil von Ende 1952 von 45,7% und die Dresdner Bank von 31,3% nicht halten: Ihre Anteile innerhalb der Großbankengruppe sanken bis Ende 1981, sogar trotz eines ständig positiven Bilanzsummenwachstums der Deutschen Bank, auf 41,4% bei einer Bilanzsumme am 31.12.1981 von 114,5 Mrd. DM bzw. 28,8% bei 79,6 Mrd. DM, wobei die Dresdner Bank im Jahre 1981 ein Schrumpfen ihrer Bilanzsumme von etwa 2 Mrd. DM zu verzeichnen hatte.

3.5.3.1. Die Wachstumsstrategien der heutigen Großbanken

3.5.3.1.1. Die Zweigstellenexpansion nach der Rekonzentration

Nach dem Ende des zweiten Weltkriegs und nachdem die „Reste" der Berliner Filialgroßbanken in den alliierten Westsektoren — die sich dort befindenden Niederlassungen der früheren Berliner Zentralen wurden unter neuen Namen zu wirtschaftlich selbständigen Einheiten ohne eigene Rechtspersönlichkeit zusammengefaßt — zunächst unabhängig voneinander in den elf Ländern der drei Westzonen unter der Kontrolle der westlichen Alliierten weiterarbeiten durften, kam es schließlich aufgrund des Großbankengesetzes vom 29. März 1952 zur teilweisen Reorganisation (S. 70 f.). Zu diesem Zeitpunkt, dem 1.1.1952, unterhielten die neun Nachfolgeinstitute insgesamt 560 Zweigniederlassungen und Depositenkassen. Von ihnen besaßen die Nachfolgeinstitute der Deutschen Bank mit 262 Geschäftsstellen die meisten, gefolgt von denen der Dresdner Bank mit 178 und denen der Commerzbank mit 120 (LV 91, S. 17). Die relativ geringe Anzahl von Niederlassungen der Commerzbank-Nachfolgeinstitute läßt sich vor allem dadurch erklären, daß der Schwerpunkt der Geschäftstätigkeit dieser Großbank bis zum Kriegsende vor allem in den von der Sowjetunion besetzten Gebieten gelegen hatte. So hatte sie von ihren 262 Filialen Ende 1944 mit dem Kriegsende 177 Geschäftsstellen verloren und mußte somit in den drei Westzonen zunächst mit lediglich 85 Niederlassungen weiterarbeiten bzw. neu beginnen. Von allen drei Teilinstituten der Commerzbank war hierbei die Commerz- und Creditbank Aktiengesellschaft in Frankfurt a.M. am härtesten betroffen: Sie war in ihrem Bereich, im heutigen Baden-Württemberg, Bayern und Rheinland-Pfalz, nur an acht Plätzen vertreten. Im Gegensatz zur Commerzbank lagen die Schwerpunkte der Filialexpansion bei den beiden anderen Großbanken bzw. ihren Nachfolgeinstituten jeweils bei den nordwestdeutschen Nachfolgeinstituten, während die Deutsche Bank und die Dresdner Bank in den Gebieten der anderen Teilinstitute schon verhältnismäßig stark vertreten waren.

Ein Bilanzsummenvergleich der Nachfolgeinstitute der Großbanken vom 1.1.1952 und 31.12.1955 zeigt, daß bei der Deutschen Bank und der Dresdner Bank schon zu Beginn die Bereiche Süd und Mitte fast gleich groß waren, während bei der Commerzbank der Süden zwar stark aufholte, der wichtigere Teil der zerschlagenen Bank jedoch nun der mittlere mit der Zentrale in Düsseldorf wurde.

Im Vergleich zu früher zeichnete sich eine Umorientierung in der Zweigstellenpolitik bei den hier behandelten Banken ab: Nach den deutschen Gebietsverlusten infolge des zweiten Weltkriegs begannen die Großbanken, neben den Wirtschaftszentren auch bisher weniger von ihnen bedachte Regionen in der heutigen BR Deutschland mit eigenen Zweigniederlassungen zu überziehen. Allerdings wurden sie dabei von der zu der Zeit noch bestehenden gesetzlichen Bestimmung, wonach alle Neueröffnungen von Bankstellen der Genehmigungspflicht der Bankenaufsichtsbehörde – zu dieser Zeit der Bankenaufsichtsbehörden der jeweiligen Bundesländer – unterlagen, eingeschränkt. Erst als im Jahre 1958 die „Bedürfnisprüfung" für die Errichtung neuer Banken und Zweigstellen für inländische Banken als grundgesetzwidrig wegfiel, bestanden bezüglich ihrer Zweigstellenpolitik keinerlei rechtliche Restriktionen mehr.

Die in den Jahren 1957/58 in der BR Deutschland wieder voll vereinigten Großbanken nutzten diesen Umstand konsequent aus. Sie bauten sehr rasch ihre Zweigstellennetze aus, wobei hierdurch eine Verbesserung der unbefriedigenden Situation im Mengengeschäft, und hier vor allem im Wettbewerb auch um kleinste Beträge von Kundeneinlagen, erreicht werden sollte. Von 1957 bis Ende 1981 haben die Großbanken die Zahl ihrer Bankstellen von 795 auf insgesamt 3 131 erhöht. Sie haben damit bei einer Steigerung von fast 300% die relativ stärkste Zweigstellenexpansion im Vergleich zu anderen Bankengruppen betrieben, wobei der gesamte Kreditbankensektor mit einer Steigerung von 170% noch immer weit über dem Durchschnitt aller Bankengruppen von 70% lag. Beim öffentlich-rechtlichen Sektor betrug sie fast 100%, wogegen sie im Kreditgenossenschaftsbereich bei 40% lag. Es darf jedoch hierbei nicht übersehen werden, daß die beiden letzteren Bankengruppen bei diesem Vergleich schon von einer höheren Basisgröße 1957 ausgingen.

Ein aussagefähigerer Vergleich ist wohl die Betrachtung der Veränderung des Anteils einer Gruppe an der Gesamtzahl aller Bankstellen: So weiteten die Kreditbanken ihren Anteil von 8,7% auf 13,7% aus, wobei diese Entwicklung im wesentlichen auf die Aktivitäten der Großbanken zurückzuführen ist, deren Anteil an allen Bankstellen in der BR Deutschland allein von 3% auf 7% stieg und sich somit in dem Vergleichszeitraum mehr als verdoppelte. Ebenfalls einen relativen Anstieg verzeichneten die öffentlich-rechtlichen Banken, die Ende 1981 ihren Anteil an den von der Deutschen Bundesbank erfaßten Bankstellen gegenüber Ende 1957 um fast fünf Prozentpunkte auf 39,9% anhoben, während die Zahl der genossenschaftlichen Bankstellen, deren Anteil von jeher der größte war, nicht zuletzt aber wegen des Zusammengehens der bis dahin getrennt agierenden Genossenschaftsbereiche Schulze-Delitzsch und Raiffeisen zu Anfang der siebziger Jahre, sank: Der Anteil dieser Bankengruppe ist in diesen Jahren um fast 10% von 54% auf 44,1% zurückgegangen.

Bei den Großbanken verlief diese externe Expansion dabei zeitweilig derart rasant, daß sich die durchschnittliche Bilanzsumme pro Geschäftsstelle z.B. bei der Deutschen Bank von im Jahre 1960 26,7 Mio. DM auf etwa 23 Mio. DM im Jahre 1965 verringerte, um dann nicht zuletzt aufgrund wohl einer besonneneren Zweigstellenpolitik bis Ende 1981 auf fast 100 Mio. DM anzusteigen. Die wieder stärkere Zunahme dieser Kennzahl trat dabei vor allem nach der Drosselung der Anzahl der Neueröffnungen von Zweigstellen in den siebziger Jahren auf. Allein im Jahre 1967 verzeichnete z.B. das Zweigstellennetz der Deutschen Bank einen Zuwachs von 69 Bankstellen. Eine ähnliche Entwicklung gab es bei den Konkurrenzinstituten der Deutschen Bank innerhalb der Großbankengruppe: So sank bei der Dresdner Bank die durchschnittliche Bilanzsumme je Geschäftsstelle von über 27 Mio. DM im Jahre 1958 auf gut 24 Mio. DM 1966, nachdem sie Ende 1952 erst 18,6 Mio. DM betragen hatte; in den siebziger Jahren stieg sie dann wieder wie bei der Deutschen Bank aufgrund der veränderten Zweigstellenpolitik an, und zwar auf über 82,8 Mio. DM Ende 1981. Bei der Commerzbank bzw. ihren Nachfolgeinstituten stieg die durchschnittliche Bilanzsumme je Geschäftsstelle von 14,8 Mio. DM am 1.1.1952 auf 31,5 Mio. DM Ende 1957, ehe sie bis 1967 – in diesem Jahr wies die Bank einen Zuwachs von insgesamt 89 Zweigstellen auf – wieder auf 23,5 Mio. DM abfiel. Ende 1981 lag sie mit 80,2 Mio. DM in etwa gleichauf mit der Dresdner Bank, nachdem sie 1979 ebenfalls schon um über 3 Mio. DM höher gelegen hatte. Damit lagen alle Großbanken bei dieser Vergleichszahl oberhalb der durchschnittlichen Bilanzsumme pro Sparkassen- und Kreditgenossenschaftszweigstelle.

Die Jahre des wirtschaftlichen Wiederaufbaus nach dem zweiten Weltkrieg waren außer durch eine starke Zunahme der Masseneinkommen und eine gesellschaftspolitisch erwünschte Vermögensbildung bei breiten Bevölkerungskreisen darüber hinaus durch die Verbreitung der bargeldlosen Lohn-, Gehalts- und Ruhegeldzahlungen gekennzeichnet. Da die Kunden des sog. Mengengeschäfts eine vergleichsweise nur geringe Anzahl und zudem problemloser und oft standardisierbarer Bankleistungen nachfragen, die von sämtlichen universalisierten Konkurrenzinstituten der Großbanken ebenfalls angeboten wurden und werden, bekam somit der Aspekt der räumlichen Nähe des Kunden zu seiner Bankstelle bei der Entscheidung, bei welcher Bank er sein Konto eröffnen sollte, angesichts auch der geringen Markttransparenz, die der normale Kunde besitzt, eine nicht unwesentliche Bedeutung. Die Großbanken waren somit, wollten sie ihr geschäftspolitisches Ziel der betonten Ausweitung ihrer Geschäftstätigkeit auch in bezug auf das Mengengeschäft erreichen, gezwungen, Investitionen im Zweigstellenbereich in erheblichem Umfang vorzunehmen. Verschärfend kam noch hinzu, daß bereits außer den Kreditgenossenschaften auch der Sparkassensektor, der sich seit jeher satzungsgemäß äußerst stark im Mengengeschäft betätigt hat, eben aus diesem Grunde schon lange ein relativ großes und kundennahes Zweigstellennetz unterhielt.

Insgesamt kann grundsätzlich davon ausgegangen werden, daß die starke Ausweitung ihrer Geschäftsstellennetze – Ende 1981 besaßen die Deutsche Bank 1 153 Niederlassungen, die Dresdner Bank 961 und die Commerzbank 802 – sich für die Großbanken als sehr positiv erwiesen hat. Dies kann u.a. an der Stabilisierung ihres Marktanteils am Geschäftsvolumen aller Banken seit etwa Mitte der sechziger Jahre sowie der Erhöhung ihres Marktanteils bei den Spareinlagen abgelesen werden. Einen positiven Nebeneffekt dieses Wachstums stellt darüber hinaus die Zunahme der internen Umbuchungsmöglichkeiten im Zahlungsverkehr innerhalb ihrer Institute dar, die zusätzlich eine positive Rentabilitätswirkung und eine Stärkung der Finanzkraft dieser Banken bedeuten.

Vor allem in den siebziger Jahren hat die Ausweitung des Geschäftsstellennetzes als Element der Wachstumspolitik jedoch einiges von seiner Bedeutung verloren, nicht zuletzt deswegen, weil die BR Deutschland sich in den letzten beiden Jahrzehnten mit weniger als etwa 1 400 Einwohnern pro Bankstelle zu einem der Länder mit der größten Zweigstellendichte entwickelt hat. Wie bereits erwähnt, haben sich die Großbanken erst allmählich die schon frühzeitig und mehrfach seitens der Deutschen Bundesbank geäußerten Befürchtungen zu eigen gemacht, daß vor allem in den sechziger Jahren der Rentabilitätsaspekt beim Ausbau des Niederlassungsnetzes zunächst eine zu geringe Berücksichtigung erfahren hatte. Erst als die Großbanken zunehmend die Erfahrung machen mußten, daß es immer schwieriger wurde, den Kostenanstieg durch eine entsprechende Ausweitung des Geschäftsvolumens zu kompensieren und die Anlaufzeit bis zum Erreichen der Rentabilitätsschwelle einer neuen Zweigstelle zusehends länger wurde, sahen sie sich veranlaßt, ihre Zweigstellenplanung und -politik diesen geänderten Daten anzupassen und zu reformieren. Vollständig verzichten wollten die Großbanken wie auch die anderen Bankengruppen auf diese unternehmungspolitische Variable jedoch nicht, weil nach wie vor das Niederlassungsnetz den wichtigsten Vertriebsweg für ihre Bankleistungen darstellt. Es hängt somit in einem nicht unerheblichen Maße von der Ausgestaltung dieser Politik ab, inwieweit es im Mengengeschäft, aber auch in anderen Bereichen der einzelnen Bank gelingt, ihre Marktanteile und somit ihre Stellung am Bankenmarkt zu halten oder sogar zu vergrößern.

Aufgrund des Tatbestandes der großen Zweigstellendichte in der BR Deutschland und der damit zusammenhängenden Probleme haben die Großbanken neue und gezieltere Methoden im Rahmen der Zweigstellenpolitik entwickelt, um dieses absatzpolitische Instrument innerhalb ihrer Unternehmenspolitik und ihres Marketing effizienter einsetzen zu können. Mittels besonderer ADV-Programme wird z.B. die Entwicklung der bestehenden Bankstellen laufend überprüft und werden innerbetriebliche Vergleiche zwischen ihnen vorgenommen. Vor einer Entscheidung über eine Neueröffnung erfolgen detaillierte Marktuntersuchungen, wobei Überlegungen in geschäftspolitischer, räumlicher und wettbewerbspolitischer Hinsicht angestellt werden.

Während früher oftmals schon einzelne der vorgenannten Überlegungen den Ausschlag für eine positive Entscheidung gaben, erfolgt heute eine detailliertere Untersuchung sämtlicher, für eine Standortwahl in Betracht kommender Kriterien. Ein Hauptaugenmerk wird hierbei vor allem der Leistungsfähigkeit des Marktes gewidmet, nachhaltig ausreichende Erträge für eine Bankstelle zu ermöglichen. So werden vor einer Entscheidung über die Errichtung einer neuen Zweigstelle bei der Deutschen Bank u.a. folgende Aspekte überprüft und beurteilt:
(1) die Abgrenzung des Einzugsgebiets der einzelnen Bankstellen,
(2) die Möglichkeiten des Marktpotentials und der der Marktausschöpfung,
(3) die Beurteilung der Leistungsfähigkeit der eigenen Stellen im Vergleich zur Konkurrenz, beispielsweise hinsichtlich von Angebotsschwerpunkten.

Darüber hinaus werden begleitende Überlegungen bezüglich der erforderlichen Qualifikation des benötigten Zweigstellenpersonals, der Notwendigkeit der Aus- und Weiterbildung des Leitungsnachwuchses, der Gestaltung eines rationellen und wirksamen Informationswesens zwischen der Zentrale und den Niederlassungen sowie einer zweckmäßigen Organisation in den einzelnen Stellen, u.a. auch hinsichtlich der ausreichenden Ausstattung mit technischen Hilfsmitteln, angestellt.

Im Grunde genommen stellt sich die angeführte Beurteilung wohl auch kaum wesentlich anders für die Commerzbank und die Dresdner Bank dar. Auch für letztere sind heute Rentabilitätsüberlegungen bei der Zweigstellenplanung entscheidend, und hier vor allem, wann und unter welchen Bedingungen eine zu eröffnende Geschäftsstelle mindestens ihre ihr zuzurechnenden Aufwendungen durch entsprechende Erträge zu decken in der Lage ist. Als Kriterien werden ebenso der Einfluß der neuen Zweigstelle auf die Wettbewerbsposition, den Marktanteil global oder auf spezielle Bereiche sowie das Standing der Bank angesehen. Neben anderen zahlreichen Beurteilungskriterien gilt für die Dresdner Bank u.a. aber auch, daß unter Berücksichtigung der Relation „Geschäftsvolumen pro Kunde" im Privatkunden- und Unternehmenskundengeschäft für die Erfolgsentwicklung einer Zweigstelle das Unternehmenskundenpotential in der Planung von ganz erheblicher Bedeutung ist – eine Aussage, die der in der Regel hinsichtlich der Zweigstelle als eines „verlängerten Arms" des Mengengeschäfts gemachten nicht unbedingt entspricht.

3.5.3.1.2. Finanzbeteiligungen und andere Formen externen Wachstums der Großbanken

Neben der Politik der Errichtung von Niederlassungen steht den Großbanken als eine weitere Wachstumsstrategie die Möglichkeit zur Verfügung, ihren Einzugs- und Absatzbereich auch indirekt über die Zweigstellen verbundener Banken zu erweitern, indem sie sich ganz oder zumindest mit einer qualifizierten Mehrheit an anderen Banken und Finanzinstituten beteiligen. Bei den Großbanken ist allerdings auffällig, daß das Ausmaß ihrer Beteiligungen an inländischen, ebenfalls ein universelles Bankleistungsprogramm anbietenden Geschäftsbanken relativ gering ist. Zwar wurden und werden Beteiligungen an kleineren Banken auch nach dem zweiten Weltkrieg übernommen und einige dieser Institute später mit ihnen verschmolzen (LV 5). Insgesamt betrachtet vollzieht sich jedoch der geographische Expansionsprozeß der Großbanken im Inland kaum noch über Beteiligungen an oder Fusionen mit anderen Geschäftsbanken, weil sie heute ein Zweigstellennetz besitzen, über das sie praktisch an jedem für sie bedeutenden Bankplatz bzw. in jeder Region vertreten sind. Die bedeutendsten Tochterinstitute und Beteiligungen — wobei diese z.T. eher aus politischen Gründen errichtet bzw. eingegangen worden sind — stellen für die Deutsche Bank ihre hundertprozentige Berliner Tochter, die Deutsche Bank Berlin AG (Bilanzsumme 1981 6,2 Mrd. DM), die Deutsche Bank Saar AG, Saarbrücken (Bilanzsumme 1,6 Mrd. DM), an der sie mit 69,2% beteiligt ist (u.a. 23,7% bei der Crédit Industriel d'Alsace et de Lorraine, Strasbourg), sowie die Handelsbank in Lübeck AG (Bilanzsumme 1,8 Mrd. DM), an der sie mit 58% beteiligt ist, dar. Bei der Dresdner Bank handelt es sich um ihre ebenfalls hundertprozentige Berliner Tochter, die Bank für Handel und Industrie AG, (Bilanzsumme 8 Mrd. DM), und bei der Commerzbank um die Berliner Commerzbank AG (Bilanzsumme 3,7 Mrd. DM) und die Commerz-Credit-Bank Aktiengesellschaft Europartner, Saarbrücken (Bilanzsumme 1 Mrd. DM), an denen sie zu 100% bzw. zu 60% beteiligt ist. Werden Beteiligungen an bestehenden, universal ausgerichteten Kreditbanken — vor allem Regional- und Lokalbanken — von den Großbanken übernommen, so erfolgt dies heute ebenso wie früher häufig aus Kostenüberlegungen heraus, wobei sie als Alternative zum Ausbau des eigenen Bankstellennetzes angesehen werden. Auf diese Weise verschafft sich die sich beteiligende Großbank nicht nur relativ schnell ein über eine Anzahl von zusätzlichen Zweigstellen betriebenes Geschäft, sondern partizipiert auch an einem bereits vorhandenen Kundenstamm sowie ausgebildetem Bankpersonal bei der kleineren Bank. Für eine besonders rasche Präsenz in Regionen, in denen die Großbank zuvor nur relativ schwach vertreten war bzw. ist, stellte bzw. stellt diese alternative Wachstumsstrategie somit immer noch ein geeignetes Instrument dar.

Zu der Feststellung, daß die Konzentrationsvorgänge im Bankwesen in der BR Deutschland in den letzten Jahrzehnten bei weitem nicht mehr die Dimensionen der Zeit um die Jahrhundertwende bis zum Ausbruch der Bankkrise angenommen haben, kam auch die Monopolkommission in ihrem Hauptgutachten 1976. So errechnete sie, daß die fünf größten inländischen Banken, wozu die drei Großbanken gehören, ihren Anteil am Geschäftsvolumen der 50 größten Institute in dem Zeitraum von Ende 1961 bis Ende 1973 lediglich um vernachlässigbare 0,13 Prozentpunkte auf 32,31% steigern konnten. Werden die 15 größten Institute zusammengefaßt, so stieg deren Anteil um 4,01 Prozentpunkte auf 65,6%.

Im Gegensatz zu den inländischen Finanzbeteiligungen an und Übernahmen von inländischen Geschäftsbanken mit dem umfassenden Leistungsprogramm der Universalbank haben die Beteiligungen der hier behandelten Banken an inländischen Spezialbanken ihrer Anzahl und dem bilanziellen Nominalwert nach stark an Bedeutung gewonnen. Dabei sind fast sämtliche Geschäftsarten, die irgendwie einen bankwirtschaftlichen Charakter haben, vertreten. Die Vielzahl der unterschiedlichen Spezialunternehmen der finanziellen Sphäre läßt die Bedeutung dieser Beteiligungen als effizientem Instrument der Geschäftspolitik der Großbanken wie auch der anderen Universalbanken erkennen, wobei neben dem Streben nach Rentabilität und Sicherheit insbesondere das Bemühen zum Erschließen zusätzlicher Märkte, der Absicherung gegenüber der Konkurrenz und der gewollte „Warenhauscharakter" der Großbanken als Universalbanken hervorzuheben sind.

Welche Bedeutung den Finanzbeteiligungen auch von der Bankwirtschaft selbst zugemessen wird, läßt sich vielleicht auch aus der speziellen Bilanzposition „Beteiligungen" entnehmen, unter der – zusätzlich gesondert – die an anderen Banken ausgewiesen werden. Unter der Position „Beteiligungen" müssen alle Anteilsrechte an anderen Unternehmen ausgewiesen werden, sofern die Absicht einer Einflußnahme auf die Geschäftspolitik letzterer besteht. Während bei Beteiligungen an Nichtbanken nicht ohne weiteres davon ausgegangen werden kann und sie deshalb vielfach unter der Position „Wertpapiere, soweit sie nicht unter anderen Positionen auszuweisen sind", bilanziert werden, kann bei nennenswerten Anteilsrechten an anderen Banken in der Regel von einer dauernden Beteiligungsabsicht ausgegangen werden; dies wird auch von

Mitgliedern der Geschäftsführung der Banken bestätigt. Danach werden unter der Bilanzposition „Beteiligungen" überwiegend Beteiligungen an Banken ausgewiesen, die die Interessen der eigenen Bank international bzw. national vertreten und/oder das Geschäft der anteilshaltenden Bank materiell ergänzen sollen. Darüber hinaus werden aber auch Beteiligungen an Unternehmen wie z.B. Verwaltungsgesellschaften und sonstigen selbständigen Hilfsbetrieben, die dazu beitragen sollen, die Bank von nichtbanktypischen Verwaltungsaufgaben zu entlasten, unter der Beteiligungsposition zusammengefaßt. Insgesamt betrug der Anteil der Beteiligungen an Banken an allen ausgewiesenen Beteiligungen Ende 1981 bei der Deutschen Bank 85,4%, der Dresdner Bank 89,4% und der Commerzbank 64,9%.

Ein Vergleich der Universalbankengruppen in der BR Deutschland zeigt, daß der Anteil der Bilanzposition „Beteiligungen" an ihrem gesamten Geschäftsvolumen bei den Großbanken nach einem beinahe ständigen Wachstum seit 1950 Ende 1981 bei 2,8% lag (alle Kreditbanken 1,9%), während die öffentlich-rechtlichen Geschäftsbanken einen Beteiligungsanteil von 0,6% und der genossenschaftliche Kreditsektor von 0,7% bei einem Gesamtdurchschnitt im Bankengewerbe von 0,8% aufwiesen. Insgesamt vereinigten die Großbanken über 31,5% aller ausgewiesenen Beteiligungen auf sich und alle Kreditbanken zusammen 54%, wogegen Ende 1981 die öffentlich-rechtlichen Sparkassen und Girozentralen lediglich 27% und die genossenschaftlichen Institute sogar nur einen Anteil von 14,3% bilanzierten.

Die geschäftspolitische Bedeutung der Finanzbeteiligungen für die Großbanken ergibt sich letztlich daraus – wie oben bereits angeklungen –, daß sie dazu bestimmt sind, in indirekter Form das Leistungsprogrammangebot der einzelnen Großbank in quantitativer, heute vor allem aber auch qualitativer Weise zu variieren, zu erweitern und/oder zu vertiefen (Leistungsprogrammerweiterung, -vertiefung) (LV 15). Dabei kann davon ausgegangen werden, daß die einzelne Großbank ihr Leistungsprogramm insbesondere dann über den Erwerb von Beteiligungen sowie die Gründung von Tochtergesellschaften um zusätzliche Finanzleistungen erweitert, wenn es aufgrund ihres geschäftspolitischen Konzepts geeignet oder sogar notwendig erscheint, sie ins eigene Leistungsprogramm aufzunehmen, jedoch zugleich Gründe bestehen, die der Aufnahme der betreffenden Dienstleistung ins eigene „Hausangebot" entgegenstehen. Als Beispiele seien hier das Hypothekarkredit- und das Investmentgeschäft angeführt, die aufgrund gesetzlicher Bestimmungen ausschließlich von eigens dafür errichteten Kreditinstituten (Ausnahmeregelung hinsichtlich des Hypothekarkreditgeschäfts für drei Banken) betrieben werden dürfen. So darf das spezifisch doppelseitige Geschäft, nämlich die Gewährung von Hypothekarkrediten und Kommunaldarlehen bei gleichzeitiger Refinanzierung durch die Emission von Pfandbriefen und Kommunalobligationen, nur von den darauf spezialisierten Realkreditinstituten, den privatrechtlichen Hypothekenbanken sowie den öffentlich-rechtlichen Grundkreditanstalten, betrieben werden. Der Erwerb von Beteiligungen an Hypothekenbanken lag somit für die Großbanken nahe, weil letztere ihren Kunden dadurch auch alle Formen des Realkredits anbieten können und dadurch vermeiden, daß sie Kunden an Banken verlieren, die diesen Weg bereits gegangen sind. Durch das an Bedeutung gewonnene Kommunalkreditgeschäft der Realkreditinstitute haben die Großbanken über ihre angegliederten Spezialbanken darüber hinaus auch in diesem Geschäftszweig Fuß fassen können. Vorteilhaft für die Hypothekenbanken ist demgegenüber die Tatsache, daß sie bei ihrer Mittelbeschaffung auf die hohe Plazierungskraft der Großbanken aufgrund deren weiten Filialnetze sowie deren auf die Effektenemission ohnehin besonders ausgerichteten technisch-organisatorischen Bereiche zurückgreifen können. Die früher relativ zersplitterten und überwiegend minderheitlich geführten Beteiligungen der einzelnen Großbanken an Hypothekenbanken wurden durch eine „Flurbereinigung" Anfang der siebziger Jahre untereinander in der Weise durch Abgabe und Aufnahme von Beteiligungsinteressen arrondiert, daß jede der Großbanken heute überwiegend Mehrheitsbeteiligungen an einigen wenigen Hypothekenbanken aufweist (s. Anhang).

Eine ähnliche Situation liegt hinsichtlich des Investmentgeschäfts vor. Auch diese Leistungsart darf nach dem Gesetz nur von darauf spezialisierten, nach dem Kreditwesengesetz als Kreditinstitute geltenden Kapitalanlagegesellschaften erbracht werden. Die Beteiligung an diesen Instituten ermöglicht es jedoch den Großbanken, diese im Verlaufe der Jahrzehnte nach dem Ende des zweiten Weltkriegs immer mehr an Bedeutung gewonnene Form der Kapitalanlage in ihr Leistungsprogramm einzubeziehen.

In den Fällen, in denen die Großbanken bestimmte Bankleistungen über Tochterinstitute anbieten lassen, obwohl sie sie ins eigene Leistungsprogramm aufnehmen könnten, liegen häufig neben risiko-, aufsichtspolitischen und steuerlichen Gründen vor allem Kostenüberlegungen einer entsprechenden Entscheidung zugrunde. So bieten z.B. die Großbanken wie auch die anderen Universalbankengruppen die speziellen Finanzierungsformen des Leasing und des Factoring generell über eigens dafür gegründete Tochterinstitute oder Institute, an denen sie Beteiligungen erworben haben, an. Wollten die Großbanken diese Finanzleistungen in ihr „hauseigenes" Leistungsprogrammangebot aufnehmen, so wäre eine nicht unerhebliche Erweiterung neben den technischen vor allem der personellen Kapazität mit entsprechendem Know-how erforderlich. Dieser stände aber andererseits möglicherweise ein zu geringer Kreis an Nachfragern gegenüber, so daß das Anbieten solcher Finanzierungsleistungen in sämtlichen Zweigstellen einer Großbank unverhältnismäßig hohe Kosten mit sich bringen würde. Ein Spezialinstitut wie z.B. eine Leasing- oder Factoring-Unternehmung kann seine Leistungen hingegen aufgrund der bei ihm konzentrierten qualifizierten Mitarbeiter und der notwendigen technischen Ausstattung in der Regel kostengünstiger anbieten und somit eher rentabel arbeiten.

Ein weiterer Grund für die Vorgehensweise der Großbanken, bestimmte Finanzleistungen lediglich über Beteiligungs- oder Tochterinstitute den eigenen Kunden anzubieten und somit „offiziell" nur als Vermittler aufzutreten, konnte in der Vergangenheit auch darin gesehen werden, daß das Offerieren dieser Dienstleistungen durch das eigene Institut als mit dem Standing einer Großbank nicht vereinbar angesehen wurde. Früher war das Teilzahlungsgeschäft ein Beispiel hierfür; heute ist hingegen das organisierte Ratenkreditgeschäft Bestandteil des Leistungsprogramms einer jeden Großbank, wobei gerade diese Institute den auf diesen Geschäftsbereich spezialisierten Teilzahlungsbanken starke Konkurrenz machen und ihnen Marktanteile weggenommen haben.

Eine Reihe von Beteiligungen an Finanzinstitutionen ist schließlich dadurch zustande gekommen, daß die Erfüllung und das Anbieten bestimmter Funktionen und Leistungen aus Zweckmäßigkeitsgründen und/oder Rationalisierungsgründen beteiligungsmäßige Kooperationen mit anderen Banken erfordern. In der Regel sind auf diese Weise Gemeinschaftsinstitute der deutschen Bankwirtschaft oder von Teilen davon entstanden, an denen neben den Großbanken auch andere Institutsgruppen beteiligt sind und denen in erster Linie an den von dem Institut erbrachten und oft dem gesamten Bankgewerbe zugute kommenden Leistungen gelegen ist. Vor allem wegen des zuletzt genannten Umstands tritt vielfach das Gewinnstreben gegenüber den dem Institut übertragenen Sachaufgaben in den Hintergrund. Typische Beispiele hierfür sind die Beteiligungen der Großbanken an der AKA Ausfuhrkredit-Gesellschaft mbH in Frankfurt a.M. (Ende 1981 Deutsche Bank 26,2%; Dresdner Bank 17,2%; Commerzbank 12,7%), der Gesellschaft zur Finanzierung von Industrieanlagen mbH in Frankfurt a.M. (26,4%; 17,2%; 12,7%), der Privatdiskont-Aktiengesellschaft in Frankfurt a.M. (14,2%; 11,4%; 9%) und der Liquiditäts-Konsortialbank GmbH in Frankfurt a.M. (6,1%; 5,2%; 3,7%).

Die Politik der Großbanken, über Beteiligungen an anderen Finanzinstituten zu wachsen bzw. ihr Leistungsprogrammangebot zu erweitern, hat − zumindest was die Beteiligung an Spezialinstituten betrifft − wenig an Bedeutung verloren. Anders verhält es sich demgegenüber mit der Alternative der Fusion.

Während in der Vergangenheit Beteiligungen im Finanzbereich vielfach als Vorstufe späterer Fusionen gedient hatten, sind die Wachstumsbestrebungen in der jüngeren Großbankengeschichte nur selten mittels dieser Alternative realisiert worden. Abgesehen von den unter spezifischen Aspekten zu betrachtenden Rekonzentrationen im Großbankenbereich der Jahre 1952 und 1957/58 (s. S. 71, 78) hat dieses Instrument für das Wachstum der hier zu behandelnden Banken keinen wesentlichen Beitrag geleistet. Bemerkenswert ist jedoch in diesem Zusammenhang, daß seit dem Inkrafttreten der Fusionskontrolle 1973 durch das Bundeskartellamt Unternehmenszusammenschlüsse im Bankenbereich, wobei es sich vor allem um die Anlehnung kleiner und mittlerer Banken an größere Banken handelte, in keinem Fall untersagt worden sind.

Lediglich die Dresdner Bank scheint im Rahmen ihrer in der jüngeren Vergangenheit verfolgten Politik der Straffung ihres Konzerns das Instrument der Fusion zumindest unter ihren Beteiligungsgesellschaften wieder einsetzen zu wollen. So hat sie das Bankhaus Hardy & Co. GmbH, Berlin – Frankfurt a.M., an dem sie Ende 1980 mit 99,5% beteiligt war und das auf ihr Betreiben hin bereits 1975 mit der während der Herstatt-Krise in Schwierigkeiten geratenen Sloman Bank KG, Hamburg, kapitalmäßig verknüpft und dann fusioniert worden war, Anfang 1981 mit der Deutschen Länderbank AG, Frankfurt a.M. – Berlin, einer hundertprozentigen Tochter, fusioniert.

3.5.3.1.3. Exkurs: Nichtbankenbeteiligungen
           der Großbanken

Neben den umfangreichen Beteiligungsportefeuilles, die sich aus qualifizierten Anteilen an anderen Banken und sonstigen Finanzinstituten zusammensetzen, halten die Großbanken überdies in nennenswertem Ausmaß Grund- und Stammkapitalanteile an Nichtbankenunternehmen aus Industrie und Handel. Weil sie von jeher aufgrund ihrer engen Beziehungen zu diesen Unternehmen den relativ und absolut größten Anteil aller Beteiligungen der Bankwirtschaft an Nichtbanken besaßen und auch noch heute beträchtliche Machtpotentiale aufgrund des Besitzes von Anteilen an diesen Unternehmen bei ihnen vermutet werden, richtet sich der des öfteren gemachte Vorwurf der Machtausübung („Macht der Banken") deshalb in erster Linie an die Adresse der Großbanken (LV 19, 21, 23). Es kann allerdings sicherlich nicht davon ausgegangen werden, daß der Erwerb und Besitz von qualifizierten Anteilsprozentsätzen am Kapital von Nichtbankenunternehmen eine wesentliche Komponente innerhalb des bankbetrieblichen Zielsystems einnehmen würde und die Banken – und hier vor allem die Großbanken – nun ständig bestrebt wären, weitere Anteilspakete „zusammenzukaufen": Zum einen existieren am Markt so viele Beteiligungen gar nicht – zumindest nicht solche, die eine Bank bei risikobewußter Geschäftspolitik akzeptieren könnte –; zum anderen sind verstärkte Bemühungen der Großbanken, ihren Beteiligungsbesitz zu vergrößern, kaum festzustellen. Vielmehr sind teilweise sogar Verringerungen oder ein lediglich „Durchhandeln" von „Paketen", die eine gewisse Zeit bei den Banken verbleiben, zu konstatieren.

Bei den Beteiligungen der Großbanken an Industrie- und Handelsunternehmen bilden die Zusammenfassung von Effekten- und Kreditgeschäft in der Universalbank sowie die große Bedeutung, die diese Bankengruppe beim Industrialisierungsprozeß gespielt hat (Gründungs- und Emissionsgeschäft), die institutionellen und historischen Ursprünge der Existenz vieler dieser Beteiligungen. Aus der bedeutenden Rolle vor allem der Großbanken als Mittler zum Kapitalmarkt resultierten jene engen Verbindungen zwischen ihnen und der Industrie, die schon um die Jahrhundertwende Kritik hervorgerufen hatten (LV 4, 34, 107, 119, 121).

Die Ursachen für die Existenz solcher Beteiligungen von Großbanken an Nichtbankenunternehmen konnten und können auch heute noch zum einen nach den Kriterien „unfreiwillig" bzw. „ungeplant" und zum anderen nach „freiwillig" bzw. „geplant" unterschieden werden (LV 15, 23, 43). Ungeplante Beteiligungen entstehen vor allem aus dem Kreditgeschäft der Großbanken und sind zumeist eine schwer vermeidbare Konsequenz der geschäftspolitischen Risikoübernahme durch die Bank. So sind die heutigen Großbanken in den Jahren der Weltwirtschaftskrise durch die Umwandlung notleidend gewordener Kredite an eine Anzahl ihrer noch heute sich in ihrem Besitz befindlichen Beteiligungen gekommen. Daß sie Beteiligungen aus dieser Zeit auch heute noch besitzen, kann u.a. damit begründet werden, daß die Dauer der Kapitalbindung durch unfreiwillige Beteiligungen auch von der Chance einer möglichen verlustfreien Veräußerung abhängt. Bei diesen war dies jedoch vielfach in den ersten Jahren nicht möglich, weil es sich in der Regel um Unternehmen handelte, die in große, ihre Existenz bedrohende wirtschaftliche Schwierigkeiten geraten waren und sich erst allmählich wieder hiervon erholten; m.a.W. handelte es sich somit normalerweise um eine nicht kurzfristig zu erreichende Wiederherstellung der Bonität einer Aktivposition. Wird eine Wiederveräußerung angestrebt und schließlich auch durchgeführt, so ist die vorübergehende

Beteiligung als eine temporäre Sondermaßnahme bankbetrieblicher Sicherheitspolitik zu bezeichnen. Daß die Großbanken noch ehemals „ungeplante" Beteiligungen gewollt oder ungewollt in ihren Portefeuilles halten, kann aber auch damit erklärt werden, daß gerade eine Veräußerung jener Aktien, die vielleicht erst nach Jahren durch eine wiedererlangte Ertragsfähigkeit der betreffenden Unternehmung an Wert gewonnen haben, auf Schwierigkeiten stößt oder aber aus Gründen unterlassen wird, die für geplante Beteiligungen bestimmend sind. Weitere Ursachen ungeplanter Beteiligungen mögen in Einzelfällen sog. mißglückte Aktienemissionen im Rahmen des Fremdemissionsgeschäfts sowie eine Folge von Kurspflegemaßnahmen sein.

Werden Beteiligungen an Nichtbanken freiwillig gehalten oder neu hinzu erworben, so bestehen hierfür vielfach geschäftspolitische Gründe. Rentabilitätsüberlegungen auf Seiten der Großbank können dazu führen, daß eine zunächst unfreiwillige Beteiligung behalten und somit zu einer geplanten wird, weil die Bank von der Liquidisierung und Wiederanlage der Mittel zugunsten einer attraktiven Rentabilität, die die Unternehmung in der Zwischenzeit realisiert, absieht. So wird auch in den Nichtbankenbeteiligungen von den Großbanken generell eine vorübergehende, wenn nicht sogar eine dauerhafte Anlagemöglichkeit für liquide Mittel gesehen, denen dabei überdies eine (unternehmens- und ertrags-)stabilisierende Funktion durch die Möglichkeit eines „Ertragsausgleichs" zugesprochen wird (LV 17, 20): Gehen die Erträge z.B. aus dem Kreditgeschäft zurück, können solche aus den Beteiligungen die Gesamtunternehmensrentabilität der Bank stützen helfen. Die Auffassung, daß ein Ertragsausgleich über Beteiligungen nicht zu erwarten sei, weil die Ertragsentwicklung bei den verschiedenen Unternehmen eher prozyklisch erfolge, ist für den Fall einer alle Wirtschaftszweige gleichermaßen treffenden Verschlechterung der wirtschaftlichen Situation wohl richtig; für den realitätsnäheren Fall jedoch, in dem weniger eine Stagnation der gesamten Volkswirtschaft als vielmehr eine differenzierte Entwicklung einzelner Branchen zu konstatieren ist, könnte ein entsprechend breit gestreutes Beteiligungsportefeuille, wie es die Großbanken besitzen, die Ertragssituation (und damit auch die Dividenden) stabilisieren helfen. Aufgrund dessen ist ein Beteiligungsbesitz möglicherweise geeignet, in gewissem Umfange bankpolitische Entscheidungen risiko- und liquiditätspolitisch zu fundieren und das Wachstum auch der Großbanken zieladäquat abzusichern.

Im Vergleich zur rentabilitätspolitischen ist die sicherheits- und liquiditätspolitische Beurteilung von Nichtbankenbeteiligungen für die Großbanken schwieriger. Zwar stellt der Bilanzwert der Anteile an Nichtbankunternehmen bei den betreffenden Bilanzpositionen einen Schwerpunkt dar, doch beinhalten auf der anderen Seite diese Positionen so umfangreiche stille Rücklagen, daß auch erhebliche Kursschwankungen oder Veräußerungen unter Kurswert ohne Buchverluste getragen werden könnten. Das Auftreten überraschender Krisen in einzelnen Branchen könnte allerdings die Liquidisierbarkeit, d.h. die Aufnahmebereitschaft des Marktes für die jeweiligen Aktienpakete, beeinträchtigen, stärker in jedem Fall, als dies bei einem ausgewogenen, gestreuten Wertpapierportefeuille der Fall wäre. Trotz dieser möglichen Gefahr kann aber dennoch davon ausgegangen werden, daß die Anteilsbesitze an Nichtbankenunternehmen zugleich ein gewisses Sicherheitspolster auch für die Großbanken darstellen, wie es sich z.B. 1980 bei der Dresdner Bank und der Commerzbank manifestierte, als diese Institute Aktienpakete verkauften, um trotz einer schwierigen Geschäfts- und Ertragsentwicklung noch eine (wenngleich gegenüber dem Vorjahr stark verringerte) Dividende zahlen bzw. noch eine ausgeglichene Ertragslage vorweisen zu können.

Neben der Tatsache, daß die gewollten bzw. geplanten Beteiligungen an Nichtbankenunternehmen, die sich über fast alle Branchen erstrecken, auch für die Großbanken überwiegend Instrumente zur Realisierung geschäftspolitischer Zielsetzungen darstellen, beruht die Entscheidung zur Übernahme eines solchen Wertpapierpaketes aber zuweilen auch auf Motiven, bei denen nicht nur die Ziele Rentabilität, Sicherheit und Wachstum der einzelnen Bank im Vordergrund stehen. Vielmehr gehen die Initiativen hierzu manchmal auch von den jeweiligen Unternehmen aus der Industrie und dem Handel als wichtigen Kunden der Großbanken aus, weil dies in ihre unternehmerische Konzeption paßt: wie z.B. bei der Vorbereitung einer Fusion, der Abwendung einer drohenden und nicht

gewünschten Überfremdung, zur Stärkung der Eigenkapitalbasis vormals mittelständischer oder familienbezogener Unternehmen, zur Stabilisierung von Besitzverhältnissen u.a.m.
Angesichts der vielfältigen Gründe für die Beteiligung von Banken an Nichtbankenunternehmen ist es nicht verwunderlich, daß die Gefahr einer möglichen Ausnutzung dieser Situation, m.a.W. die Gefahr der Einflußnahme auf die jeweilige Unternehmungsführung vor allem seitens der Großbanken, schon frühzeitig kritisch diskutiert wurde. Hierzu muß allerdings gesagt werden, daß das tatsächliche Ausmaß der Machtausübung durch die Banken in hohem Maße von den jeweiligen wirtschaftlichen Gegebenheiten abhängig und zu erklären ist. Was sich beispielsweise vor allem für die Großbanken in den Jahren der Gründerzeit geradezu als notwendig erweisen konnte, nämlich Einfluß auf die neu entstehenden Unternehmen aus Industrie und Handel zu nehmen, mußte oder konnte dann problematisch werden, als die Wirtschaft aus eigener Kraft Kapital in höherem Umfange selber bilden konnte. Die Einordnung aber gerade dieses Phänomens: daß die Industrie „selbständiger" wurde und ihre Finanzautonomie durch „cash management" und Erschließung zusätzlicher Liquiditätsquellen stärken konnte, sowie die heute feststellbaren Marktpositionen der Unternehmen lassen die theoretisch begründbare und aus der Historie ableitbare „Macht der Großbanken" in einem anderen Licht erscheinen. Letztlich kann davon ausgegangen werden, daß die Großbanken durch das Halten von Nichtbankenbeteiligungen wohl kaum mehr einen marktbeherrschenden Einfluß auf bestimmte Wirtschaftszweige ausüben wollen, sondern vielmehr über sie − zumindest in den letzten Jahrzehnten − zur Wahrnehmung eigener wirtschaftlicher Interessen wertbeständige Daueranlagen − Investments − und Ansatzpunkte zur Anknüpfung von Wirtschafts- und Geschäftsbeziehungen zu gewinnen suchen.
Da die Großbanken trotz eines zuweilen nicht unerheblichen Anteilsbesitzes eine Einflußnahme und somit Beteiligungsabsicht an Nichtbankenunternehmen überwiegend verneinen, sofern es sich nicht um Beteiligungen z.B. an (Beteiligungs-)Verwaltungsgesellschaften handelt, die als selbständige Hilfsbetriebe die Bank von nicht banktypischen Aufgaben entlasten, werden diese Wertpapiere nicht unter der Bilanzposition

„Beteiligungen" erfaßt (vgl. S. 158): Anteile an Unternehmen, bei denen keine Beteiligungsabsicht besteht, werden vielmehr unter den Positionen „Wertpapiere, soweit sie nicht unter anderen Posten auszuweisen sind" und unter „Sonstige Vermögensgegenstände" bilanziert. Besonders informativ hinsichtlich des Anteilsbesitzes der Großbanken an Nichtbankenunternehmen ist hierbei vor allem die erstere Bilanzposition, weil aus ihr direkt und/oder indirekt über die Erläuterungen zur Bilanz im Geschäftsbericht zusätzliche Einzelheiten über die Aufgliederung des Wertpapierbesitzes an anderen Unternehmen entnommen werden können. So entfielen 1981 bei der Deutschen Bank auf die Position „Wertpapiere, soweit sie nicht unter anderen Posten auszuweisen sind" 2249 Mio. DM, wobei der Bilanzwert von Anteilen am Grund- bzw. Stammkapital von Gesellschaften von mehr als 10% allein 1259 Mio. DM bzw. 56% betrug (auf Anteile von Gesellschaften von mindestens 25% entfielen dabei 1221 Mio. DM). Bei der Dresdner Bank, deren Wertpapierposition ein Volumen von insgesamt 1434 Mio. DM aufwies, betrug der Anteil der Wertpapiere, die jeweils mehr als 10% des Kapitals einer Kapitalgesellschaft oder bergrechtlichen Gewerkschaft darstellten, 69,3% (994 Mio. DM), bei der Commerzbank sogar über 75% der Gesamtposition von 668 Mio. DM, d.h. 501 Mio. DM.

Bei allen drei Großbanken kann angesichts des Umfangs der Wertpapierpositionen, die Ende 1981 jeweils einen Anteil an der Bilanzsumme des einzelnen Instituts von 1% bis 2% einnahmen, wohl kaum von einem maßgeblichen Einfluß auf die deutsche Wirtschaft schlechthin gesprochen werden. Dies wird noch deutlicher bei einem Blick auf die Unternehmen aus Industrie und Handel, die sich zu mindestens 25% im Besitz der Großbanken befinden – sie sind somit nach § 20 AktG meldepflichtig und werden im Geschäftsbericht aufgeführt – oder von denen mittelbar, z.B. über „Vorschaltgesellschaften", beträchtliche Anteilsbestände gehalten werden. So ist zum einen zu erkennen, daß die Engagements breit über die verschiedenen Wirtschaftszweige gestreut sind, so daß die einzelne Großbank von daher keine wesentlichen Einflußmöglichkeiten auf „die" Wirtschaft besitzt. Zum anderen handelt es sich lediglich um wenige Aktienpakete von nennenswerten Größenordnungen. Ende 1981 besaß die Deutsche Bank lediglich acht

Tabelle 9: *(Wesentliche) Beteiligungen der Großbanken an Nichtbankenunternehmen (1981)*

---

(1) Deutsche Bank AG:

- Bergmann-Elektricitäts-Werke AG, Berlin
- Daimler-Benz AG, Stuttgart
- Deutsche Dampfschifffahrts-Gesellschaft „Hansa" AG i.L., Bremen
- Hapag-Lloyd AG, Hamburg
- Philipp Holzmann AG, Frankfurt a.M.
- Karstadt AG, Essen
- Pittler Maschinenfabrik AG, Langen
- Süddeutsche Zucker-AG, Mannheim

Zusätzlich werden über acht Vorschaltgesellschaften, an denen die Deutsche Bank AG Anteile zwischen 25% und 75% hält, Schachtelbeteiligungen gehalten an:
- Didier-Werke AG, Wiesbaden
- Horten AG, Düsseldorf-Niederkassel
- Hutschenreuther AG, Selb
- Leonische Drahtwerke AG, Nürnberg
- Metallgesellschaft AG, Frankfurt a.M.
- Nürnberger Lebensversicherung AG, Nürnberg
- Olympia Werke AG, Wilhelmshaven
- Vereinigte Elektrizitätswerke Westfalen AG, Dortmund

---

(2) Dresdner Bank AG:

- Bilfinger + Berger Bauaktiengesellschaft, Mannheim
- Dortmunder Union-Schultheiss Brauerei AG, Berlin und Dortmund
- Flender Werft AG, Lübeck
- Gold-Pfeil Ludwig Krumm AG, Offenbach
- Hapag-Lloyd AG, Bremen und Hamburg

- Heidelberger Zement AG, Heidelberg
- Isola Werke AG, Düren
- Kempinski AG, Berlin
- Metallgesellschaft AG, Frankfurt a. M.
- Pittler Maschinenfabrik AG, Langen
- Vereinigte Kammgarn-Spinnereien AG, Bremen
- Vereinigte Schmirgel- und Maschinen-Fabriken AG, Hannover
- Wayss & Freytag AG, Frankfurt a. M.
- Westfälische Zellstoff AG, Wildshausen

Ende 1981 ist der Bestand an Aktien der Bilfinger + Berger Bauaktiengesellschaft und der Isola Werke AG mit Wirkung zum 1. 1. 1982 verkauft worden.

(3) Commerzbank AG:

- Hannoversche Papierfabriken Alfeld-Gronau AG, Alfeld
- Karstadt Aktiengesellschaft, Essen
- Kempinski Aktiengesellschaft, Berlin
- Sachs Aktiengesellschaft, München

Zusätzlich werden über vorgeschaltete Gesellschaften, an denen die Commerzbank AG Anteile zwischen 25% und 40% hält, Schachtelbeteiligungen gehalten an:
- Bavaria Filmkunst GmbH, München
- Didier-Werke AG, Wiesbaden
- Gutehoffnungshütte Aktienverein AG, Nürnberg-Oberhausen
- Heidelberger Druckmaschinen AG, Heidelberg
- Hochtief AG vorm. Gebr. Helfmann, Essen
- Horten AG, Düsseldorf-Niederkassel
- Hutschenreuther AG, Selb
- Mercedes-Automobil-Holding Aktiengesellschaft, Frankfurt a. M.

meldepflichtige Anteile an Kapitalgesellschaften und bergrechtlichen Gewerkschaften und war zudem über „Vorschaltgesellschaften", von denen ihr allerdings keine zu 100% gehörte, die Aktienpakete von 25% und mehr von anderen Unternehmen aus der Industrie und dem Handel hielten, an weiteren acht Unternehmen mittelbar beteiligt. Während bei der Commerzbank es sich nur um vier direkte Engagements an Nichtbankenunternehmen sowie weitere acht über „Vorschaltgesellschaften" handelte, hielt die Dresdner Bank laut Geschäftsbericht insgesamt 14 meldepflichtige Anteile an Unternehmen des Nichtbankensektors (Tab. 9). – Im übrigen sei auf die Tabelle im Anhang verwiesen.

3.5.3.2. Die Großbankenkonzerne

Das Aktiengesetz von 1965 enthält erstmals Vorschriften über die Rechnungslegung eines Konzerns, die auch für die Banken relevant sind. Danach ist ein Konzernabschluß (Konzernbilanz und Konzernerfolgsrechnung) dann aufzustellen, wenn entweder eine Aktienbank den Konzern leitet, eine Bank in der Rechtsform einer GmbH ihn leitet und gleichzeitig eine Aktiengesellschaft oder eine KGaA zum Konzern gehört oder wenn eine Bank in einer anderen Rechtsform ihn leitet, die aufgrund ihrer Größe publizitätspflichtig ist (§ 329 I AktG, § 28 I EGAktG und § 11 PublG). Entscheidend für den Konzernbegriff ist dabei auch im Bereich der Bankwirtschaft, daß – wirtschaftlich gesehen – eine herrschende Unternehmung mit einem oder mehreren abhängigen Unternehmen unter einheitlicher Leitung der herrschenden Unternehmung zusammengefaßt ist.

Als Grund für die Verpflichtung zur Erstellung einer Konzernbilanz wird vor allem angeführt, daß die Einzelbilanz bei größeren Instituten wie den Großbanken lediglich ein unzureichendes Bild von deren wirtschaftlichem Potential vermittle. Es besteht an Konzernabschlüssen von Banken auch deshalb besonderes Interesse, um die kapitalmäßigen Verflechtungen insbesondere innerhalb des Bankensektors offenzulegen. Besonders die Großbanken sind dabei in einem beträchtlichen Umfang an anderen Instituten aus der finanziellen Sphäre –

Tabelle 10: *Die Großbanken-Konzerne (1981)*

(1) Konsolidierte Unternehmen bei der Deutsche Bank AG	Anteils-prozentsatz
– DB Finance (Hong Kong) Ltd., Hongkong	99,9%
– DB U.K. Finance Ltd., London	99,9%
– Deutsche Bank AG, Frankfurt a.M.	
– Deutsche Bank (Asia Credit) Ltd., Singapur	100 %
– Deutsche Bank Berlin AG, Berlin	100 %
– Deutsche Bank (Canada), Toronto	100 %
– Deutsche Bank Compagnie Financière Luxembourg S.A., Luxemburg	99,9%
– Deutsche Bank Finance N.V., Curaçao	100 %
– Deutsche Bank Saar AG, Saarbrücken	69,2%
– Deutsche Bank (Suisse) S.A., Genf	99,9%
– Deutsche Centralbodenkredit-AG, Berlin – Köln	84,1%
– Deutsche Gesellschaft für Fondsverwaltung mbH, Frankfurt a.M.	100 %
– Deutsche Gesellschaft für Immobilien-Leasing mbH, Köln	95 %
– Deutsche Kreditbank für Baufinanzierung AG, Köln	100 %
– DWS Deutsche Gesellschaft für Wertpapiersparen mbH, Frankfurt a.M.	50,7%
– Efgee Gesellschaft für Einkaufs-Finanzierung mbH, Düsseldorf	100 %
– Elektro-Export-Gesellschaft mbH, Nürnberg	100 %
– Frankfurter Hypothekenbank AG, Frankfurt a.M.	90,1%
– Gefa Gesellschaft für Absatzfinanzierung mbH, Wuppertal	100 %
– Gefa-Leasing GmbH, Wuppertal	100 %
– Handelsbank in Lübeck AG, Lübeck	58 %
– Hessische Immobilien-Verwaltungs-Gesellschaft mbH, Frankfurt a.M.	100 %
– Lübecker Hypothekenbank AG, Lübeck	75 %
– Matura Vermögensverwaltung mbH, Düsseldorf	100 %
– Süddeutsche Vermögensverwaltung GmbH, Frankfurt a.M.	100 %
– Trinitas Vermögensverwaltung GmbH, Frankfurt a.M.	100 %

(2) Konsolidierte Unternehmen bei der Dresdner Bank AG	Anteils-prozentsatz
– AGV Altstadt Grundstücks- und Verwaltungsgesellschaft mbH & Co. KG, Frankfurt a.M.	100 %
– Bank für Handel und Industrie AG, Berlin	100 %
– Bankhaus Reuschel & Co., München	über 50 %
– Deutsche Hypothekenbank Frankfurt – Bremen AG, Bremen	83,9%
– Deutsche Länderbank AG, Frankfurt a.M. – Berlin	100 %
– Deutsch-Südamerikanische Bank AG, Hamburg	100 %
– Disko Auto-Leasing GmbH, Düsseldorf	100 %
– Disko Leasing GmbH, Düsseldorf	100 %
– Diskont und Kredit AG, Düsseldorf	100 %
– Dresdner Bank AG, Frankfurt a.M.	
– GBG Gallus Bau-Gesellschaft mbH & Co. KG, Frankfurt a.M.	100 %
– Grundbesitz-Verwaltungs-Gesellschaft mbH, Berlin	100 %
– Grundstücksgesellschaft Wiesbaden E. Klockmann & Co., Frankfurt a.M.	100 %
– HBG Hansa-Bau-Gesellschaft mbH & Co. KG, Dortmund	100 %
– Hypothekenbank in Hamburg AG, Hamburg	82,4%
– Norddeutsche Hypotheken- und Wechselbank AG, Hamburg	57,8%

– Otto Scheurmann Bank-Kommanditgesellschaft, Berlin	100 %
– Pfälzische Hypothekenbank AG, Ludwigshafen a. Rh.	84,1%
– Süddeutsche Industrie-Beteiligungs-Gesellschaft mbH, Frankfurt a.M.	100 %
– WKV-Bank GmbH, München	über 50 %

(3) Konsolidierte Unternehmen bei der Commerzbank AG	Anteils-prozentsatz
– Atlas-Vermögensverwaltungs-Gesellschaft mbH, Düsseldorf	100 %
– Außenhandel-Förderungsgesellschaft mbH, Düsseldorf	100 %
– Berliner Commerzbank AG, Berlin	100 %
– Commercium Vermögensverwaltung-GmbH, Hamburg	100 %
– Commerzbank AG, Frankfurt a.M.	
– Commerzbank Fonds-Verwaltungsgesellschaft mbH (Cofo), Düsseldorf	100 %
– Commerzbank International S.A., Luxemburg	100 %
– Commerzbank (South East Asia) Ltd., Singapur	100 %
– Commerz- und Industrie-Leasing GmbH, Frankfurt a.M.	100 %
– GERAP Grundbesitz- und Verwaltungsgesellschaft mbH, Frankfurt a.M.	95 %
– Hamburgische Grundstücks-Gesellschaft m.b.H., Hamburg	100 %
– von der Heydt-Kersten & Söhne, Wuppertal-Elberfeld	100 %
– Ilseder Bank, Sandow & Co., Peine	100 %
– Immobilien- und Wohnungs-Gesellschaft mbH, Hamburg	100 %
– L.I.A. Leasinggesellschaft für Immobilien und Anlagegüter mbH, Frankfurt a.M.	100 %
– Norddeutsche Immobilien- und Verwaltungs-GmbH, Hamburg	100 %
– C. Portmann, Frankfurt a.M.	100 %
– Rheinische Hypothekenbank Aktiengesellschaft, Frankfurt a.M.	89,2%

wie z.B. Hypotheken- und Teilzahlungsbanken sowie an Banken im Ausland – beteiligt (S. 159 ff., 207 ff.).

Anders als beim Jahresabschluß des Einzelinstituts existieren für den Konzernabschluß keine bankspezifischen Vorschriften hinsichtlich der Konsolidierungstechnik, wohl jedoch bei der Abgrenzung des Konsolidierungskreises: Hierbei wird der Kreis der in den Konzernabschluß zwingend einzubeziehenden Unternehmen bei den Banken offensichtlich enger als in anderen Wirtschaftsbereichen gezogen. So scheidet allein schon der größte Teil selbst mehrheitlicher Kapitalanteile an Industrie- und Handelsunternehmen sowie an „Vorschaltgesellschaften" (S. 167), die ihrerseits branchenfremde Beteiligungen halten, dann aus, wenn die jeweilige Großbank trotz eines durchaus prozentual nicht unbedeutenden Anteilsbesitzes eine Einflußabsicht verneint. Der Anteilsbesitz wird dann jeweils im Falle von Aktien unter der Bilanzposition „Wertpapiere, soweit sie nicht unter anderen Posten auszuweisen sind" bzw. im Falle von Anteilen an Unternehmen in anderen Rechtsformen unter „Sonstige Vermögensgegenstände" zusammengefaßt. Wird die Beteiligungsabsicht nicht bestritten, so brauchen Unternehmen, an deren Kapital die Bank einen nennenswerten Anteil besitzt, dennoch von den Banken nicht mit einbezogen werden, wenn bestimmte Kriterien erfüllt sind. Von den Unternehmen, die schließlich von den Großbanken in ihren Konzernabschluß einbezogen werden, besitzen, von der Bilanzsumme her gesehen, lediglich die Realkreditinstitute sowie – sofern sie konsolidiert werden – die Tochterunternehmen in Luxemburg Bedeutung. Im einzelnen wurden 1981 von den drei Großbanken in ihre jeweilige Konzernbilanz die in Tab. 10 aufgeführten Unternehmen einbezogen.

Bei einem Vergleich der Konzernbilanzen der Großbanken fällt – bei aller begrenzten Aussage – auf, daß der Anteil der Muttergesellschaften an den Konzernbilanzsummen ständig zurückgegangen ist: Betrug der Anteil z.B. der Bilanzsumme der Deutschen Bank AG an der Konzernbilanzsumme bei der ersten Veröffentlichung einer Konzernbilanz zum 31.12.1967 noch 92,3%, so entfielen Ende 1981 lediglich noch 59,5% auf die Konzernmuttergesellschaft. Ähnliche Entwicklungen waren auch im Konzern der Dresdner Bank und dem der Commerzbank zu beobachten: Hier fiel der Anteil der herrschenden Gesellschaft von 90,7% bzw. 92,4% auf 60,5% bzw. 63,5%. Bestätigt wird diese Entwicklung durch die höheren Wachstumsraten der Konzernbilanzsummen im Vergleich zu denen der Muttergesellschaften: So wuchs die Bilanzsumme des Deutsche-Bank-Konzerns von 22,1 Mrd. DM Ende 1967 auf 192,4 Mrd. DM Ende 1981 an, die des Dresdner-Bank-Konzern von 17,1 Mrd. DM auf 131,5 Mrd. DM und die des Commerzbank-Konzerns von 14 Mrd. DM auf über 101 Mrd. DM. Dies bedeutet eine Steigerung von etwa 770%, 670% bzw. 620% gegenüber dem Wachstum der Bilanzsummen der Mutterbanken in diesem Zeitraum von „lediglich" 460%, 415% bzw. 400%.

Einen möglichen Grund für diese Entwicklung kann man wohl darin sehen, daß es sich bei den konsolidierten Tochterunternehmen um Spezialbanken handelt, deren Leistungen in der jüngeren Vergangenheit teilweise einen regelrechten Nachfrage „boom" erlebt haben und von der Mutterbank aus akquisitorischen, aber auch aus risikopolitischen und geschäftspolitischen Gründen verstärkt ins Leistungsprogramm aufgenommen wurden bzw. werden mußten, jedoch angeboten von rechtlich selbständigen Tochter- und Beteiligungsunternehmen (S. 159). Dies bedeutete vielfach, daß eine Verlagerung von Geschäft durch Vermittlung von der Mutter auf die Tochter vorgenommen wurde. Andererseits haben z.B. die Leasing-Gesellschaften, die überwiegend Töchter von großen Universalbanken bzw. -gruppen − und so auch der Großbanken − sind und auch in die Konzernbilanzen mit aufgenommen werden, im vergangenen Jahrzehnt eine derart erfolgreiche geschäftliche Entwicklung durchgemacht, daß ein wesentlicher Beitrag am Wachstum der Konzernbilanzsummen auf sie entfällt. Zurückzuführen sind die überdurchschnittlichen Wachstumsraten der Leasing-Gesellschaften dabei sicherlich u.a. auf eine von den Mutterbanken geduldete aggressivere Verkaufspolitik für die Finanzierungsalternative Leasing, aber auch auf die häufig relativ größere geschäftspolitische Selbständigkeit dieser Tochtergesellschaften, die die Motivation ihrer Mitarbeiter erhöht haben mag (LV 18).

Darüber hinaus kann als ein weiterer Grund für das größere Wachstum der Konzernbilanzsummen gegenüber den Bilanzsummen der jeweiligen Mutterbanken die erfolgreiche Tätigkeit und die starke Expansion einiger Auslandstöchter und hier speziell der Luxemburger Tochterbanken der Großbanken in den letzten Jahren angesehen werden.

Bei einem Vergleich der größten Banken der Welt, wobei jeweils die Konzernbilanzen hierfür herangezogen werden, nehmen die deutschen Großbanken stets vordere Plätze ein. So befand sich die Deutsche Bank in den siebziger Jahren nach einer Statistik in „The Banker" (Juni 1982) unter Zugrundelegung der „Aktiva minus Gegenkonten" fast ständig unter den zehn größten Banken. Übertroffen worden ist sie lediglich vorwiegend von den größten amerikanischen und/oder französischen Banken. 1981 fiel sie vom 8. auf den 9. Rang zurück, was letztlich wohl auch auf zur Umrechnung der Bilanzen verwendete Wechselkurse zurückzuführen war. Auch die Dresdner Bank und die Commerzbank als die zweit- und viertgrößten Banken in der BR Deutschland konnten ihre

Tabelle 11: *Die größten Banken der Welt*
(Stand 1981)

Nr.	Bank	Assets less contra accounts (Mio. US-Dollar)
1	Bank America Corp., USA	115 592
2	Citicorp, USA	112 700
3	Banque Nationale de Paris, Frankreich	106 731
4	Crédit Agricole, Frankreich	97 788
5	Crédit Lyonnais, Frankreich	93 716
6	Barclays Group, Großbritannien	93 020
7	Société Générale, Frankreich	86 987
8	Dai-Ichi Kangyo Bank, Japan	85 486
9	Deutsche Bank, BR Deutschland	84 482
10	National Westminster Bank, Großbritannien	82 625
.	.	.
.	.	.
.	.	.
19	Dresdner Bank, BR Deutschland	58 092
.	.	.
.	.	.
.	.	.
23	Westdeutsche Landesbank – Girozentrale, BR Deutschland	54 915
.	.	.
.	.	.
.	.	.
39	Commerzbank, BR Deutschland	44 643

(Quelle: The Banker, Juni 1982, S. 185 ff.)

Positionen nicht halten und belegten nach dem 15. und dem 25. Rang 1980 im nächsten Jahr die Ränge 19 bzw. 39. Die Westdeutsche Landesbank-Girozentrale nahm als drittgrößte deutsche Bank mit einer Konzernbilanzsumme von 124,2 Mrd. DM nach dem 18. Rang im Jahre 1981 den 23. Platz ein (Tab. 11).

4. Auslandsaktivitäten der Großbanken

4.1. Auf- und Ausbau der Auslandsbeziehungen der früheren Berliner Großbanken

Die deutschen Banken und hier insbesondere die Großbanken, die z.T. (Deutsche Bank, Commerzbank) speziell zur Förderung des deutschen Außenhandels gegründet worden waren (S. 18, 20), haben in den letzten hundert Jahren vor allem während zweier Perioden eine nicht unwesentliche Rolle im internationalen Bankgeschäft gespielt: Zum einen waren dies die Jahre um die Jahrhundertwende bis zum Ausbruch des ersten Weltkriegs, zum anderen die Zeit nach dem zweiten Weltkrieg, wobei hier insbesondere die sechziger/siebziger Jahre bis heute zu nennen sind.

Die Auslandsexpansion der deutschen Banken im letzten Viertel des 19. Jahrhunderts (LV 27, 79) wurde nicht zuletzt durch die Strukturveränderungen in der deutschen Volkswirtschaft, d.h. der Wandlung des Deutschen Reiches von einem Agrar- zu einem Industriestaat, induziert, was wiederum – u.a. hervorgerufen zum einen durch das stetige Wachstum der Bevölkerung und zum anderen durch die prosperierende Industrie – ein Anwachsen des deutschen Außenhandels mit sich brachte. Die Vermittlung des Zahlungsausgleichs und die Finanzierung des deutschen Außenhandels wurden allerdings bis zu jener Zeit noch nicht von inländischen Banken, sondern von ausländischen und hier zumeist von Londoner Banken besorgt. Diese Tatsache läßt sich u.a. damit erklären, daß in England – zur damaligen Zeit eine Weltmacht – seit 1844 eine weltweit akzeptierte Goldwährung bestand und auf englische Pfunde ausgestellte Wechsel jederzeit und überall in Gold einlösbar waren. Demgegenüber existierte bis zum Aufbau einer einheitlichen deutschen Währungsverfassung zu Anfang der siebziger Jahre im Deutschen Reich keine einheitliche Geldordnung: In den einzelnen Teilstaaten gab es insgesamt nicht weniger als sieben Münzsysteme, die – mit Ausnahme des in Bremen geltenden – durchweg auf Silberwährung basierten. Darüber hinaus galt London als der Platz mit den im Überseegeschäft erfahrensten Bankiers und dem niedrigsten Zinsniveau, was letztlich bewirkte, daß sich die Handelskreditsuchenden fast aus aller Welt in London trafen.

Die Gewinne allein aus den Zins- und Provisionseinnahmen durch Vermittlung des deutschen Zahlungsverkehrs aus Handelsgeschäften, die englische Banken aufgrund dieser überragenden Stellung für sich verbuchen konnten, wurden auf die für damals ungeheure Summe von 3 bis 3,5 Mio. Mark jährlich geschätzt, ein Betrag, der zuweilen noch als zu niedrig angesehen wurde. Nicht zuletzt aus diesem Grunde war für die deutschen Großbanken der Gedanke naheliegend, zu versuchen, an diesen Erträgen zu partizipieren, zumal es sich bei den Großbanken um private Unternehmen handelt, in deren Zielsystem das Gewinn- bzw. Rentabilitätsstreben von Anfang an den höchsten Stellenwert einnahm.

Um der beabsichtigten Zielsetzung der Förderung des deutschen Außenhandels und der Vermittlung des internationalen Zahlungsverkehrs gerecht werden zu können, war es hierzu notwendig, selbst im Ausland Vertretungen zu unterhalten. Die ersten Auslandsfilialen deutscher Banken, namentlich die der Deutschen Bank in London, hatten somit vor allem den Zweck, das Akzeptmonopol englischer Banken zu brechen. Sie sollten versuchen, den internationalen Zahlungsverkehr des Deutschen Reiches mit dem Ausland größtenteils selbst zu übernehmen, den deutschen Außenhandel durch Reichsmarkkredite zu finanzieren und ihn so noch mehr und wirksamer als bisher zu fördern.

Außer der Commerz- und Disconto-Bank in Hamburg, die neben der Förderung des Hamburger Handels mit dem deutschen Binnenland vor allem auch die Handelsbeziehungen dieser bedeutenden Wirtschaftsmetropole zum Ausland erleichtern sollte, war es zunächst besonders die Deutsche Bank, die durch ihre Geschäftätigkeit dem deutschen Handel und der Industrie eine festere Stellung innerhalb der internationalen Wirtschaftsbeziehungen sicherte und das deutsche Akzept in den überseeischen Handel einführte. Schon ein Jahr nach ihrer Gründung errichtete sie, die primär zur Unterstützung des transatlantischen Verkehrs gegründet worden war, aus diesem Grunde Filialen in Shanghai und Yokohama und ließ diese als Käufer für auf deutsche Währung ausgestellte Wechsel auftreten. So konnte nun der deutsche Exporteur den Kaufpreis seiner Ware, den er in Mark kalkuliert hatte, auch im Ausland in Mark empfangen, während der inländische Importeur den an den ausländischen Verkäufer zu zahlenden Betrag in Mark bei der deutschen Bank akkreditieren und später auch in Mark zahlen konnte. Die ostasiatischen Filialen der Deutschen Bank mußten allerdings 1875 bereits wieder geschlossen werden. Ähnliche negative Erfahrungen machte die Deutsche Bank mit der 1872 von der Disconto-Gesellschaft gegründeten und 1874 von ihr übernommenen La Plata-Bank, die 1885 wieder liquidiert wurde, sowie mit der Beteiligung an der German Bank of London Limited, die lediglich von 1871 bis 1879 gehalten werden konnte. Im Jahre 1873 gelang es ihr allerdings, in London eine Niederlassung (agency) zu begründen, die neben den Filialen in Bremen (1871) und Hamburg (1872) und den später gegründeten Überseebanken für die Finanzierung des Handels vor allem mit außereuropäischen Ländern in den folgenden Jahrzehnten eine große Bedeutung erlangen sollte. Trotz des Erfolgs dieser Londoner Filiale bedeuteten die ersten Jahre der Auslandsexpansion, in denen die Deutsche Bank sich auch in New York (1872 bis 1882 bei Knoblauch & Lichtenstein) und in Wien (1877 bis 1883 bei Güterbock, Horwitz & Co) über Beteiligungen engagierte, insgesamt gesehen zwar für das Auslandsgeschäft als solches keinen Mißerfolg, wohl aber für die Schaffung fester Stützpunkte im Ausland dafür.

Eine neue und erfolgreiche Periode für die Ausweitung der Auslandstätigkeiten der deutschen Großbanken begann in den achtziger Jahren des vorigen Jahrhunderts mit der von der Disconto-Gesellschaft und der Norddeutschen Bank in Hamburg gemeinsam gegründeten Brasilianischen Bank für Deutschland und der von der Deutschen Bank anstelle der La Plata-Bank im Jahre 1887 errichteten Deutschen Überseebank, die insbesondere zur Pflege der Geschäftsbeziehungen mit Südamerika – und hier vor allem mit Brasilien bzw. Argentinien – dienen sollten. Sehr bald folgten andere Großbanken diesen Beispielen nach und bauten zur Festigung ihrer internationalen Geschäftstätigkeit eigene Stützpunkte im Ausland auf, wobei jedoch keine einheitlichen Strategien verfolgt wurden.

So beteiligte sich die Deutsche Bank kommanditistisch an anderen Banken in Wien und Madrid, führte eine Filiale in London und besaß andererseits für ihre Auslandsaktivitäten in Mittel- und Südamerika die Deutsche Überseeische Bank, die, 1893 aus der Deutschen Überseebank hervorgegangen, in Spanien und Lateinamerika 1911 allein durch 23 Niederlassungen vertreten war. Die Dresdner Bank hatte zunächst durch die Übernahme der Anglo-Deutschen Bank in Hamburg (1892) und der Bremer Bank in Bremen (1895) sowie der Errichtung einer Londoner Filiale (1901) mit der Ausgestaltung ihrer internationalen Beziehungen begonnen. Um ebenfalls an den wichtigen Handelsbeziehungen mit Lateinamerika — aber auch von den vielen deutschen Auswanderern dort — zu partizipieren, errichtete sie gemeinsam mit dem A. Schaaffhausen'schen Bankverein 1905 die Deutsch-Südamerikanische Bank in Berlin und zusätzlich Ende des Jahres zur Pflege der Geschäftsbeziehungen mit dem Orient, insbesondere mit der Türkei, Griechenland und Ägypten, gemeinsam mit dem A. Schaaffhausen'schen Bankverein und der Nationalbank für Deutschland die Deutsche Orientbank. Die Strategie der Dresdner Bank war also zunächst dadurch gekennzeichnet, daß sie Errichtungen eigener Vertretungen im Ausland, z.B. in Form von Filialen, Kommanditierungen oder selbständigen Tochterinstituten — mit Ausnahme der Londoner Filiale — nicht vornahm. Lediglich mit der Gründung der Deutsch-Westafrikanischen Bank 1905 wich sie einmal von der von ihr bis dahin verfolgten Strategie ab.

Im Unterschied zu den bisher genannten, im Inland gegründeten Auslandsbanken, die zumeist Tochterinstitute einer oder nur weniger Großbanken waren, beteiligten sich an den Auslandsbanken, die auch ihren Sitz im Ausland hatten, in der Regel neben verschiedenen Wirtschaftsunternehmen mehrere oder fast alle Berliner Großbanken. So wurde z.B. auch 1889 zusammen von den größten deutschen Banken — u.a. der Deutschen Bank, der Disconto-Gesellschaft, der Dresdner Bank, der Darmstädter Bank, der Berliner Handels-Gesellschaft, dem A. Schaaffhausen'schen Bankverein und der Nationalbank für Deutschland — die Deutsch-Asiatische Bank in Shanghai gegründet, allerdings erst, nachdem sich die ersteren beiden Institute über die Quotenaufteilung verständigt hatten.

Nach mehreren Änderungen in der Zusammensetzung gruppierte sich schließlich um sie ein Konsortium für das asiatische Geschäft, in dem alle Berliner Großbanken vertreten waren und die — als eigentlicher Anlaß der Bankgründung — die Interessen der deutschen Wirtschaft gegen die englische und später auch die russische und amerikanische Konkurrenz durchsetzen helfen sollten.

Ähnliche Zielsetzungen sowie die Abwicklung des Zahlungsverkehrs der deutschen Kolonien mit dem Mutterland und dem Ausland führten zur Gründung der Deutsch-Ostafrikanischen Bank 1904/05 mit Sitz in Berlin (von den Großbanken waren an der Gründung die Deutsche Bank und die Disconto-Gesellschaft beteiligt), der Deutsch-Westafrikanischen Bank in Berlin 1904/05 (Mitbegründer: Dresdner Bank) und der Handelsbank für Ostafrika in Berlin 1911 (Mitbegründer: Deutsche Bank, Disconto-Gesellschaft und Darmstädter Bank).

Diese Beziehungen zum und Neugründungen im Ausland durch die Berliner Großbanken, die überwiegend mit der Zielsetzung erfolgt waren, den internationalen Handel, Geld- und Wechselverkehr zwischen Deutschland und dem Ausland zu fördern, aber auch, um Beteiligungen deutscher Banken vor allem an Handels- sowie Bergbau- und Eisenbahngesellschaften zu erlangen, wirkten sich vielfach zugleich befruchtend auf die deutsche Wirtschaft aus und festigten damals in hohem Maße die Weltstellung und das Ansehen der deutschen Wirtschaft allgemein wie auch speziell der Berliner Großbanken im Ausland.

Bemerkenswert ist, daß sich im Verlaufe der Auslandsaktivitäten Zentren für Standorte der Auslandsfilialen und sonstigen Vertretungen herauskristallisierten. Die deutschen Großbanken engagierten sich dabei naturgemäß dort, wo deutsche Handels- und Wirtschaftsinteressen besonders stark vertreten waren. Darüber hinaus bevorzugten sie aber auch Standorte, an denen eine große Kolonie Auslandsdeutscher existierte, weil man sich dort zugleich erhoffte, sich in relativ kurzer Zeit einen festen Kundenstamm schaffen zu können. Unter Berücksichtigung dieser Aspekte ist es ohne weiteres verständlich, warum sich die deutschen Großbanken bis zum ersten Weltkrieg vor allem Lateinamerika als Ziel ihrer Auslandsbetätigungen ausgesucht hatten: Zum einen umfaßte der Handel des

Deutschen Reichs vor allem mit den sog. ABC-Staaten Argentinien, Brasilien und Chile einen bedeutenden Anteil des gesamten deutschen Außenhandels; zum anderen waren gerade diese Länder Hauptziele deutscher Auswandererströme gewesen.

Außer den bereits genannten Gründen waren die Großbanken auch bestrebt, Kapital in junge, noch unterentwickelte Volkswirtschaften, in denen hohe Zinssätze bestanden, zu transferieren. Als solche kapitalarmen Volkswirtschaften waren insbesondere neben den Agrarstaaten Südamerikas die Staaten Südosteuropas, die Türkei, Ägypten und China sowie die deutschen Kolonien anzusehen. Sie hatten einen ständigen Bedarf an langfristigem Kapital zur Intensivierung ihrer Landwirtschaft sowie zum Auf- und Ausbau des Verkehrswesens und einer eigenen Industrie.

Der Ausbruch des ersten Weltkriegs stellte für die Auslandsexpansion der deutschen Großbanken einen tiefen Einschnitt insofern dar, als dieser ihre Geschäftsbeziehungen zum Ausland weitgehend zum Erliegen brachte. So gerieten z.B. die Filialen der Berliner Großbanken in London und Brüssel in Liquidation, deren endgültiger Abschluß sich allerdings bis weit in die zwanziger Jahre hinauszögerte. Neue Filialen wurden nach dem Kriege nur sehr zurückhaltend wieder eröffnet (LV 6, 103, 112). Offenbar fürchteten die deutschen Banken, daß der politische Widerstand an Standorten wie z.B. London und Paris nach dem Kriege immer noch zu groß sein könnte. Die Erinnerungen an die gemachten bitteren Erfahrungen aufgrund der Liquidation des deutschen Eigentums infolge des Krieges hielt sie z.B. von einer Wiedereröffnung einer Londoner Niederlassung ab, obwohl es London schon sehr bald nach Beendigung des Krieges nicht ungern gesehen hätte, wenn deutsche Banken sich dort wieder niedergelassen hätten. Allerdings hatte sich für die deutschen Bankleitungen die allgemeine Situation an manchen früheren Standorten im Ausland noch nicht hinreichend normalisiert. Die Deutsche Bank z.B., die in der Zwischenzeit 1921 eine Filiale in Amsterdam eröffnet hatte, wollte erst wieder nach London zurückkehren, wenn das deutsche Akzept dort wieder die gleiche Bonität hätte wie vor dem Kriege.

Nicht zuletzt aufgrund der allgemeinen Zurückhaltung der

deutschen Banken, aber auch wegen politischer und administrativer Widerstände besaß z.B. die Deutsche Bank Auslandsvertretungen in Form von Filialen außer in Amsterdam nur noch in Konstantinopel und Sofia sowie die nunmehr ebenfalls als Auslandsniederlassungen anzusehenden Filialen Kattowitz und Danzig in den nach dem Krieg an Polen abgetretenen bzw. von ihm zu verwaltenden früheren deutschen Gebieten. Darüber hinaus war sie in New York, Zürich, Kopenhagen und Stockholm durch selbständige Auslandsvertretungen präsent. Während die Commerz- und Privat-Bank Ende der zwanziger Jahre lediglich in Danzig eine Auslandsfiliale unterhielt und in New York einen eigenen Vertreter hatte, besaß die Dresdner Bank außer einer eigenen Vertretung in New York und Filialen in den abgetretenen Ostgebieten – in Danzig, Kattowitz, Königshütte und Tarnowitz – darüber hinaus noch eine Niederlassung in Bukarest.

Bezüglich der speziell zur Förderung des deutschen Außenhandels gegründeten Tochterinstitute ist zu sagen, daß der Krieg nicht unerhebliche Einschränkungen ihrer Geschäftstätigkeit mit sich gebracht hatte, insbesondere im Kredit-, Diskont- und Inkassogeschäft infolge der Unterbrechung der finanziellen und der Handelsbeziehungen zum Deutschen Reich. Zwar konnten die Filialen vor allem in neutralen Staaten weiterarbeiten, doch spürten speziell die Tochterinstitute mit Sitz in Deutschland den Handelsboykott, den die Alliierten auch in neutralen Ländern durchzusetzen vermochten und der sich in geringeren Umsätzen und einer stark zurückgegangenen Kundschaft bemerkbar machte. Nach der Beendigung des Krieges konnten allerdings die verschiedenen Tochterbanken ihre Verbindungen zu den deutschen Mutterinstituten weitgehend normalisieren und ihre geschäftlichen Aktivitäten wieder verstärken und ausweiten.

Bezüglich der Zeit nach dem ersten Weltkrieg ist zu den Motiven der Auslandsgeschäftstätigkeit der deutschen Großbanken zu sagen, daß, während die Förderung und Finanzierung des deutschen Außenhandels sowohl vor als auch nach dem Kriege als ein wesentlicher Beweggrund der Auslandsexpansion anzusehen war, sich hingegen der zweite, nämlich Kapital ertragreich im Ausland zu investieren, in sein Gegenteil verkehrt hatte (LV 94). Deutschland brauchte, nachdem es die

Zeit der Inflation überstanden hatte, um seine industrielle Produktion steigern zu können und damit letztlich die verlangten Reparationen erwirtschaften und somit bezahlen zu können, zusätzliches ausländisches Kapital. Hierbei wollten es die Berliner Großbanken natürlich nicht versäumen, an der Vermittlung dieser Auslandskredite zu partizipieren und aus diesem Geschäftszweig zusätzliche Gewinne zu erzielen. Der größte Teil des Auslandsengagements der Berliner Großbanken nach dem ersten Weltkrieg kann somit unter dem Aspekt gesehen werden, sich durch Auslandsverbindungen die Möglichkeit zu verschaffen, günstig Kapital nach Deutschland zu holen und so das Kreditbedürfnis der inländischen Kundschaft zu befriedigen.

Werden die gewählten Strategien im Rahmen der Auslandsexpansion verglichen, so fällt auf, daß die Auslandsfiliale immer mehr an Bedeutung verlor und der Beteiligung an fremden Banken oder internationalen Gründungen Platz machte. Wo dies nicht der Fall war, wurde der eigenen Filiale eine Tochterunternehmung fremden Rechts vorgezogen, deren Kapital zu einem mehr oder minder großen Anteil im Besitz der deutschen Mutterbank verblieb. Zum einen kann dies mit der geschwächten Kapitalkraft Deutschlands begründet werden, so daß an einen nennenswerten Kapitalexport nicht zu denken war, wozu aber das Auslandsfilialnetz vor dem ersten Weltkrieg nicht zuletzt aufgebaut worden war. Zum anderen entwickelte sich neben wirtschaftspolitischen und administrativen Hemmnissen in verschiedenen Ländern auch ein starkes nationales Bewußtsein, das in hohem Grade einschränkend auf die Geschäftstätigkeit wirkte: So besaß Ende 1929 z.B. die Deutsche Bank und Discontogesellschaft u.a. außer Beteiligungen an der Deutschen Überseeischen Bank, der Deutsch-Asiatischen Bank und der Deutschen Orientbank auch solche z.B. am Wiener Bankverein (hierdurch zugleich auch indirekt an der Böhmischen Union-Bank, Prag, und dem Allgemeinen Südslavischen Bankverein, Belgrad), an der Kreditbank, Sofia, dem Oberschlesischen Bankverein, Königshütte, der Internationale Krediet Cie., Amsterdam, der British and German Trust Ltd., London, und der German Credit and Investment Corp., New York. Bei der Dresdner Bank sind neben den Beteiligungen an der Deutschen Orientbank, der Deutsch-Südamerikanischen

Bank und der Deutsch-Asiatischen Bank vor allem die an Pröhl & Gutmann, Amsterdam (dadurch auch an Internationale Krediet Cie., Amsterdam), Danziger Bank für Handel und Gewerbe, Danzig, Rigaer Internationalen Bank (dadurch auch an Revaler Aktienbank), Societatea Bancaria Romana, Bukarest, und A.B.C. Trust, New York, hervorzuheben, während bei der Commerz- und Privat-Bank neben der Beteiligung an der Deutschen Orientbank insbesondere die an N.V. Hugo Kaufmann & Co.'s Bank und S. Schönberger & Co., beide Amsterdam, an der General Mortgage and Credit Corp., New York, der British and German Trust Ltd., London, der Rigaer Internationalen Bank und der Societatea Bancaria Romana, Bukarest, eine gewisse Bedeutung besaßen. Am stärksten konzentrierten sich die Auslandsinteressen und Beziehungen der deutschen Großbanken in Europa somit auf Amsterdam sowie den ost- und südosteuropäischen Raum.

Die Geschäftspolitik und somit auch die Auslandsaktivitäten der Großbanken während der Jahre nach 1933 wurden stark von der Wirtschaftspolitik der nationalsozialistischen Regierung berührt. Aufgrund der Autarkiebestrebungen und der Devisenbewirtschaftung gestaltete sich das Auslandsgeschäft zunehmend schwieriger, weil vor allem die internationalen Handelsbeziehungen immer weiter schrumpften. Die bis dahin im Bankgewerbe üblichen Finanzierungsformen verloren zunehmend an Bedeutung und wurden durch zumeist zweiseitige Verrechnungsabkommen ersetzt. Zudem wurde gemäß § 3 KWG (1934) der Betrieb von Niederlassungen im In- und Ausland sowie die „Übernahme dauernder Beteiligungen an anderen Kreditinstituten" genehmigungspflichtig und „die Übernahme eines Kreditinstituts oder der Zweigstellen eines Kreditinstituts durch ein anderes Kreditinstitut, wenn die zu übernehmende Stelle weiterbetrieben werden soll", erforderte nach der ersten Durchführungsverordnung eine Erlaubnis.

Eine gewisse Bedeutung erlangte die Beteiligungspolitik und die Gründungstätigkeit im Ausland noch einmal ab 1938 für die Dauer des zweiten Weltkriegs, wobei sie sich aber vorwiegend auf die besetzten Gebiete und die vom Deutschen Reich abhängigen Staaten erstreckte und zudem teilweise von der damaligen Reichsregierung im Rahmen ihrer auch kreditwirtschaftlich „großdeutschen" Erschließungsstrategie veranlaßt worden war. Dabei kam es der nationalsozialistischen Regierung in erster Linie darauf an, daß sich die Banken auf die neuen binnen- und außenwirtschaftlichen Aufgaben der deutschen Volkswirtschaft umstellten.

Die Auslandsengagements insbesondere der Berliner Großbanken sollten vor allem zur Förderung des gegenseitigen Güter- und Leistungsaustauschs und zur zweckdienlichen Abwicklung des Zahlungsverkehrs im Rahmen der bestehenden Abmachungen beitragen. Dabei waren die deutschen Auslandsstützpunkte insbesondere in den Ländern von großer Bedeutung, in denen eine Devisenzwangswirtschaft bestand, der Zahlungsausgleich mit Deutschland sich somit auf dem Verrechnungswege abwickelte, weil es vor allem sie waren, die über die häufig sehr komplizierten handels- und devisenpolitischen Bestimmungen Auskunft zu geben und ihren Kunden im Inland wie auch den deutschen Interessenten auf dem Gebiet des Güter- und Zahlungsverkehrs in jeder Weise beratend zur Seite zu stehen in der Lage waren. Diese in weitgehendem Maße beratende Tätigkeit im zwischenstaatlichen Warenaustausch und Zahlungsverkehr trat in den dreißiger Jahren immer mehr in den Vordergrund.

Die Übernahmen von ausländischen Instituten bzw. die engere Zusammenarbeit mit ihnen während dieser Periode der Auslandsexpansion deutscher Banken, hier insbesondere der Berliner Großbanken, erfolgte vielfach unmittelbar nach dem Anschluß bzw. der Besetzung der jeweiligen Gebiete. So wurde z.B. nach der Besetzung und Angliederung von Böhmen und Mähren sehr bald bei zwei Banken, die aufgrund ihrer Herkunft besonders zur kreditpolitischen Eingliederung des Landes geeignet erschienen, der Weg einer engeren Verbindung mit deutschen Großbanken gewählt: Bei der Böhmischen Escomptebank übernahm die Dresdner Bank neben maßgebenden Positionen im Vorstand und Verwaltungsrat im Zuge von Kapitalerhöhungen auch kapitalmäßig die Führung; ebenso trat bei der Böhmischen Unionbank, mit der die Deutsche Bank bereits seit längerem über den Wiener Bankverein verbunden war, ein Vertreter der größten deutschen Bank in die Verwaltung ein.

Während die Aufrechterhaltung der Geschäftsbeziehungen vor allem mit Großbritannien und den außereuropäischen Staaten sich in den Folgejahren immer schwieriger gestaltete bzw. sie ganz abbrachen, wurden insbesondere die Beziehungen der deutschen Bankwirtschaft zu Südost- und Osteuropa in der Zeit nach 1938 weiter ausgebaut. So waren die heutigen deutschen Großbanken Mitte 1941 in den besetzten und angegliederten Gebieten sowie in Staaten, die mit dem Deutschen Reich verbunden waren, dergestalt präsent, daß die Deutsche Bank außer mittelbar durch eine Filiale des mit ihr verbundenen Österreichischen Creditanstalt – Wiener Bankverein, Wien, in Krakau und einer eigenen Vertretung in Brüssel vor allem – zumeist mittels Mehrheitsbeteiligungen – im „Protektorat" durch die Böhmische Unionbank, Prag, in den Niederlanden durch H. Albert de Bary & Co., Amsterdam, in Bulgarien durch die Kreditbank, Sofia, in Rumänien durch die Banca Comerciala Romana, Bukarest, und in Jugoslawien durch den Allgemeinen Jugoslawischen Bankverein, Belgrad und Zagreb, vertreten war. Die Dresdner Bank betätigte sich neben der engen Verbindung mit der Länderbank Wien A.G. im „Generalgouvernement" über die Kommerzialbank A.G., Krakau, mit einer Filiale in Tarnow, im „Protektorat" über die Böhmische Escomptebank, Prag, in den Niederlanden über Handelstrust West N.V., Amsterdam, in Belgien über die Continentale Bank S.A., Brüssel, in Rumänien über die Rumänische Bankanstalt, Bukarest, mit ihren fünf Niederlassungen, in Jugoslawien über den Allgemeinen Jugoslawischen Bankverein, Belgrad und Zagreb, sowie einer eigenen Vertretung in Belgrad und in der Türkei durch Filialen in Istanbul und Izmir (früher Deutsche Orientbank). Demgegenüber war die Commerzbank in diesen Gebieten durch Vertretungen in Prag und Brüssel (letztere wurde noch im gleichen Jahr in das rechtlich selbständige Tochterinstitut Hansebank N.V. – Banque Hanseatique S.A. umgestaltet) und einer Filiale in Krakau sowie mittels Beteiligungen in den Niederlanden über N.V. Rijnsche Handels Mij., Amsterdam, und in Jugoslawien ebenfalls wie die beiden anderen Filialgroßbanken über den Allgemeinen Jugoslawischen Bankverein, Belgrad und Zagreb, vertreten.

In den folgenden Monaten kamen schließlich bei der Dresdner Bank noch eine Vertretung in Paris, eine Beteiligung an der Kroatischen Landesbank, eine hunderprozentige Tochter im Baltikum, die Handels- und Kreditbank A.-G. in Riga, sowie der Abschluß einer Zusammenarbeitsabrede mit der Bulgarischen Commerzbank hinzu. Bei der Commerzbank handelte es sich im Vergleich zur Dresdner Bank lediglich um Filialen (Riga und Reval) sowie um eigene Vertretungen (Paris und Bukarest). Gleichzeitig mit der Ausweitung der politischen Einflußsphäre des Deutschen Reiches wurden letztlich auch Beziehungen zu griechischen Banken auf- und ausgebaut. So hatte die Deutsche Bank ein Freundschaftsabkommen mit der Banque National de Grèce abgeschlossen, ebenso wie Ende 1941 die Commerzbank mit der Banque Commerciale de Grèce S.A. Ebenfalls eine engere Zusammenarbeit ist zwischen der Dresdner Bank und der Banque d'Athènes vereinbart worden.

4.2. Auslandsstrategien der heutigen Großbanken nach dem zweiten Weltkrieg

4.2.1. Korrespondenzbanken und Repräsentanzen

Die Präsenz der deutschen Großbanken im Ausland, so wie sie sich heute darstellt, kann als das Ergebnis eines organischen Prozesses mit mehreren aufeinander folgenden Phasen angesehen werden (LV 15, 38, 55, 68, 108). Nach einer jahrelangen Zurückhaltung in bezug auf internationale Aktivitäten, die bereits mit der Weltwirtschaftskrise eingesetzt hatte, und nach dem erneuten Verlust des Auslandsvermögens als Folge des zweiten Weltkriegs sowie aufgrund der Priorität des Wiederaufbaus der eigenen Volkswirtschaft hatten die Geschäftsbanken zunächst gezögert, wieder ein eigenes Niederlassungsnetz im Ausland aufzubauen. Der aber im Verlaufe des erfolgreichen Wiederaufbaus der deutschen Wirtschaft in den frühen fünfziger Jahren auch wieder zunehmende Außenhandel ließ die verbliebenen Großbanken – die Deutsche Bank, die Dresdner Bank und die Commerzbank in Gestalt ihrer jeweiligen Nachfolgeinstitute – sich zunächst lediglich damit begnügen, an alten Geschäftsverbindungen mit ausländischen Banken wieder anzuknüpfen. In erster Linie dienten sie zur Abwicklung des – noch begrenzten – internationalen Zahlungsverkehrs.

Lange Zeit wurde der Verkehr mit dem Ausland nur über diese Korrespondenzbankbeziehungen abgewickelt, deren Netz auch heute noch eine der Stützen des Auslandsgeschäfts der Großbanken darstellt. Während bereits in den fünfziger Jahren amerikanische Banken eigene Filialen in Deutschland gründeten, hielten Vertreter deutscher Banken eine ähnliche Vorgehensweise im Ausland für nicht notwendig und angebracht, wofür insbesondere zwei Gründe angeführt wurden: Zum einen fehlte bis zur Einführung der freien Konvertibilität der Deutschen Mark im Anschluß an das Inkrafttreten der Römischen Verträge am 1.1.1958 eine wichtige Voraussetzung zur uneingeschränkten Tätigkeit im internationalen Geld- und Kapitalverkehr für die Banken; zum anderen mangelte es ihnen an einer ausreichenden Basis hinsichtlich qualifizierter Mitarbeiter und notwendigen Know-hows für das Auslandsgeschäft. Schließlich muß aber auch gesehen werden, daß die bestehenden Korrespondenzbankbeziehungen zu ausländischen Partnerinstituten von den Großbanken lange Zeit hindurch als ausreichend angesehen wurden, den Anforderungen der inländischen Export- und Importwirtschaft gerecht zu werden. So war z.B. selbst Abs noch 1963 der Meinung, daß die bewährten Korrespondenzbankbeziehungen „ein tragfähiges Fundament für eine auf allen Arbeitsgebieten der Banken wachsende Zusammenarbeit (darstellten). Für eine internationale Ausweitung der Filialnetze der Banken sind weder volkswirtschaftliche Bedürfnisse zu erkennen, noch wären sie privatwirtschaftlich sinnvoll oder attraktiv" (LV 2, S. 101). Die somit eher defensive Auslandspolitik der Großbanken beruhte dabei nicht nur auf den psychologischen Barrieren, die in erster Linie wohl aufgrund des zweimal verlorengegangenen Auslandsbesitzes sowie des noch weit verbreiteten Geistes des Protektionismus bestanden. Darüber hinaus waren die deutschen Banken – und somit auch die Großbanken – mehr oder weniger zur Zurückhaltung hinsichtlich ihrer Auslandsstrategien gezwungen, weil der große finanzielle Wiederaufbau- und Nachholbedarf in der BR Deutschland selbst in erheblichem Umfange Kapital- und Organisationskräfte band und weil in diesen ersten Jahren – insbesondere im Vergleich zum US-Dollar – die D-Mark als internationale Transaktions- und Finanzierungswährung eine nur untergeordnete Bedeutung hatte.

Mit der immer stärkeren Einbindung der deutschen Wirtschaft in den Welthandel stellte sich allerdings mehr und mehr – und hier vor allem seit Anfang der sechziger Jahre – die Frage, ob das Bankgewerbe und hier namentlich die Großbanken nicht doch auch mit eigenen operativen Einheiten an den wichtigsten internationalen Finanzplätzen präsent sein sollten. Die Entscheidung fiel jedoch noch nicht positiv aus. Lediglich als Ergänzung ihres Korrespondenzbankensystems wurden von den Großbanken Repräsentanzen im Ausland eingerichtet, wobei die Dresdner Bank als erste der Großbanken schon 1952 eine Repräsentanz in Istanbul eröffnet hatte. Sie sollte allerdings nicht selbständig Geschäfte betreiben, sondern im wesentlichen zur Kontaktpflege zu ausländischen Geschäftspartnern dienen. Gegenüber den anderen Strategien des Auslandsengagements tragen Repräsentanzen somit den Nachteil in sich, daß wegen ihrer lediglich Geschäfte an die Zentrale in Deutschland bzw. andere Auslandseinheiten vermittelnden Funktion sich Geschäftsabschlüsse verzögern und u.U. deswegen nicht zustande kommen. Ihr Vorteil indessen, der wohl für die damaligen Jahre ausschlaggebend war, war, daß nur ein relativ niedriger Kapitaleinsatz benötigt wurde und nur entsprechend einzustufende Risiken bestanden.

Die Repräsentanz einer Großbank dient heute in erster Linie als Informations- und Akquisitionsbüro insbesondere dort, wo es gilt, der deutschen Kundschaft in allen, vor allem aber finanziellen Fragen beratend zur Seite zu stehen. Mit der zunehmenden Bedeutung der Finanzgeschäfte im Rahmen der internationalen Tätigkeit der Großbanken erhielten die Repräsentanzen, die sich zunächst lediglich auf die Unterstützung der inländischen Außenhandelswirtschaft konzentriert hatten, somit eine wesentliche Ausweitung ihres Aufgabenkreises.

Ende 1981 unterhielten die Deutsche Bank und die Commerzbank in je 17 Staaten sowie die Dresdner Bank in 14 Staaten Repräsentanzen (Tab. 12). Bei letzterer Bank müssen allerdings noch die Gemeinschaftsvertretungen mit der Deutsch-Südamerikanischen Bank hinzugezählt werden.

Tabelle 12: *Repräsentanzen der deutschen Großbanken im Ausland*
(Stand 1981)

	Deutsche Bank AG	Dresdner Bank AG	Commerzbank AG
Asunción		O	
Athen		X[1]	
Beirut		X	
Bogotá	X	O	
Buenos Aires		O	X
Caracas	X	O	X
Ciudad de Guatemala		O	
Houston		X	
Istanbul	X		
Jakarta		X	X
Johannesburg	X	X	X
Kairo	X	X	X
Kopenhagen			X
Lagos	X		
La Paz		O	
Lima		O	X
Madrid			X
Manama (Bahrain)		X	X
Melbourne		X	
Mexiko	X	O	X
Miami		X[2]	
Montevideo		O	
Moskau	X	X	X
Nagoya	X		
Nairobi	X		
Quito		O	
Osaka	X	X	
Paris		X	
Peking	X	X	X
Rio de Janeiro	X	O	X
Rom		X	
San José (Costa Rica)	X		
Santiago de Chile	X	O	
São Paulo		O	X
Sydney	X	X	X
Teheran	X	X	X
Tokio	X	X	X
Toronto	X		X
Windhoek			X[3]

O Gemeinschaftsvertretungen mit der Deutsch-Südamerikanischen Bank.
[1] Eröffnet am 10. Mai 1982.
[2] In Vorbereitung.
[3] Agentur.

4.2.2. Internationale Bankenkooperationen

In der Phase des Neubeginns und des Wiederaufbaus der Auslandsvertretungen ist es den deutschen Großbanken im wesentlichen darauf angekommen, verlorengegangene Auslandserfahrungen bzw. verlorengegangenes Know-how im Auslandsgeschäft wieder zurück zu gewinnen. Dieser Aspekt hatte wohl auch eine nicht unerhebliche Bedeutung, als in den fünfziger und noch in den sechziger Jahren von den Großbanken verstärkt neben den beiden vorgenannten Alternativen die Möglichkeit wahrgenommen wurde, sich an zahlreichen, vielfach unter Mithilfe der Weltbank gegründeten regionalen Entwicklungsbanken und sonstigen internationalen Finanzierungsinstitutionen zu beteiligen. Mittels dieser in der Regel Minderheitsbeteiligungen – wobei Beteiligungsquoten von weniger als 1% durchaus keine Seltenheit waren und noch sind – bot sich ihnen aufgrund der damit verbundenen Mitarbeit in den Aufsichtsgremien und verschiedenen Ausschüssen die Gelegenheit, neue Auslandserfahrungen zu sammeln und zugleich neue geschäftliche Kontakte zum Ausland zu knüpfen.

Darüber hinaus dienten – und dienen auch heute noch – diese Beteiligungen neben der Absicht, beim Aufbau eines funktionsfähigen Bankensystems in einem Entwicklungsland beizutragen, insbesondere der zahlungsverkehrstechnischen Abwicklung des Außenhandels mit diesen Ländern. So hielt Ende 1981 z.B. die Deutsche Bank u.a. noch Minderheitsbeteiligungen an der AEA Development Corporation, Makati, Metro Manila (5,4%), The Industrial Credit and Investment Corporation of India Ltd, Bombay (1,5%), und der Banque Nationale pour le Développement Economique, Rabat (0,4%). Aus den gleichen Gründen beteiligten sich die Dresdner Bank u.a. an der Brasilinvest SA Banco de Investimento (BBI), São Paulo (0,2%), The Development Bank of Singapore Ltd, Singapur (0,5%), und der Investment Bank SA, Athen (1%), sowie die Commerzbank u.a. an der Société Financière de Développement – SOFIDE –, Kinshasa (0,9%), The Pakistan Industrial Credit & Investment Corporation Limited, Karatschi (0,4%), und der Unibanco – Banco de Investimento do Brasil S.A. (B.I.B.), Rio de Janeiro (5%).

Ähnliche Motive, d.h. vor allem das Sammeln von Erfahrungen im Auslandsgeschäft, spielten sicherlich bei der Deutschen Bank eine Rolle, als sie 1963 gemeinsam mit der Amsterdamschen Bank (der späteren Amsterdam-Rotterdam-Bank), der britischen Midland Bank und der Société Générale de Belgique (der späteren Société Générale de Banque) eine engere Zusammenarbeit vereinbarte. Es wurde vertraglich festgelegt, gegenseitige Beratungen durchzuführen, den gegenseitigen Erfahrungsaustausch zu verstärken und gemeinsame Wirtschaftsanalysen zu erstellen. Außerdem wurde ein europäischer Beratungsausschuß („European Advisory Committee") gegründet, der die Basis für die Durchführung besonderer Geschäfte, vor allem aber für größere internationale Finanzierungen schaffen sollte. Darüber hinaus war vorgesehen, daß der Ausschuß auch die Möglichkeit der Kooperation mit anderen Banken prüfen sollte. Die Intensität der Zusammenarbeit blieb jedoch zunächst hinter den Erwartungen zurück. Dies lag zum einen daran, daß der gegründete Ausschuß in den ersten Jahren die Frage nach den Möglichkeiten der Zusammenarbeit in anderen Bereichen nicht zu beantworten vermochte, zum anderen daran, daß die langfristig zu verfolgende Zielsetzung (noch) nicht ausreichend formuliert war (LV 100).

Seit etwa Mitte der sechziger Jahre regten die Aufwertungen der D-Mark sowie die allgemeine Steigerung der inländischen Produktionskosten die deutsche Wirtschaft zur verstärkten Produktion im Ausland an. Etwa zur gleichen Zeit wurden aber auch mögliche noch bestehende psychologische Hemmnisse, die einer intensiveren Auslandspräsenz der deutschen Großbanken im Ausland zunächst noch hätten entgegenstehen können, mit der wachsenden Anzahl an Niederlassungen überseeischer Banken auf dem europäischen Kontinent – und speziell in der BR Deutschland – weitgehend abgebaut. Diese Umstände sowie die durch das Wachstum der multinationalen Unternehmen bedingte Wandlung der quantitativen und qualitativen Finanzierungsbedürfnisse, die immer stärker an Bedeutung gewinnenden Euro-Finanzmärkte und das zunehmende internationale Ansehen der deutschen Währung, das wesentlich bessere Voraussetzungen für eine aktivere Tätigkeit im Ausland schuf, verdeutlichte den Geschäftsleitungen nicht nur der Großbanken, daß die bis zu dieser Zeit bevorzugte Strategie der Korrespondenzbankenverbindungen den gewandelten

Gegebenheiten und deren Anforderungen nicht mehr länger voll genügen konnte. Da die führenden Persönlichkeiten der deutschen Großbanken jedoch noch immer der Ansicht schienen, weder in personeller Hinsicht noch bezüglich ihrer Kapitalkraft jeweils allein ihre internationalen Geschäftsstrategien ausbauen zu können, und ein gemeinsames Vorgehen der

Tabelle 13: *Die Mitgliedsinstitute der ABECOR-, EBIC- und Europartners-Bankengruppen (1981)*

ABECOR
- Algemene Bank Nederland N.V., Niederlande
- Banca Nazionale del Lavoro, Italien
- Banque Bruxelles Lambert, Belgien
- Banque Nationale de Paris, Frankreich
- Barclays Bank Limited, Großbritannien
- Bayerische Hypotheken- und Wechselbank AG, BR Deutschland
- Dresdner Bank AG, BR Deutschland
- Österreichische Länderbank, Österreich
- Banque Internationale à Luxembourg, Luxemburg
- Banque de la Société Financière Européenne, Paris (assoziiertes Mitglied)

EBIC
- Amsterdam-Rotterdam-Bank N.V., Niederlande
- Banca Commerciale Italiana, Italien
- Creditanstalt-Bankverein, Österreich
- Deutsche Bank AG, BR Deutschland
- Midland Bank Limited, Großbritannien
- Société Générale de Banque S.A., Belgien
- Société Générale, Frankreich

Europartners
- Banco di Roma, Italien
- Banco Hispano Americano, Spanien
- Commerzbank AG, BR Deutschland
- Crédit Lyonnais, Frankreich

deutschen Bankwirtschaft in Anbetracht der zu befürchtenden Auswirkungen auf die inländische Wettbewerbssituation ausschied, bot es sich an, die Kooperation mit jenen ausländischen Banken auszubauen, zu denen bereits gute Beziehungen bestanden. Aufgrund dieser Überlegungen kam es seit 1967 zu Gemeinschaftsgründungen an verschiedenen wichtigen Finanzplätzen Europas (LV 100). Mit ihrer Hilfe sollte den einzelnen Gründungsbanken in erster Linie die Möglichkeit geschaffen werden, auf internationaler Ebene neben einer besseren Betreuung der eigenen Kunden im Ausland mittel- und langfristige Kredite, insbesondere Eurodollarkredite, gewähren sowie gemeinsam die Finanzierung großer internationaler Projekte sicherstellen zu können.

Neben der Westdeutschen Landesbank, die zusammen mit der Chase Manhattan Bank, der Royal Bank of Canada und der National Westminster Bank die Orion-Gruppe mitgegründet hat, waren es vor allem die Großbanken, die diese Strategie des „going international" wählten.

Die Deutsche Bank kooperiert im Rahmen der *„European Banks' International Company S.A."* *(EBIC)*, deren Wurzeln bis in das Jahr 1963 zurückreichen, als die Deutsche Bank sich entschloß, zusammen mit der Amsterdam'schen Bank N.V., der Midland Bank Ltd. und der Société Générale de Belgique den „Europäischen Beratungsausschuß" zu gründen (S. 194). Nach anfänglichen Schwierigkeiten entwickelten sich im Zuge des regelmäßigen Erfahrungsaustausches innerhalb dieses Gremiums zwischen den Kooperationspartnern nach und nach engere Bindungen, die schließlich zur Gründung verschiedener Gemeinschaftsinstitute und -repräsentanzen führten. Als es die erfolgreiche Zusammenarbeit den Partnerbanken nahelegte, ihre Kooperation zu intensivieren, wurde als Bindeglied und damit institutioneller Rahmen 1970 mit einem Kapital von 2 Mio. Dollar in Brüssel eine besondere Management-Gesellschaft gegründet: die EBIC. Diese Gesellschaft betreibt nicht selbst Bankgeschäfte, sondern hat die Aufgabe, die durch den Europäischen Beratungsausschuß fixierte Geschäftspolitik der Bankengruppe in der Weise zu realisieren, daß sie die Zusammenarbeit der Mitgliedsbanken im Rahmen der vom Europäischen Beratungsausschuß verfolgten Zielsetzungen koordiniert, gemeinsame Vertretungen im Ausland verwaltet und bei der Vorbereitung neuer Aktivitäten mitwirkt. Hierbei wird insbesondere auf die Koordinierung des gemeinsamen Bankleistungsangebots, die Entwicklung neuer Bankleistungen und Marketing-Methoden sowie auf die Errichtung von Gemeinschaftsunternehmen abgestellt. Ferner intensiviert die Gesellschaft die Kooperation durch gemeinsame Analysen wie etwa in den Bereichen der Organisation und Automation, der Weltwirtschaft und einzelner Volkswirtschaften, ferner durch gemeinsame Aus- und Weiterbildungsprogramme. Heute gehören neben der Deutschen Bank noch weitere sechs führende Banken Europas zur EBIC-Gruppe, unter denen der deutsche Partner, nach der Société Générale, gemessen an der Bilanzsumme, die zweitgrößte Bank ist. Die anderen Mitgliedsinstitute sind die Amsterdam-Rotterdam-Bank N.V., Banca Commerciale Italiana, Creditanstalt-Bankverein, Midland Bank Limited sowie Société Générale de Banque. Während das Grundkapital der vier Gründungsbanken sich in privater Hand befindet, ist das der später hinzugekommenen Institute aus Österreich, Frankreich und Italien mehrheitlich in Staatsbesitz.

Vorwiegende Kooperationsbasis der EBIC-Partner ist neben den Gemeinschaftsrepräsentanzen z.B. in Jakarta, Johannesburg und Toronto die Gemeinschaftsgründung, also der gemeinsame Errichtung von Banken und anderen Finanzinstituten zur Realisierung gemeinsamer Auslandspräsenzen. Solche Gemeinschaftsgründungen wurden dabei teilweise auch zusammen mit anderen Banken, die nicht der Gruppe angehören, geschaffen. Erste Gemeinschaftsgründung der vier EBIC-Gründungsinstitute unter Beteiligung einer Londoner Merchant Bank, dem Bankhaus Samuel Montagu and Co. Ltd., war die 1967 entstandene Banque Européenne de Crédit à Moyen Terme (BEC) in Brüssel, seit 1973 Banque Européenne de Crédit S.A. Der Schwerpunkt der Geschäftstätigkeit des Instituts liegt in der Gewährung von kurz-, mittel- und langfristigen Krediten zu festen und gleitenden Zinssätzen in verschiedenen konvertiblen Währungen für nationale und internationale Investitions- und Beteiligungsprojekte an vor allem in Europa tätige Unternehmen zur Finanzierung von deren Auslandsinvestitionen. In den letzten Jahren hat die Bank ihr Leistungsprogramm stärker ausgeweitet und zusätzlich unter anderem die Exportfinanzierung sowie das Wertpapiergeschäft aufgenommen.

Nicht übersehen läßt sich dabei ein gewisses Potential an Interessenkonflikten vor allem in den letzten Jahren, seitdem die kooperierenden Banken verstärkt im Geschäftsbereich der BEC, deren Geschäftsleitung aus Vertretern der beteiligten Banken gebildet wird, als Konkurrenten auftreten. Die beteiligten Banken sind offenbar immer weniger gewillt, die stark gestiegene Nachfrage ihres eigenen Kundenstammes nach vor allem mittelfristigen internationalen Finanzierungen allein der gemeinschaftlichen BEC zu übertragen. Dies läßt sich u.a. auch daran erkennen, daß z.B. die Deutsche Bank schon 1970 eine schwerpunktmäßig im kurz- und mittelfristigen internationalen Kreditgeschäft tätige Tochterfinanzierungsgesellschaft in Luxemburg errichtet hat, die sich zudem wie die BEC in erster Linie am Euromarkt refinanziert und in ihrem Bilanzvolumen inzwischen die BEC überholt hat.

1973 gründeten die kooperierenden Banken die European Banking Company Ltd. in London, eine Merchant Bank, die die Geschäftstätigkeit der BEC ergänzen und eng mit ihr zusammenarbeiten soll. Das Institut betreibt vor allem das internationale Emissionsgeschäft, vergibt kurz- und mittelfristige Eurokredite, betreibt Devisen- und Geldmarktgeschäfte, internationales Cash-Management für multinationale Unternehmen, Effektengeschäfte und Vermögensverwaltung für institutionelle Anleger, Beratung bei Fusionen und Beteiligungsübernahmen, Vergabe von Import- und Exportkrediten usw. Anzumerken ist schließlich, daß die European Banking Company und die Banque Européenne de Crédit, die beide schon seit längerem gemeinsam Geschäfte durchgeführt haben, 1982 ihre Zusammenarbeit auf der Grundlage einer gesellschaftsrechtlichen Verbindung institutionalisierten.

Die wohl bedeutendsten Gemeinschaftsinstitute der EBIC-Partner sind die schon 1968 durch den Europäischen Beratungsausschuß errichtete European-American Banking Corporation und die European-American Bank & Trust Company in New York. Diese miteinander verbundenen und als „European-American Banks" bezeichneten Institute sind aus zwei anderen Finanzinstituten hervorgegangen, die sich bis dahin im Alleinbesitz der Société Générale de Banque befanden. Als 1971 mit den weiteren EBIC-Partnern auch die Société Générale daran beteiligt wurde, wurden deren New Yorker Filialen in die European-American Banks eingegliedert und deren Geschäft übernommen.

Als bedeutsame Institute für den ostasiatischen und pazifischen Raum entstanden zwei weitere EBIC-Gemeinschaftsgründungen: Zum einen ist es eine 1970 entstandene Investmentbank für Australien, die Euro-Pacific Finance Corporation Ltd. in Melbourne, an der sich auch drei Nichtpartner-Banken (Fuji Bank Ltd., United California Bank, Commercial Bank of Australia Ltd.) beteiligten. 1974 entstand eine Niederlassung auf den Neuen Hebriden, die auch eine verstärkte Geschäftstätigkeit außerhalb Australiens ermöglichen soll. Das Institut erbringt für australische Unternehmen sowie für australische Tochterunternehmen europäischer Unternehmen Finanzierungs- und Beratungsleistungen.

1972 wurde die bis dahin im Mehrheitsbesitz der Deutschen Bank befindliche Deutsch-Asiatische Bank in Hamburg in ein Gemeinschaftsunternehmen der EBIC-Gruppe umgewandelt und nunmehr als „Europäisch-Asiatische Bank" (European-Asian Bank) weitergeführt. Die Bank, die Filialen an mehreren ostasiatischen Plätzen besitzt, betreibt Außenhandelsfinanzierungen, erbringt aber auch alle anderen Bankgeschäfte für die Kunden der kooperierenden Banken, vor allem für multinationale Unternehmen im ostasiatischen Raum. Darüber hinaus hat die Bank eine starke Stellung am Asien-Dollar-Markt, und hier insbesondere über die Niederlassungen in Singapur und Hongkong.

Zum verstärkten Ausbau der europäisch-arabischen Wirtschaftsbeziehungen gründeten 1972 die EBIC-Banken, u.a. zusammen mit 15 großen arabischen Banken, die European Arab Holding S.A. in Luxemburg und die beiden Tochterbanken Europäisch-Arabische Bank GmbH in Frankfurt a.M. und European-Arab Bank (Brussels) S.A. in Brüssel.

Über das Zusammenwirken im Rahmen der Gemeinschaftsgründungen und der Gemeinschaftsrepräsentanzen hinaus erstreckt sich die Kooperation der EBIC-Partner auch auf verschiedene Bankleistungsarten. So entwickelte der „Banken-Club" seit 1972 ein vereinfachtes Verfahren zur Kreditaufnahme im Ausland (EBICREDIT). Ergänzend entstand 1974 ein kooperatives System der Leasing-Finanzierung für exportorientierte Unternehmen (EBICLEASE).

Die Gruppe der *„Europartners"* geht auf Verträge über eine verstärkte Zusammenarbeit aus den Jahren 1970/71 zwischen der Commerzbank, dem Crédit Lyonnais und dem Banco di Roma zurück. Im Gegensatz zur EBIC-Gruppe beruht diese Kooperation jedoch auf einem detaillierten Vertrag, in dem eine umfassende Zusammenarbeit der Vertragspartner auf allen Gebieten des Bankgeschäfts vorgesehen wurde. Da auf längere Sicht eine fusionsähnliche Zusammenarbeit projektiert war, bezeichnete sich die Gruppe in ihrem ersten gemeinsamen Bericht als eine „europäische Bankengruppe mit fusionsähnlichem Charakter". 1973 trat der Gruppe als weiteres Institut der Banco Hispano Americano bei. Während außer der Commerzbank auch die spanische Bank private Anteilseigner und ein breitgestreutes Aktienkapital aufweist, sind die beiden anderen Institute überwiegend im staatlichen Besitz.

Während das Kooperationsziel der Europartners zunächst als Herstellung einer „funktionsfähigen Bankeinheit", also sehr weitgehend formuliert worden war, wurde diese Zielsetzung bereits 1972 geändert und abgeschwächt derart umschrieben, daß, aufbauend auf dem Prinzip der Eigenständigkeit und Verschiedenartigkeit der Mitgliedsbanken, die Europartners-Gruppe eine weltweit ausgerichtete europäische Bankengemeinschaft schaffen wollte, die ihren Kunden ein umfassendes Dienstleistungsprogramm zu bieten in der Lage sein sollte. Dies stellte offensichtlich eine wesentliche Korrektur des ursprünglichen Ziels und damit auch ein Abrücken von der ursprünglich allgemein bestehenden Euphorie hinsichtlich internationaler Bankenkooperationen dar.

Zur Erreichung des längerfristig ausgerichteten Ziels sollte zum einen ein integriertes Bankstellennetz aufgebaut werden, wodurch den Kunden eines jeden Partnerinstituts die Bankstellen der anderen Partner zugängig sein sollen. Zum anderen wird versucht, die Leistungsarten zu vereinheitlichen, so daß auf diese Weise jeder Kooperationspartner den eigenen Kunden wie denen der anderen Banken das gleiche Leistungsprogramm zur Verfügung stellt, sowie gemeinsam neue Leistungsarten zu entwickeln. Durch letzteres soll gleichzeitig das weitere Zwischenziel, die Verbesserung des Leistungsprogramms, mit realisiert werden.

1974 wurden die sechs im Saarland arbeitenden Zweigstellen

der Commerzbank und des Crédit Lyonnais zu einem Gemeinschaftsinstitut „Commerz-Credit-Bank Aktiengesellschaft Europartner" zusammengefaßt. An dem Grundkapital dieses Instituts sind die Commerzbank mit 60%, der Crédit Lyonnais mit 35% und die beiden anderen Institute mit je 2,5% beteiligt. Trotz dieses Beginns der Integration der verschiedenen Zweigstellennetze und weiterer Absichtserklärungen zeigte sich jedoch bald, daß vor allem die Commerzbank und der Crédit Lyonnais dennoch in den Domizilländern ihrer Partner eigene Filialen errichteten, offenbar ein Zeichen dafür, daß man die Betreuung der eigenen Kundschaft durch die anderen Partner in deren Land für nicht ausreichend ansah.

Als Beispiel für die Ausgestaltung der Kooperation innerhalb der Europartners-Gruppe sei hier das „TransCredit"-System angeführt. Es gilt als Kern des angestrebten „Europaservice" und soll die kreditmäßige Betreuung von Tochter- und Beteiligungsunternehmen der industriellen Unternehmen in den Partnerländern erleichtern und fördern.

Neben dieser Dienstleistung aus dem Finanzierungsbereich arbeiten die Europartners-Banken u.a. auch zusammen auf dem Gebiet der Leasing-Finanzierung − seit 1973 besteht die Europartenaires Leasing S.A. in Paris, die internationale Leasing-Geschäfte an Leasing-Tochterunternehmen der Mitgliedsinstitute vermittelt − und im Wertpapiergeschäft, wo die Gruppe z.B. über die EuroPartners Securities Corp. in New York das Emissionsgeschäft sowie den Börsenhandel und die Vermögensverwaltung im Bereich US-amerikanischer Effekten und hinsichtlich des japanischen Effektenmarktes über die Nippon Europartner Consulting Company Ltd. in Tokio betreibt.

Neben der Verbesserung des Leistungsprogrammangebots baute die Europartners-Gruppe gleichzeitig ihre Präsenz in Drittländern weiter aus. Die dort bereits bestehenden Stützpunkte der einzelnen Partnerbanken wurden teilweise in Gemeinschaftsinstitute umgewandelt und an wichtigen Bankplätzen, an denen noch kein Mitglied vertreten war, wurden gemeinsam Vertretungen errichtet. In diesem Rahmen wurden mehrere Gemeinschaftsrepräsentanzen geschaffen: so 1971 in Tokio, Singapur und Mexiko City, 1972 in Johannesburg sowie 1974 in Kopenhagen. Diese gemeinschaftlichen Repräsentanzen werden durch jeweils einen Vertreter der Partnerbanken geleitet.

1971 wurde als erstes gemeinsames Tochterinstitut die durch den Crédit Lyonnais 1968 gegründete Investmentbank „Crédit Lyonnais Corp." in New York mit 50%iger Beteiligung der Commerzbank in ein gemeinschaftliches Institut umgewandelt, das den Namen „EuroPartners Securities Corp." erhielt. Diese Unternehmung, an der sich später auch der Banco di Roma und 1974 einige skandinavische Banken über ein Gemeinschaftsinstitut, die Nordic Bank Ltd. in London, beteiligten, betätigt sich insbesondere im internationalen und US-amerikanischen Emissionsgeschäft, im Effektenhandels- und im Vermögensverwaltungsgeschäft sowie der Beteiligungsvermittlung.

In Ost- und Südostasien erfolgten Gemeinschaftsgründungen der Europartners-Gruppe, meist in Zusammenarbeit mit japanischen Banken, z.B. 1973 dadurch, daß in Thailand ein Tochterunternehmen der Mitsui Bank in Tokio in ein Gemeinschaftsinstitut umgewandelt wurde. An der Mithai Europartners Finance and Securuties Comp. in Bangkok, ein Finanzierungsunternehmen für Wirtschaftsunternehmen in Südostasien, ist der europäische Banken-Club mit 30% beteiligt.

Trotz der Errichtung einiger Gemeinschaftsinstitute bzw. Übernahme von Beteiligungen außerhalb Europas liegt der Schwerpunkt der Kooperationsaktivitäten dieses internationalen Banken-Clubs in Europa. So sind die Europartners-Banken z.B. an dem führenden Institut für das mittelfristige Eurokreditgeschäft, der International Commerical Bank Ltd. (ICB) in London, beteiligt, eine Bank, die die Commerzbank 1967 mitgegründet hatte und an der sich die anderen Partner 1973 beteiligten. Außer der bereits erwähnten Europartners Bank (Nederland) N.V. in Amsterdam und der ebenfalls 1973 von den Mitgliedsbanken gegründeten IRIS-Institutional Research und Investment Services S.A. in Genf, die insbesondere Anlageanalysen und verwandte Arbeiten erstellt und in diesem Zusammenhang eng mit den in den USA und Ostasien errichteten Investmentgesellschaften zusammenarbeitet, wurden darüber hinaus zusätzlich Spezialinstitute gegründet und Beteiligungen eingegangen, die vor allem den Handel und den Kapitalverkehr zwischen europäischen und außereuropäischen Ländern fördern helfen sollen.

Die internationale Kooperation der *Dresdner Bank* kann im Vergleich zu denen der anderen deutschen Großbanken wohl als die lockerste Form der Zusammenarbeit bezeichnet werden, zumal es sich hierbei um eine lediglich partielle Kooperation mit anderen Banken handelt. Ausgangspunkt war das 1967 von der Dresdner Bank und der Algemene Bank Nederland, der Banca Nazionale del Lavoro, der Banque Nationale de Paris, der Barclays Bank und der Bank of America gegründete Gemeinschaftsinstitut Société Financière Européenne in Paris und Luxemburg, der 1971 noch die Banque de Bruxelles und 1972 die Sumitomo Bank beitraten. Die S.F.E. in Luxemburg fungiert dabei als eine Holding-Gesellschaft für die S.F.E. in Paris, die 1971 umbenannt wurde in Banque de la Société Financière Européenne. An dem Luxemburger Institut sind die Partnerbanken zu gleichen Teilen beteiligt, während das Pariser Institut zu 88% im Besitz der Luxemburger Holding und zu je 1,5% im Besitz der Partnerbanken ist.

Die Partnerbanken beabsichtigten mit der Gründung dieser Unternehmen eine internationale Zusammenarbeit in begrenzten Bereichen: nämlich im mittel- und langfristigen Kreditsowie im Beteiligungsgeschäft mit dem Ziel einer Ergänzung und Vervollständigung ihres eigenen Leistungsprogramms. Eine weitergehende Kooperation war und ist nicht beabsichtigt.

Von der Unternehmensgröße her ist in der SFE-Gruppe die Bank of America die weitaus größte, gefolgt von der Banque Nationale de Paris, der Barclays Bank und dann erst der Dresdner Bank und der Banca Nazionale del Lavoro. Die starken größenmäßigen Divergenzen, vor allem das absolute Dominieren der amerikanischen Bank, die jede weitergehende Kooperation offenbar ablehnte, waren ein Grund mit für das Entstehen der engeren ABECOR-Gruppe. Das Interesse u.a. der Dresdner Bank an einer engeren Kooperation ergab sich im wesentlichen daraus, daß die Bank bis 1971 im Ausland nicht durch eigene Filialen vertreten war, sondern lediglich vor allem über Repräsentanzen und verschiedene Tochter- und Beteiligungsinstitute. Demgegenüber waren die Banque Nationale de Paris, die Barclays Bank und die Algemene Bank Nederland von jeher verhältnismäßig stark im Ausland präsent gewesen. Nicht zuletzt aus diesem Grunde ging die Initiative zur Gründung der ABECOR-Gruppe im hohen Maße von der Dresdner Bank aus. Sie versprach sich aus einer engeren Zusammenarbeit als in der SFE-Gruppe, dadurch ihre Auslandsaktivitäten indirekt über die zahlreichen Vertretungen der Partnerinstitute relativ leicht ausweiten zu können.

Über das Zusammenwirken im Rahmen der Gemeinschaftsinstitute der SFE-Gruppe hinaus und trotz der dargestellten Ausgangssituation und der damit verbundenen Probleme ist es schließlich dennoch zu einer gewissen Umstrukturierung gekommen, indem drei europäische SFE-Partner, nämlich die Banque de Bruxelles, die Algemene Bank Nederland und die Dresdner Bank, dazu als weiteres deutsches Mitglied die Bayerische Hypotheken- und Wechselbank 1971 einen Kooperationsvertrag abschlossen, der auf eine erweiterte internationale Zusammenarbeit abstellt. Institutionalisiert wurde diese 1972 mit der Gründung der Associated Banks' of Europe Corporation S.A. (ABECOR), einer Koordinierungsunternehmung für die kooperativen Aktivitäten der Partnerbanken. Die angeführten Partnerbanken stellen den sog. inneren Kooperationskreis dar; als sog. äußerer Kooperationskreis haben sich ihm die übrigen europäischen SFE-Partnerbanken lose angeschlossen mit dem Ziel, an einzelnen Projekten des inneren Kooperationskreises von Fall zu Fall teilzunehmen. 1974 wurden sie jedoch Vollmitglieder der ABECOR-Gruppe, der seit 1973 schließlich, zunächst allerdings als „assoziierte" Mitglieder, auch die Banque Internationale à Luxembourg sowie die Österreichische Länderbank beitraten.

Die ABECOR-Gruppe nennt als Kooperationsziel die allerdings nicht genauer präzisierte Zusammenarbeit auf allen Gebieten des internationalen Bankgeschäfts, obwohl in der Gruppe selbst, wie bereits erwähnt, zunächst nicht unbedingt die Neigung zu einer intensiveren Zusammenarbeit wie etwa bei der Europartners- und der EBIC-Gruppe vorhanden war. Dies zeigte sich auch darin, daß die meisten Mitglieder schon zu Beginn ihrer Kooperation sowohl Gemeinschaftsunternehmen in Drittländern als auch langfristig einer Verschmelzung zu einer europäischen Bankengruppe ablehnend gegenüberstanden.

So haben alle Partnerbanken gleichzeitig ihre eigenen internationalen Aktivitäten weiter entwickelt, auch im Zusammenwirken mit Banken, die keine Kooperationspartner der SFE- und ABECOR-Gruppe sind. Beispielsweise entstanden unter Beteiligung der Dresdner Bank in Asien Finanzierungsinstitute, die ASEAM-Banken, die auf die Gewährung mittel- und langfristiger Kredite sowie auf das Emissions- und Beteiligungsgeschäft spezialisiert sind. Dies und das insgesamt nicht einheitlich auf die Gruppe abgestellte Kooperationskonzept verdeutlichen, daß es der Dresdner Bank wie auch den übrigen Partnerbanken darauf ankommt, möglichst weitgehend die eigene Selbständigkeit zu bewahren und nicht zu starke Bindungen im internationalen Geschäft über Kooperationsvereinbarungen einzugehen.

Die Zusammenarbeit innerhalb der Gruppe erstreckt sich außer auf einige, im Rahmen der Geschäftspolitik jedoch relativ unbedeutende Gemeinschaftsleistungen – hervorzuheben ist hier das „Telecredit"-System ähnlich dem „TransCredit"-System der Europartners-Gruppe; Kredit wird zumeist in Form von Überziehungskrediten gewährt und hat in der Regel eine maximale Laufzeit von zwei Jahren – und einer Zusammenarbeit im innerbetrieblichen Bereich vor allem auf die Gründung gemeinsamer Repräsentanzen und auf bestimmte Regionen spezialisierter Tochterinstitute in Drittländern. So entstanden Gemeinschaftsrepräsentanzen 1972 in Sydney, in Johannesburg (vormals Dresdner-Bank-Repräsentanz) und in Mexiko City (hervorgegangen aus einer Gemeinschaftsvertretung der Dresdner Bank und ihrer Tochter, der Deutsch-Südamerikanischen Bank) sowie 1973 in Teheran.

An bedeutenderen Gemeinschaftsgründungen sind in diesem Zusammenhang zwei Finanzierungsinstitute mit einer speziellen Ausrichtung auf das Kreditgeschäft und ein Institut zur Abwicklung von Wertpapiergeschäften mit den USA zu nennen. Es ist dies zum einen die bereits 1970 von einigen SFE-Partnern und späteren ABECOR-Mitgliedern zusammen mit der Commonwealth Bank of Australia gegründete Australian European Finance Corporation, zum anderen die Euro-Latinamerican Bank, auch EULA-Bank genannt. An diesem Institut sind die ABECOR-Gruppe einschließlich der assoziierten Mitgliedsbanken sowie die Deutsch-Südamerikanische Bank und die Banco Central S.A., Madrid, zur einen Hälfte und Banken aus verschiedenen lateinamerikanischen Ländern zur anderen Hälfte beteiligt.

Um eine verbesserte Abwicklung des Wertpapiergeschäfts mit Nordamerika, aber auch um den gestiegenen Anforderungen internationaler privater und institutioneller Anleger in den USA und Europa besser genügen zu können, haben die vier Gründungsinstitute der ABECOR 1972 die A.B.D. Securities Corporation in New York errichtet. Sie ist aus einer Fusion der 1969 gegründeten German-American Securities Corporation, Boston, einer Tochterunternehmung der Dresdner Bank, und der ABN Corporation, einer Tochter der Algemene Bank Nederland, entstanden. Zur Erfüllung ihrer Aufgaben ist das Gemeinschaftsinstitut Mitglied bzw. assoziiertes Mitglied mehrerer nordamerikanischer Börsen. Bemerkenswert ist, daß 1978 der damalige Präsident der ABD Securities Corporation an die Spitze der Boston Stock Exchange trat und damit diese Funktion an einer der traditionsreichsten amerikanischen Wertpapierbörsen erstmals ein Ausländer bekleidete.

Aus den vorangegangenen Ausführungen geht wohl hervor, daß die deutschen Großbanken bei letztlich ähnlichen Zielsetzungen zwar die gleiche Strategie gewählt haben, sie jedoch in den Details recht unterschiedlich ausgestaltet haben: So sind die Deutsche Bank und die Commerzbank relativ umfassende Kooperationsverträge eingegangen, während die Dresdner Bank sich für die Form einer eher partiellen Zusammenarbeit in einer internationalen Bankengruppe entschieden hat: Bei ersteren handelt es sich um relativ enge und umfassende Zusammenarbeit in fast allen Bereichen des Bankgeschäfts; bei letzterer hingegen erfolgt eine internationale Zusammenarbeit über eine losere Kooperation in einzelnen Geschäftsbereichen. Die umfassenden Kooperationen innerhalb der EBIC- und der Europartners-Gruppe unterscheiden sich allerdings dadurch, daß der Banken-Club, bei dem die Deutsche Bank Mitglied ist, ein institutionelles Bindeglied als organisatorischen Rahmen besitzt, wogegen die Commerzbank innerhalb ihrer Gruppe direkt mit den Partnerbanken zusammenarbeitet.

4.2.3. Filialen und Tochterinstitute

Den entscheidenden Schritt zum „international banking" vollzogen die deutschen Großbanken ebenso wie andere deutsche Banken erst Ende der sechziger Jahre, indem sie verstärkt die Strategie der Gründung eigener Tochterinstitute – und hierbei insbesondere an den Zentren der Eurofinanzmärkte – sowie der Errichtung eigener Filialen in allen wichtigen Währungsgebieten der Welt verfolgten (LV 68). Dazu trug letztlich sicherlich der Umstand bei, daß sich die strukturellen Gegebenheiten in der deutschen Wirtschaft in hohem Maße geändert hatten, was u.a. durch eine verstärkte Neigung deutscher Unternehmen, im Ausland direkt zu investieren, zum Ausdruck kam. Viele große Industrieunternehmen erwarten eine weltweit orientierte Betreuung durch ihre inländische Bank, was allerdings nicht ausschließt, daß sie bei einzelnen Geschäften auf dafür spezialisierte Institute im Ausland zurückgreifen. Bei ihren internationalen Engagements bevorzugen sie jedoch in der Regel die inländische Hausbank, die ihnen auch an den wichtigsten Finanzplätzen und Wirtschaftszentren der Welt mit ihrem umfassenden Leistungsprogramm zur Verfügung steht.

Auch die deutschen Großbanken mußten dieser Tatsache Rechnung tragen – ein Zwang, der sich mit zunehmender internationaler Integration des deutschen Finanz- und Gütermarktes weiter verstärken wird. Um die eigenen Kunden besser betreuen zu können, wozu die Strategien der Korrespondenzbankenverbindung, der Repräsentanz und der internationalen Banken-Clubs nun nicht mehr für ausreichend gehalten wurden, und dabei zugleich auch zu verhindern, möglicherweise Marktanteile an ausländische Banken zu verlieren, waren die deutschen Banken somit gezwungen, den Wirtschaftsunternehmen mit eigenen „echten" Geschäftsstellen ins Ausland zu folgen.

Wesentlich zur Errichtung eigener Filialen sowie der Gründung von Tochterinstituten trug darüber hinaus sicherlich der Umstand bei, daß, wenn die deutschen Großbanken ihre Wettbewerbsstellung – national und international – halten, wenn nicht sogar verbessern wollten, sie zusätzlich neue Kunden gewinnen mußten und weiter müssen. Dies kann und muß in erster Linie im Auslandsgeschäft erfolgen, weil der Inlandsmarkt weitestgehend verteilt zu sein scheint — unter Beteiligung auch ausländischer Banken, die schon seit den fünfziger Jahren in der BR Deutschland mit Zweigstellen und in der Folgezeit in zunehmendem Maße über Beteiligungen und Tochterinstitute vertreten sind.

Tabelle 14: *Auslandsniederlassungen der deutschen Großbanken*
(Stand 1981)

Platz	Deutsche Bank AG	Dresdner Bank AG	Commerzbank AG
Antwerpen	X		X
Asunción	X		
Atlanta			X
Barcelona		X	X
Brüssel	X		X
Buenos Aires	X		
Chicago		X	X
Hongkong	X	X	X
London	X	X	X
Los Angeles		X	
Madrid	X[1]	X	X
Mailand	X	X	
New York	X	X	X
Paris	X		X
São Paulo	X		
Singapur		X	
Tokio	X	X	X

[1] mit Büro in Barcelona

Für die Niederlassungspolitik der Großbanken in den siebziger Jahren, d.h. der verstärkten Errichtung eigener Stützpunkte im Ausland, können somit im wesentlichen folgende Gründe angeführt werden:

(1) die Notwendigkeit, den eigenen Kunden aus Industrie und Handel aufgrund deren verstärkter Auslandsinvestitionstätigkeit zwecks einer besseren Betreuung dorthin nachzufolgen;

Tabelle 15: *Tochterunternehmen der Großbanken im Ausland*
(Stand 1981)

Deutsche Bank AG:

- Atlantic Capital Corporation, New York
- DB Finance (Hong Kong) Ltd., Hongkong
- DB U.K. Finance Limited, London
- Deutsche Bank (Asia Credit) Ltd., Singapur
- Deutsche Bank (Canada), Toronto
- Deutsche Bank Compagnie Financière Luxembourg, Luxemburg
- Deutsche Bank (Suisse) S.A., Genf

Dresdner Bank AG:

- Compagnie Luxembourgeoise de la Dresdner Bank AG – Dresdner Bank International – (CLB), Luxemburg
- Dresdner Bank Canada – Banque Dresdner du Canada –, Toronto
- Dresdner (South East Asia) Ltd., Singapur

Commerzbank AG:

- Commerzbank International S.A., Luxemburg
- Commerzbank (South East Asia) Ltd., Singapur

(2) angesichts der Situation am inländischen Bankenmarkt der Versuch der Großbanken, ihre Wettbewerbsstellung auch durch den Ausbau des Auslandsgeschäfts zu stärken;
(3) Verteidigung gegen eine häufig aggressivere Geschäftspolitik ausländischer, z.T. weltweit organisierter Banken;
(4) die Entwicklung neuer Finanzgeschäfte, beispielsweise des syndizierten internationalen Kredit- und Emissionsgeschäfts;
(5) die wachsende Bedeutung der Euro-Finanzmärkte.
Zum letzten Punkt ist zu sagen, daß das Euro-Geschäft aufgrund zu stark einschränkender Rahmenbedingungen in der BR Deutschland direkt nicht ausgeübt werden kann. An den

Zentren des Euro-Marktes – z.B. London, Luxemburg, New York, Hongkong und Singapur – existieren demgegenüber weit günstigere Voraussetzungen: eine vergleichsweise liberalere Gesetzgebung für das Bankwesen, niedrigere Steuersätze in der Regel und vielfach das Fehlen sonstiger einengender Rahmenbedingungen wie z.B. von Mindestreservevorschriften, die die Ausübung dieser Finanzgeschäfte an diesen Plätzen attraktiver als an anderen machen. Es lag daher nahe, an diesen Finanzplätzen Stützpunkte zu errichten und von dort aus das Euro-Geschäft zu betreiben.

Aus den genannten Gründen sind die deutschen Banken – und hier vor allem die Großbanken – heute an allen wichtigen Finanzplätzen der Welt mit Auslandstöchtern und -filialen präsent (Tab. 14, 15). Insgesamt waren die Großbanken Ende 1981 im Ausland außer durch ihre Beteiligungen an lokalen Banken und den Gemeinschaftsinstituten der internationalen Banken-Clubs durch 33 Filialen (Deutsche Bank zwölf, Dresdner Bank zehn, Commerzbank elf), 53 Repräsentanzen (19, 16, 18) (S. 191) und zwölf Tochterinstitute (7, 3, 2) vertreten. Zusätzlich war die Dresdner Bank durch 13 Gemeinschaftsvertretungen mit der Deutsch-Südamerikanischen Bank im Ausland präsent.

Als einer der geographischen Schwerpunkte, die sich hierbei herausgebildet haben, sind sicherlich die europäischen Euromarkt-Zentren London und Luxemburg zu nennen. So sind die Großbanken an diesen beiden Plätzen teilweise mit einer Tochterunternehmung und einer Filiale vertreten. Die Dresdner Bank war dabei 1967 die erste deutsche Bank, die in Luxemburg eine Tochterunternehmung, die Compagnie Luxembourgeoise de la Dresdner Bank AG – Dresdner Bank International – (CLB), errichtete. Ein Jahr später folgte die Commerzbank mit der Gründung der Commerzbank International S.A., Luxemburg, und weitere zwei Jahre später erst, 1970, die größte deutsche Bank mit der Deutsche Bank Compagnie Financière Luxembourg S.A., Luxemburg. Die Geschäftsstruktur dieser Luxemburger Tochterinstitute, aber auch aller anderen deutschen Institute dort, konzentriert sich dabei in erster Linie auf das Euro-Kreditgeschäft, den Geldhandel, das Wertpapiergeschäft und den Devisenhandel sowie bei einigen Banken in der jüngeren Vergangenheit auch auf das Vermögensverwaltungsgeschäft mit Privatkunden, wodurch Luxemburg in zunehmendem Maße in Konkurrenz zum Bankplatz Schweiz tritt.

Nachdem das Tochterinstitut der Dresdner Bank lange Jahre hindurch die größte deutsche Bank in Luxemburg war, hat sich mit Ablauf des Geschäftsjahres 1980/81 (30. September) die Deutsche Bank Compagnie Financière Luxembourg von den insgesamt 29 deutschen Euro-Banken an diesem Platz vom Geschäftsumfang und vom Ertrag her mit einer Bilanzsumme von 22,8 Mrd. DM zur größten Bank entwickelt. Demgegenüber wies die Dresdner-Bank-Tochter am 31. 3. 1981 eine Bilanzsumme von 22,3 Mrd. DM aus und die Commerzbank International als drittgrößte deutsche Bank dort Ende 1981 von 14,7 Mrd. DM.

Neben Luxemburg als Zentrum des Euro-DMark-Marktes haben sich die Großbanken in Europa darüber hinaus vor allem auch in London – dem trotz wachsender Konkurrenz aus New York auch heute noch bedeutendsten und größten Finanzzentrum der Welt und wichtigsten Platz am Euromarkt – eine starke Präsenz geschaffen. Außer der Filiale, mit der jede Großbank in London vertreten ist, besitzen die deutschen Institute darüber hinaus Tochterinstitute und/oder Beteiligungen an Finanzinstitutionen. So ist z.B. die Deutsche Bank mit 99,9% am Grundkapital der DB U.K. Finance Ltd., London, beteiligt und die Commerzbank mit 12% an der bereits erwähnten International Commercial Bank Ltd., London.

Als dritter geographischer Schwerpunkt bei der Expansion der Großbanken im Ausland sind an dieser Stelle die USA mit ihren verschiedenen Finanzzentren zu nennen. Nachdem die meisten deutschen Banken erfolgreich in New York Fuß gefaßt hatten – so eröffnete die Commerzbank als erstes deutsches Institut 1971 eine Filiale dort, und ein Jahr später folgte die Dresdner Bank, während die Deutsche Bank sich erst 1979 in New York mit einer Filiale präsentierte –, weiteten sie neben ihrem Netz von Repräsentanzen auch ihr Filialnetz auf andere wichtige Finanzplätze in den USA aus. Dies hatte u.a. seinen Grund darin, daß deutsche Unternehmen in zunehmendem Maße ihre geschäftlichen Beziehungen mit US- Unternehmen ausbauten oder in den USA verstärkt Direktinvestitionen tätigten. So eröffnete die Dresdner Bank zusätzlich Filialen in Chicago und Los Angeles (1974), während die Commerzbank diese Strategie in Chicago (1974) und Atlanta (1978) weiter verfolgte. Daß die Deutsche Bank erst relativ spät eine Filiale in den USA eröffnet hat, ist wohl u.a. damit zu erklären, daß deren verantwortliches Management lange Zeit, länger als die beiden Konkurrenzinstitute, die Strategie von Gemeinschaftsgründungen verfolgt hat. So war die Deutsche Bank in den USA in der Hauptsache über die European American Bank & Trust Company, New York, mit ihren Vertretungen in Chicago und Los Angeles sowie der European American Banking Corporation, New York, beides Gründungen innerhalb der EBIC-Gruppe, vertreten.

Neben den USA gewinnt auf dem nordamerikanischen Kontinent Kanada aufgrund seiner Wirtschaftskraft (Reichtum an Rohstoffen) und der Nähe zu den USA wachsende Bedeutung. Die Großbanken versuchen dem dadurch Rechnung zu tragen, indem neben den Repräsentanzen, durch die jedes Institut bislang in Toronto vertreten war, die Deutsche Bank und die Dresdner Bank 1981 je eine Tochtergesellschaft in Toronto errichteten.

Neben den europäischen Finanz- und Wirtschaftszentren und denen in Nordamerika hat mehr und mehr auch der ost- und südostasiatische Wirtschaftsraum an Bedeutung gewonnen, was auch in einer sich verstärkenden Präsenz der Großbanken zum Ausdruck kommt. Außer wegen der hohen Wachstumsraten dortiger Volkswirtschaften haben sie sich zu Filial- und Tochtergründungen in dieser Region der Welt entschlossen, weil sich die Plätze auch zunehmend als Zentren des Asien-Dollar-Marktes herauskristallisierten. So waren die Großbanken Ende 1981 neben mehreren Repräsentanzen und Beteiligungen an lokalen Banken sowie Gemeinschaftsgründungen der Banken-Clubs durch die Deutsche Bank über ihre Tochtergesellschaften DB Finance (Hongkong) Ltd., und Deutsche Bank (Asia Credit) Ltd., Singapur, sowie Filialen in Hongkong und Tokio vertreten. Die Dresdner Bank besaß neben Filialen in Hongkong, Singapur und Tokio die Dresdner (South East Asia) Ltd., Singapur, und die Commerzbank (South East Asia) Ltd., Singapur, sowie Filialen in Hongkong und Tokio.

Welche Bedeutung die Tochterinstitute der Großbanken im asiatischen Raum erlangt haben, zeigt ein Vergleich der „Merchant Banks" in Asien (außer Japan). Danach war Ende 1980 die Dresdner (South East Asia) die zweitgrößte mit Gesamtaktiva von 1,532 Mrd. US-Dollar, gefolgt von der Deutsche Bank (Asia Credit) mit 875 Mio. US-Dollar auf dem vierten Rang und der Commerzbank (South East Asia) mit 583 Mio. US-Dollar, womit sich letztere auf dem siebenten Rang befand.

5. Zweigstellenorganisation, Personal- und Unternehmungsführungsstruktur der Großbanken

5.1. Zweigstellenorganisation

Der organisatorische Aufbau der Großbanken wie auch der aller anderen Betriebswirtschaften bildet sowohl die Voraussetzung als auch die Grundlage allen geordneten Geschehens innerhalb dieser Unternehmen (LV 15, 16, 18, 22). Unter dem Begriff „Organisation" soll in diesem Zusammenhang das Ergebnis eines Prozesses, das sich in festen, auf Dauer ausgerichteten Regelungen, Systemen und Strukturen niederschlägt, und somit weniger die Kennzeichnung einer spezifischen Tätigkeit, der des Organisierens, verstanden werden. Die Organisation der Bankunternehmung und somit auch die der Großbanken ist seitens der jeweiligen Unternehmensführung als eine dauernde Aufgabe aufzufassen. Dies wird in der jüngeren Vergangenheit umso stärker empfunden angesichts der rapiden Entwicklung, bei der sich das Geschäftsvolumen der Großbanken in der Nachkriegszeit vervielfacht hat, die Filialnetze und das Leistungsangebot auf dem Sektor der individuellen Bankleistungen wesentlich ausgebaut, programmierte Dienstleistungen des Mengengeschäfts neu in das Leistungsprogramm aufgenommen worden sind usw.

Eine wesentliche Bedeutung innerhalb der Aufbauorganisation der Großbanken, die hier nur in einigen Aspekten beleuchtet werden kann, kommt der Struktur des Niederlassungssystems zu. Die einzelnen Niederlassungen bzw. Filialen sind je nach ihrer Bedeutung und Größe in ihrer Eigenständigkeit unterschiedlich gestellt; sie betreiben ihre Geschäfte nach den Richtlinien der Zentrale oder Hauptverwaltung und weisen dabei prinzipiell eine gleichartige Organisation hinsichtlich Buchhaltung, Ausstattung mit Sachmitteln usw. auf. Bei den filialisierten Großbanken besteht somit ein Problem darin, in welchem Maße den Zweigstellenleitungen Entscheidungsbefugnisse übertragen werden sollen, also bezüglich des Ausmaßes der Zentralisation bzw. Dezentralisation. So kann eine Filiale als lokale oder regionale Bank geführt werden, die alle nachgefragten Dienstleistungen selber anbietet und hierzu die Entscheidungen alleine trifft. Die andere Extremposition liegt darin, daß die Zweigstelle kaum mehr als ein Schalterbüro ist, in dem Einlagen entgegengenommen und sonstige Routineleistungen erledigt werden. Das genaue Ausmaß der Delegation von Entscheidungs- und Handlungskompetenzen auf die einzelnen Niederlassungsebenen wird schließlich irgendwo zwischen diesen beiden Extrema liegen, wobei häufig die lokale und regionale Wettbewerbssituation den letzten Ausschlag gibt. Im konkreten Fall dürfte sich die Unternehmungsführung der Großbanken an praktischen Gesichtspunkten orientieren, wobei z.B. räumliche Entfernungen, Transport- und Kommunikationsmittel sowie der Zeitablauf, innerhalb dessen die Tätigkeiten ausgeführt sein müssen, zu berücksichtigen sind.

In der Zweigstellenorganisation bei der *Deutschen Bank* werden drei Kategorien von Niederlassungen unterschieden: die Hauptfilialen, die selbständig bilanzierenden Filialen (Bezirksfilialen) sowie die Zweigstellen und Filialen mit Zweigstellencharakter. Nach einer grundlegenden Umorganisation der Hauptfilialbezirke, in deren Rahmen auch die Unterschiede hinsichtlich bilanzmäßiger Größenordnungen wie auch personeller Ausstattung zwischen den einzelnen Hauptfilialen auszugleichen versucht worden sind, besitzt die Großbank nunmehr nach zuvor 23 nur noch 14 Hauptstellen. Diese 14 Hauptfilialen sind dabei jeweils einem Filialbezirk vorgeordnet und dem Vorstand der Bank für die geschäftliche Entwicklung des Gesamtbezirks verantwortlich. Um ihrer Führungsaufgabe gegenüber den nachgeordneten Filialen gerecht werden zu können, wurde ihnen als jetzt dezentralen Führungs- und Ertragseinheiten zu diesem Zweck weitgehende Eigenständigkeit zugebilligt. Die selbständig bilanzierenden Filialen fertigen eigene Bilanzen und Gewinn- und Verlustrechnungen an, in die alle ihnen angeschlossenen Zweigstellen und Filialen einbezogen werden. Sie nehmen selbständig am Zahlungsverkehr – über ein eigenes Konto bei der Landeszentralbank – sowie am internen Verrechnungsverkehr der Gesamtbank teil. Die Kompetenz im Kreditgeschäft ist dadurch geregelt, daß sie weitgehend von der Zentrale auf die einzelnen Filialen delegiert ist.

Zu unterscheiden ist dabei zwischen berichtspflichtigen und genehmigungspflichtigen Engagements. Die vorherige Zustimmung der jeweils übergeordneten Kompetenzträger – Vorstand, Hauptfiliale, Bezirksfiliale – ist erforderlich, wenn die Zuständigkeit der einzelnen Verantwortungsebene z.B. hinsichtlich der Kredithöhe überschritten werden soll; es handelt sich somit um das Führungsprinzip des „management by exception". Die Kompetenzen der Hauptfilialen werden vom Vorstand der Bank festgelegt, während die Regelung der Kompetenzen der Bezirksfilialen den Direktionen der Hauptfilialen übertragen sind; die Zentrale wirkt hier lediglich beratend mit.

Die Zentrale der Deutschen Bank erbringt für die übrigen Stellen innerhalb des Filialsystems neben der geschäftspolitischen Steuerung und Analyse der verschiedenen Geschäftsbereiche der Gesamtbank und dem Richtlinien- und Rundschreibendienst im Direktinteresse der Filialen vor allem folgende Dienstleistungen: als Geschäftspartner im Geld-, Devisen- und Effektenhandel, Prüfung und Kontrolle des Kreditgeschäfts, Revision und Kontrolle des Geschäftsablaufs, Unterstützung in Personal- und Ausbildungsangelegenheiten und dgl., Beratung in Rechtsfragen, Bilanz- und Steuerangelegenheiten, technische Abwicklung bestimmter Geschäftsvorfälle bei der Zentrale und deren Verbuchung in Großrechenzentren, insbesondere im Bereich der Effektenverwaltung und der Zahlungsverkehrsabwicklung usw. Speziell hinsichtlich der Erfüllung der Mindestreservepflicht der Bank bzw. der Darstellung der angestrebten Bar- oder Gesamtliquidität ist es die Aufgabe der Zentrale, sowohl für die Deckung der Differenz zwischen den LZB-Guthaben der Hauptfilialen und dem Mindestreserve-Soll der Gesamtbank zu sorgen als auch eventuelle Überschüsse ertragbringend anzulegen.

Die Hauptfilialen sind vor allem mit folgenden Abteilungen in größerem Umfang in direktem Interesse der nachgeordneten Stellen tätig: Direktion/Geschäftsleitung der Hauptfilialen, insbesondere im Hinblick auf die Leitungsfunktion und auf die Akquisition; Kreditabteilung, zur Unterstützung im Rahmen der Kreditüberwachung und -kontrolle; Firmen- sowie Privatkundenabteilung; Rechtsabteilung usw. Die Kosten, die bei der Zentrale oder bei den Hauptfilialen durch ihr unmittelbares Tätigwerden für nachgeordnete Stellen entstehen, werden im

Interesse einer aussagefähigen Ergebnisrechnung durch interne Kostenverrechnungen abgegolten.

Grundsätzlich anzumerken ist, daß die verschiedenen Filialen eigenverantwortlich handeln und sich dies auf das Gesamtgeschäft im bis zur Zweigstelle eindeutig abgegrenzten Einzugsbereich bezieht. Dem einzelnen Zweigstellenleiter wird kein konkretes Ziel seitens der übergeordneten Stelle vorgegeben, das es zu erfüllen gilt. Er hat vielmehr seine Zweigstelle weitgehend in eigenverantwortlicher Weise zu führen. Es existiert somit zur Beurteilung einer einzelnen Niederlassung durch die Zentrale kein absoluter Maßstab, an dem der Erfolg gemessen werden kann. Eine Beurteilung könnte allerdings dadurch erfolgen, daß im Rahmen der Rentabilitäts- bzw. Erfolgskontrolle für die einzelne Filiale seitens der Zentrale unter Einbeziehung der verschiedenen speziellen lokalen und regionalen Gegebenheiten ein Vergleich mit der Entwicklung und der Situation anderer Niederlassungen vorgenommen wird.

Bei der *Dresdner Bank*, für die im Prinzip ähnliche organisatorische Prinzipien wie bei der Deutschen Bank gelten, ist ein bei ihr eingesetztes Instrument der Organisation besonders hervorzuheben: das Niederlassungsinformationssystem. Es ist eingeführt worden, weil die Zentrale im Rahmen einer Neuorganisation ihres Niederlassungsnetzes in den Jahren 1973/74 — das Kopfstellennetz wurde von 40 auf ebenfalls — wie bei der Deutschen Bank — 14 Niederlassungsbereiche reduziert, wobei die Kopfstellen zugleich einheitlich organisiert und mit höheren Kompetenzen ausgestattet wurden — die Verantwortlichkeiten für das Firmen- und Privatkundengeschäft eindeutig abgegrenzt haben wollte und infolgedessen auch die Informationen zur Steuerung und Kontrolle der Geschäftstätigkeiten exakt den Verantwortlichkeiten entsprechen mußten. Gleichzeitig mit der klareren Regelung der Zuständigkeiten auf allen Ebenen der Bank wurden die Niederlassungsleiter mit einer größeren Führungs- und Ergebnisverantwortung ausgestattet. Lediglich die Ressorts mit Gesamtbankauftrag in der Zentrale — z.B. für Ausland, Marketing, Personal, Organisation — haben ein fachliches Weisungsrecht gegenüber den Leitern der Niederlassungsbereiche.

Das Konzept des Niederlassungsinformationssystems ergibt

sich im wesentlichen aus einem der Hauptziele der Umstrukturierung des Niederlassungsnetzes bei der Dresdner Bank: der Aktivierung des Filialgeschäfts durch eine bessere Ausschöpfung der Marktpotentiale. Vor allem durch Informationen zum einen zur kürzerfristigen Steuerung und Kontrolle der laufenden Geschäftsentwicklung und zum anderen zur längerfristigen Geschäftsausrichtung soll den Leitenden in den Niederlassungsbereichen Unterstützung zukommen. Die entsprechend den von der Bank geschaffenen Verantwortungsbereichen aufbereiteten Informationen unterrichten die Führungskräfte in den Filialen in regelmäßigen Zeitabständen über die Entwicklung der wichtigsten Komponenten der ihnen zugeordneten Geschäftssparten. Diese Führungsinformationen sind Grundlage und Ansatzpunkt zur Ausübung der Steuerungs- und Kontrollfunktionen der Führungskräfte. Die entscheidenden Steuerungs- und Kontrollgrößen sind dabei für die Leitung einer Niederlassung das Volumen und die Konditionen im Unternehmenskunden- und Privatkundengeschäft, das Dienstleistungsgeschäft i.e.S. mit den Sparten „Wertpapiere", „Ausland" und „inländische sonstige Provisionen, Spesen und Gebühren" sowie der gesamte Personal- und Sachaufwand.

Um eine Steuerung und Kontrolle nach Verantwortungsbereichen zu ermöglichen, sind sämtliche Volumensangaben streng nach Unternehmenskunden und nach Privatkunden getrennt. Für von der Zuordnung her nicht ganz eindeutige Fälle werden jeweils generelle Regelungen getroffen. Im Unternehmenskundengeschäft mit seinen teilweise erheblichen Schwankungen in einzelnen Kredit- und Einlagenkategorien steht der Vergleich des im Berichtsjahr durchschnittlich erreichten Volumens mit dem Volumen für den gleichen Zeitraum des Vorjahres im Vordergrund. Im relativ stetig wachsenden Privatkundengeschäft dominiert der Stichtagsvergleich des jeweiligen Ultimobestandes mit dem Bestand am 31.12. des Vorjahres. Darüber hinaus ist in jeder Kredit- und Einlagenkategorie der Vergleich mit dem Durchschnitt der 14 Niederlassungsbereiche eine wichtige Orientierungshilfe.

Als nachteilig für das Verfahren der sog. Komponentensteuerung muß jedoch angesehen werden, daß das Betriebsergebnis weder als alleiniger Maßstab für die Beurteilung des Potentials und der Leistung eines Niederlassungsbereichs noch für zwischenbetriebliche Vergleiche der Niederlassungsbereiche dienen kann. Als Gründe lassen sich anführen, daß zum einen ein Niederlassungsleiter nicht in jeder Hinsicht autonom entsprechend der spezifischen Bereichssituation entscheiden kann, weil er an das von der Gesamtbank vorgeschriebene Angebotsprogramm, an die vorgegebene Preisfestsetzung in Form von Mindest- bzw. Höchstsätzen sowie an die vorgeschriebene Förderung oder Einschränkung bestimmter Geschäfte gebunden ist. Andererseits sind die Ergebnisse der verschiedenen Niederlassungsbereiche, was eng mit dem vorangegangenen Kritikpunkt zusammenhängt, nicht unbedingt miteinander vergleichbar, weil im Filialbankkonzept eine strukturkonforme Ausnutzung des Marktpotentials im Rahmen der Geschäftspolitik angestrebt wird. Darüber hinaus kann aber auch der wirkliche wirtschaftliche Beitrag eines Niederlassungsbereichs für das Ergebnis der Gesamtbank nur schwer festgestellt werden. Die Auswirkungen eines von einer Filiale getätigten Geschäfts auf das Gesamtergebnis können kaum identifiziert werden, weil die zwangsläufig durch dieses Geschäft induzierten Aktionen der Gesamtbank hinsichtlich Liquiditäts-, Risiko- und Fristenausgleich, Einhalten der KWG-Grundsätze sowie anderer Finanzierungs- und Liquiditätsnormen nicht im einzelnen exakt bewertet und der jeweiligen Filiale zugeordnet werden können. Die Bedeutung des Betriebsergebnisses einer Niederlassung beschränkt sich somit in erster Linie darauf, daß es lediglich eines in einer Reihe von Beurteilungskriterien ist und eine grobe Orientierungshilfe für Entscheidungen darstellt, welcher Geschäftsbereich eine höhere Priorität bei der Aktivierung haben sollte, sowie die Kontrolle der gesamtbetrieblichen Auswirkungen der Komponentensteuerung ermöglichen helfen soll.

Als letztlich wichtiger und bedeutender als das Kriterium „Betriebsergebnis" stellt sich für die Dresdner Bank die Entwicklung der einzelnen Geschäftskomponenten dar, die das Institut im Rahmen der angestrebten Aktivierung des Niederlassungsgeschäfts und der Kontrolle der Entwicklung einzelner Komponenten durch den Einsatz verschiedener Führungsinstrumente zu erreichen sucht. Bei den Führungsinstrumenten sind insbesondere die Steuerung durch Setzen von Zielen („management by objectives") bzw. „Tendenzanalyse" und entsprechende Festlegung von Maßnahmen in Form von Aktionsprogrammen anzuführen, eine Kontrolle durch die Analyse von Abweichungen und der Einleitung entsprechender Korrekturmaßnahmen sowie einer Leistungsbeurteilung am Grad der Zielerreichung und im Vergleich zu anderen organisatorischen Einheiten unter Berücksichtigung regionaler und lokaler Besonderheiten. Die Leitung einer Niederlassung muß sich somit anhand einer Gegenüberstellung der Ist-Zahlen mit den festgelegten Vergleichskriterien rechtzeitig und umfassend über die augenblickliche Situation der Niederlassung orientieren und wesentliche Abweichungen bzw. Änderungen gegenüber den Vergleichskriterien schnell feststellen, um nach einer Ursachenanalyse die erforderlichen Korrekturmaßnahmen einzuleiten.

Mögliche, der jeweils gewählten Organisationsstruktur zurechenbare Auswirkungen auf die Gesamtbank lassen sich auf dem ersten Blick nicht ausmachen. Allerdings scheint die unterschiedliche Ertragsentwicklung der Großbanken zu Ende der siebziger Jahre jedoch nicht nur die Folge einiger geschäftspolitischer Fehleinschätzungen und -entscheidungen gewesen zu sein. Sie können vielmehr zum Teil auch Ausfluß der unterschiedlichen Konzeptionen der Organisation sein. So scheint u.a. ein Grund für das erhebliche geschäftliche und damit erfolgsmäßige Auseinanderdriften der Großbanken in den Jahren ab 1979/80 darin gesehen werden zu können, daß es vor allem der Deutschen Bank gelungen war, sich im Verlaufe der jüngeren Vergangenheit ein Informations- und Organisationssystem zu schaffen, das ihr eine flexiblere Anpassung an sich schnell ändernde Gegebenheiten ermöglicht hat. Insbesondere mögen hierzu größere Entscheidungsfreiheiten auf den unteren Verantwortungsebenen beigetragen haben, als sie die Unternehmungsführungen der beiden anderen Großbanken bei der Konzipierung ihres Organisationssystems ihren Mitarbeitern zu geben bereit gewesen waren.

5.2. Personelle Aspekte

Als personalintensiver Dienstleistungsbetrieb hängt die Stellung einer Bank innerhalb des Bankgewerbes und ihr längerfristiger geschäftlicher Erfolg in hohem Maße von der Qualität und der Leistungsfähigkeit ihrer Mitarbeiter ab. Dies gilt dabei offenkundig insbesondere für die stark dezentralisiert-filialisiert arbeitenden Großbanken. Die große Bedeutung, die dem produktiven Faktor menschliche Arbeitskraft im Rahmen der Erstellung bankbetrieblicher Leistungen zukommt, ist neben der vom einzelnen Institut gewählten Aufbauorganisation vor allem auf die Arteigenheiten der Bankleistungen zurückzuführen, die sich aufgrund ihrer Stofflosigkeit durch Abstraktheit sowie einen hohen Komplexitätsgrad auszeichnen und deshalb der besonderen Erklärung und Erläuterung im Verkaufsprozeß bedürfen. Darüber hinaus hat dieser Umstand und somit auch der Faktor Arbeit noch erheblich an Bedeutung dadurch gewonnen, daß in den letzten Jahren eine Verlagerung des Wettbewerbs in Richtung auf individuelle, verstärkt auf die Bedürfnisse des einzelnen Bankkunden zugeschnittene Betreuung stattgefunden hat. Angesichts der Komplexität und der Vertrauensempfindlichkeit der nachgefragten Leistungen nimmt somit in zunehmendem Maße die präferenzbildende und -stabilisierende personale Beziehung zwischen Bankkunde und Bankmitarbeiter einen immer größer werdenden Stellenwert im Rahmen der marktorientierten Unternehmungspolitik der Banken ein (LV 22). Als Indiz für die Erkenntnis, welche Bedeutung die Mitarbeiter für den Unternehmungserfolg einer Bank am Absatzmarkt haben, kann die erst in der jüngeren Vergangenheit im Bankgewerbe erfolgte Einführung einer sorgfältigen und systematischen Personalplanung angenommen werden (LV 22). So existiert auch bei den hier zu behandelnden Großbanken heute eine Personalplanung, deren wichtigste Aufgabe – wie es die Deutsche Bank allgemein ausdrückt – darin besteht, das benötigte Personal in erforderlicher Quantität und Qualität zum gewünschten Zeitpunkt bereitzustellen; darüber hinaus soll sie konkrete Hinweise auf die Personalkostenentwicklung geben. Als Ziele ihrer Personalplanung, die gleichzeitig zu verfolgen sind, nennt die Bank: die Vermittlung eines Überblicks über die quantitative und qualitative Zusammensetzung der Mitarbeiter, die Vermittlung von Orientierungsdaten für den quantitativen und qualitativen Personalbedarf, eine Verbesserung der Entscheidungsgrundlagen für eine gezieltere Personalbeschaffung und Personaleinsatzplanung sowie der individuellen Entwicklung und Förderung der Mitarbeiter und schließlich der Ermittlung des künftigen Ausbildungsbedarfs.

Diesen Zielen entsprechend gliedert sich das Personalplanungssystem der Deutschen Bank in verschiedene Teilpläne. So enthält ein Teilplan einen Überblick über die funktionale Personalstruktur in den einzelnen Abteilungen und Geschäftssparten (z.B. höhere Führungskräfte, mittlere Führungskräfte, leitende Fachkräfte, qualifizierte Sachbearbeiter, Sekretariatskräfte). Die sich hieraus ergebenden Strukturdaten geben, betrachtet über einen längeren Zeitraum, der Bank rechtzeitig Aufschlüsse über bevorstehende Strukturverschiebungen im Personalbereich.

Der Soll-Stellenplan als weiterer Teilplan enthält die voraussichtliche Zahl der erforderlichen Arbeitsplätze für jedes Jahr des Planungszeitraums, ebenfalls nach Funktionsstufen und Abteilungen bzw. Geschäftssparten gegliedert. Der Bedarf wird aufgrund von Informationen über die jeweilige geschäftliche Entwicklung und die zu erwartenden organisatorisch-technischen Veränderungen ermittelt, die die einzelnen Filialen von der Planungsabteilung erhalten. Die im Soll-Stellenplan ermittelten Bedarfszahlen sind gleichzeitig Grundlage für die Personalkostenplanung im Rahmen der Budgetierung.

Der Personalbeschaffungsplan als dritter Teilplan nennt die Zahl der neu einzustellenden Mitarbeiter. Dabei werden Versetzungen, Umbesetzungen, Personalabgänge und die sich aus dem Soll-Stellenplan ergebenden neuen Arbeitsplätze berücksichtigt. Außerdem wird in diesem Plan festgelegt, wie der Personalbedarf im einzelnen zu decken ist. Da die Fach- und Führungskräftepositionen grundsätzlich aus den eigenen Reihen der Deutschen Bank besetzt werden, liegt das Schwergewicht eindeutig auf der internen Bedarfsdeckung, wofür die Personalentwicklungsplanung eine wesentliche Voraussetzung ist.

Der vierte Teilplan, der Nachfolgeplan, weist die in den Filialen zu besetzenden neuen und frei werdenden Positionen im Bereich der mittleren Führungs- und Fachkräfte aus. Obwohl die Hauptfilialen weitgehende Personalhoheit haben, kann die Besetzung wesentlicher Positionen nur unter Berücksichtigung überregionaler Gesichtspunkte erfolgen, wobei die zentrale Personalabteilung der Bank hier anhand dieser Pläne rechtzeitig steuernd eingreifen kann. Ergänzend dazu wird eine Nachfolgeplanung für den oberen Führungskräftebereich – Direktoren der Filialen und Zentrale – erstellt, die von Zeit zu Zeit im Vorstand des Instituts besprochen wird. Sie enthält im wesentlichen die vorhersehbaren Abgänge, vor allem aufgrund von Pensionierungen. Zusätzlich wird eine spezielle Einsatzplanung für die Fach- und Führungskräfte des Instituts im Ausland erstellt, deren Ziel insbesondere darin besteht, Nachfolgefragen lösen zu helfen und die Wiedereingliederung dieser Mitarbeiter im Inlandsbereich zu erleichtern.

Der Personalentwicklungsplan letztlich soll einen Überblick über das Potential der entwicklungsfähigen Führungs- und Nachwuchskräfte in den einzelnen Filialen und Geschäftssparten vermitteln. Aufgrund dessen ist die zentrale Personalabteilung in der Lage, auf breiter Grundlage Vorschläge für die Besetzung frei werdender leitender Positionen der Nachfolgeplanung sowie der nicht immer vorhersehbaren Nachfolgeregelung zu machen. Entscheidend für die Aufnahme in die Personalentwicklungsplanung ist hierbei vor allem, daß der Mitarbeiter aufgrund der Beurteilung seiner unmittelbaren Vorgesetzten ein Entwicklungspotential aufweist, das ihn bei entsprechender Aus- und Weiterbildung befähigt, innerhalb einer bestimmten Zeit die Qualifikation einer mittleren bzw. höheren Führungskraft zu erreichen. Darüber hinaus muß eine überdurchschnittlich gute Beurteilung hinzukommen, deren Grundlage ein von der Bank selber entwickeltes systematisches Beurteilungsverfahren ist.

Die Zuständigkeit für die Personalplanung obliegt der zentralen Personalabteilung, während für die Durchführung der Planung entsprechend der dezentralen Organisationsstruktur der Großbank die Hauptfilialen verantwortlich sind. Die Aufgaben der zentralen Planungsabteilung bestehen vor allem darin, die Filialen bei der Durchführung ihrer Planung durch zusätzliche Orientierungsgrößen aus dem Personalbereich zu unterstützen – Fluktuations-, Einstellungsquoten für Auszubildende usw. –, die Ergebnisse für die Gesamtbank zusammenfassend zu analysieren und die entsprechenden Schlußfolgerungen für die künftige Personalarbeit zu ziehen. In einem engen Zusammenhang mit der Personalplanung ist bei den

Großbanken wie auch bei den anderen Institutsgruppen zu sehen, daß die Nachwuchskräfte für Führungspositionen weitgehend in eigenen Ausbildungseinrichtungen geschult werden. So weisen alle drei Großbanken neben regionalen Schulungsstätten seit Anfang der siebziger Jahre hochmoderne eigene Ausbildungszentren im Taunus auf: die Deutsche Bank in Kronberg, die Dresdner Bank in Königstein und die Commerzbank bei Glashütten. Mittels Fach- und Managementseminaren wird dort die Fortbildung der Mitarbeiter intensiv gefördert, wobei es sich neben Seminaren zu bankspezifischen Bereichen wie z.B. dem Kredit- und Auslandsgeschäft auch um z.B. spezielle für die Führungskräfte durchgeführte Seminare zu Fragen der Personal- und Mitarbeiterführung sowie der Konferenz- und Redetechnik handelt. Neben den nationalen Schulungseinrichtungen unterhält darüber hinaus die Dresdner Bank gemeinsam mit ihren Partnerbanken in der ABECOR-Gruppe das „International Banking Institute" in Bad Homburg, das vorwiegend der Bildungsarbeit für Führungskräfte dient.

Ein rein zahlenmäßiger Vergleich bei den Großbanken zeigt, daß die Deutsche Bank Ende 1981 mit 39 836 Mitarbeitern den weitaus höchsten Personalbestand auswies, gefolgt von der Dresdner Bank mit 26 780 und der Commerzbank mit 18 895. Hierbei ist allerdings zu berücksichtigen, daß es sich bei der letzteren Bank um eine auf Vollzeitarbeitskräfte umgerechnete Zahl handelt. Die verschiedenen Mitarbeiterzahlen veranschaulichen zugleich, daß sich der Personalbestand bei den Großbanken nach dem Krieg erheblich vergrößert hat: So hat er sich bei der Deutschen Bank seit Ende 1952, als sie lediglich 13 215 Mitarbeiter beschäftigte, in der Zwischenzeit in etwa verdreifacht. Noch stärker war der Anstieg der Mitarbeiterzahlen bei den beiden anderen Großbanken: Während Ende 1981 bei der Dresdner Bank nach 7936 Beschäftigten Ende 1952 der Personalbestand knapp 240% größer war, hat er bei der Commerzbank, ausgehend von 5297 Ende 1952, um knapp 260% zugenommen. Dabei waren Zeiten eines besonders starken Anstiegs des Personalbestandes die Jahre kurz nach der Aufhebung der Bedarfsprüfung für die Errichtung von Zweigstellen (1958) und nach dem Zusammengehen der jeweiligen Teilinstitute (S. 78) sowie die zweite Hälfte der sechziger Jahre, als die

Großbanken den Höhepunkt ihrer Zweigstellenexpansion hatten.

Ein noch stärkeres Wachstum im Vergleich zu den reinen Mitarbeiterzahlen weisen die Personalaufwendungen auf. Verursacht worden ist dies außer durch die allgemeine Personalkostenentwicklung und der − trotz der ständigen Bemühungen auch des Bankgewerbes zur Rationalisierung und Automation des Geschäftsbetriebs − wachsenden Anzahl der Beschäftigten in hohem Maße auch durch einen gleichzeitig vermehrten Einsatz höher qualifizierter Bankmitarbeiter, was u.a. nicht zuletzt auf die zunehmende Bedeutung des Beratungsservices im Rahmen des Wettbewerbs um den Bankkunden zurückzuführen ist.

Neben den Löhnen und Gehältern für die Mitarbeiter umfassen die Personalaufwendungen darüber hinaus die sozialen Abgaben sowie die Aufwendungen für die Altersversorgung und die Unterstützung von ehemaligen Mitarbeitern und Hinterbliebenen. Seit 1952 haben sie sich z.T. mehr als verzwanzigfacht. So sind sie bei der Deutschen Bank von 102 Mio. DM für das Jahr 1952 auf 2107 Mio. DM für 1981 angewachsen, bei der Dresdner Bank von 60 Mio. DM auf 1412 Mio. DM und bei der Commerzbank von 40 Mio. DM auf 1044 Mio. DM, also mehr als 26mal soviel wie im ersten Jahr nach der Teilrekonzentration (S. 71). Dabei entfielen auf die Löhne und Gehälter als den größten Posten bei der Deutschen Bank etwa 75% aller Personalaufwendungen, bei der Commerzbank reichlich 78% und bei der Dresdner Bank knapp 80%.

Für den Versuch, hinsichtlich der Effizienz der Mitarbeiter der Großbanken ein vergleichendes Bild zu gewinnen, wird eine Kennzahl gewählt, die sich aus dem Verhältnis von Geschäftsvolumen zu Personalaufwendungen ergibt. Hierbei wird somit, um überhaupt trotz aller berechtigten Kritik an einer Mitarbeiter-Produktivitätskennzahl zu einem aussagefähigen Ergebnis zu kommen, der für Industrieunternehmen in verschiedener Weise gebrauchte Begriff „Produktivität" abgewandelt. Mögliche Einflußfaktoren wie z.B. die Organisationsstruktur werden nicht bzw. konnten nicht berücksichtigt werden. Die errechnete Kennzahl aus der Relation Geschäftsvolumen zu Personalaufwendungen gibt in diesem Falle an, wieviel Geschäftsvolumen von den Mitarbeitern je verausgabter Geldeinheit für Personalaufwendungen erwirtschaftet worden ist. Lag hiernach noch 1952 die Dresdner Bank mit 58,4 vor der Commerzbank mit 56,5 und der Deutschen Bank mit 49,6, so waren − unter Zugrundelegung dieser Kennzahl − schon sehr bald die Mitarbeiter der Commerzbank „produktiver" als die der beiden Konkurrenzinstitute. So betrug schließlich 1981 die Kennziffer für die Commerzbank 64 (nach 1980 sogar 66,8), für die Dresdner Bank 57,9 und für die Deutsche Bank 56.

5.3. Leitungsstrukturen der Großbanken

5.3.1. Der Vorstand

Da die Großbanken in der Rechtsform der Aktiengesellschaft firmieren, basiert die Verfassung ihrer Unternehmungsführung auf den entsprechenden Bestimmungen des Aktiengesetzes mit der Konsequenz, daß sich die Leitungsorgane im wesentlichen als Vorstand und Aufsichtsrat darstellen.

Das oberste Führungsgremium der Großbanken bildet der jeweilige *Vorstand*, dem − wie bei allen Aktiengesellschaften − Geschäftsleitungs- und Unternehmungsführungsaufgaben gesetzlicher und ökonomischer Art obliegen[1]. Der Vorstand leitet danach die Bank unter eigener Verantwortung, wobei die

1 Die Leitungsprobleme, die man mit den zu Beginn dieses Jahrhunderts durch Konzentration und Wachstum (S. 27 ff.) zu ungeahnten Größenordnungen aufsteigenden Berliner Großbanken verband, brachte damals Schulze-Gaevernitz in seinem bekannten Buch (LV 88, S. 143 f.) u.a. so zum Ausdruck: „Die Männer an der Spitze unserer Riesenbankbetriebe stehen nicht viel anders zu ihrem ‚Institut' als der Minister zum Staate − einem objektiven Werte, der weit über die Lebensdauer und das persönliche Interesse des einzelnen Herrschers hinaus ‚dienstliche' Unterordnung erheischt. Auch hier die Entwicklung von 'l'état c'est moi' zum ‚premier serviteur'! Das Prinzip der Werkfortsetzung verdrängt das Prinzip größtmöglichen Augenblickgewinns. Möglichste Befreiung der leitenden Köpfe vom Aktenstaube, weitschauende Verfolgung der allgemeinen Wirtschaftsverhältnisse, Kräftesammlung durch Jahrzehnte, langsichtige Vorbereitung, aber schließlich Energie der großen Schläge − alle diese Eigenschaften bezeichnen den großen Bankenherr-

einzelnen Mitglieder im Rahmen der Geschäftsführung die Sorgfalt eines ordentlichen und gewissenhaften Geschäftsleiters, den sie im Sinne des Kreditwesengesetzes darstellen, walten lassen müssen (LV 22). Bei Pflichtverletzungen könnten sie vom Bankunternehmen zum Ersatz des daraus entstandenen Schadens als Gesamtschuldner herangezogen werden – etwas, was es bei den Großbanken noch nicht gegeben hat.

Entsprechend dem Aktiengesetz besteht der Vorstand der Großbanken aus mehr als einer Person, wobei alle Vorstandsmitglieder nur gemeinschaftlich zur Geschäftsführung und Vertretung der Bank befugt sind. Dies kann jedoch in den Satzungen oder Geschäftsordnungen abgeändert werden. Allerdings geht keine der Unternehmungsführungen der hier behandelten Großbanken so weit, daß ein oder mehrere Vorstandsmitglieder bei Meinungsverschiedenheiten im Vorstand gegen die Mehrheit seiner Mitglieder entscheiden und sich durchsetzen können (keine „Primatkollegialität"; LV 22).

Die Vorstandsmitglieder werden vom Aufsichtsrat auf höchstens fünf Jahre bei jeweils erneuter Wählbarkeit bestellt. Bilden, wie bei den Großbanken, mehrere Personen den Vorstand, so kann der Aufsichtsrat ein Mitglied zum Vorsitzenden des Vorstands ernennen. Deutsche Bank und Dresdner Bank haben diesen zwar formal nicht, weisen also keine „offiziellen" Vorstandsvorsitzenden auf; jedoch haben sie den Vorsitzenden in praxi weitgehend entsprechende „Sprecher des Vorstandes". Der Aufsichtsrat kann die Bestellung zum Mitglied des Vorstandes widerrufen, wenn ein wichtiger Grund hierfür vorliegt, so insbesondere im Falle einer groben Pflichtverletzung, Unfähigkeit zur ordnungsmäßigen Geschäftsführung sowie eines sachlich begründeten Vertrauensentzugs durch die Hauptversammlung der Aktionäre; auch derartiges hat es bei den Großbanken, soweit extern beurteilbar, bisher nicht gegeben; die in den letzten Jahren bei zwei Großbanken erfolgten Austritte von Vorstandsmitgliedern erfolgten für die Öffentlichkeit „in

> scher nicht minder als den großen Staatsmann. Eine besondere Gefahr besteht – wie beim Staate – in mangelnder Zusammenarbeit der verschiedenen Ressorts. An leitender Stelle schwindet nur zu leicht der Überblick...Die Riesenbetriebe erreichen zuletzt Grenzen, über die hinaus das menschliche Können zu versagen scheint".

beiderseitigem Einvernehmen" o.ä. Im übrigen unterliegt der Vorstand der Großbanken wie jeder anderen Bank in der BR Deutschland und Berlin den besonderen Vorschriften des Kreditwesengesetzes, deren Einhaltung das Bundesaufsichtsamt für das Kreditwesen, teilweise auch in Zusammenarbeit mit der Deutschen Bundesbank, überwacht.

Staatliche Eingriffe in Vorstandsbesetzungen erfolgen heute selbstverständlich nicht; selbst wenn im Einzelfall „Nicht-Banker" in Großbanken-Vorstände eintraten, erhob das Bundesaufsichtsamt offenbar keine Qualifikationsbedenken. Diese Freizügigkeit war nicht immer selbstverständlich: Erhebliche staatliche Eingriffe in die Management-Zusammensetzung der Großbanken erfolgten z.B. im Anschluß an die Bankenkrise von 1931. Bereits im Juli/August 1931 hatte Brüning personalpolitische Veränderungen gefordert und Vorstand und Aufsichtsrat der Dresdner Bank zur Zurverfügungstellung ihrer Ämter gezwungen, und nach Übernahme der absoluten Aktienmehrheit bei der Dresdner Bank und der Commerzbank sowie über einem Drittel der Aktien der Deutschen Bank konnten Reich und Reichsbank die als erforderlich angesehenen personalpolitischen Maßnahmen bei den Instituten vornehmen. Diese betrafen vor allem die Dresdner Bank, aus deren altem Vorstand lediglich ein Mitglied nicht abgesetzt wurde. Als Vorstandsmitglieder bestellten Reich und Reichsbank Männer ihres Vertrauens (LV 11). Bei der Deutschen Bank wurden ⅓ und bei der Commerz- und Privat-Bank die Hälfte der Vorstände wegen ihrer Rolle in der Bankenkrise entlassen, darunter Träger bekannter Namen. Als fast selbstverständlich muß es genannt werden, daß die nationalsozialistische Zeit durch wiederholte Versuche des politischen Eingreifens in die Management-Besetzung der Großbanken gekennzeichnet war, sowohl in dem Sinne, aus der Sicht des damaligen Regimes „belastete" Vorstände zu entfernen als auch eindeutige Regime-Anhänger in die Vorstandsgremien einzubringen: Beispielsweise wurde 1935 Ritter von Halt Direktor der Deutschen Bank in Berlin und 1938 Vorstandsmitglied für das Personalressort; die NSDAP erzwang bei den Großbanken die Vorstandsmitgliedschaft für noch wesentlich radikalere Anhänger. Der Zusammenbruch des Deutschen Reiches 1945 brachte naturgemäß die vollständige Suspendierung der Großbankvorstände mit sich, soweit man angesichts der Umstände, die insbesondere die sowjetischen Militärs in Berlin bei den Banken veranstalteten, von einer „Suspendierung" reden will; teilweise wurden Vorstandsmitglieder verhaftet, nicht nur in Berlin, sondern auch in anderen Hauptniederlassungsorten.

Die Nachkriegszeit mit der geschilderten Zerschlagung der Großbanken (S. 65 ff.) brachte erneut Eingriffe von Dritten in die Besetzung der Leitungsgremien der Institute. Wie schon angedeutet, verbot das Gesetz über den Niederlassungsbereich von Kreditinstituten den Mitgliedern des Vorstandes eines Großbanken-Nachfolgeinstituts, dem Vorstand eines anderen Nachfolgeinstituts derselben Großbank anzugehören. Hieraus ergab sich für die Vorstände der Großbanken die Unmöglichkeit, weiterhin als Zentralvorstände zu arbeiten. Daher mußte somit notwendig eine Aufteilung auf die neuen Regionalzentralen erfolgen; naturgemäß wurden die alten Vorstandsmitglieder in die neuen Nachfolgeinstitute berufen. Die Aufteilung der alten Vorstände auf die neuen Institute erfolgte so, daß in jedem neuen Vorstandgremium möglichst eines der alten Vorstandsmitglieder war, so daß deren Erfahrungen somit allen Nachfolgebanken in gleicher Weise zugute kamen und auch die früher bestehende Bindung untereinander jetzt nicht entfiel. Lediglich die Commerzbank stellte eine gewisse Ausnahme dar.

Die innere Organisation der heutigen Vorstandsgremien der Großbanken (LV 22) richtet sich im konkreten Fall nach der jeweiligen Satzung und/oder Geschäftsordnung, die in der Regel vom Aufsichtsrat erlassen wird, aber auch vom Vorstand selbst festgelegt werden kann. Bis zum Inkrafttreten des heutigen Aktiengesetzes bestand für das mehrköpfige Vorstandsgremium einer Großbank die Möglichkeit, sich nach dem Direktorial- oder dem Kollegialsystem zu konstituieren. Das erstere ist dadurch gekennzeichnet, daß dem vom Aufsichtsrat ernannten Vorstandsvorsitzenden das alleinige Entscheidungsrecht bei unterschiedlichen Meinungen − auch gegen die Mehrheit der Stimmen seiner Vorstandskollegen − zusteht. Zur Vermeidung einer derartigen Machtakkumulation in der Hand eines Einzelnen müssen seit der Reform des Aktiengesetzes 1965 die Vorstände von Aktiengesellschaften und somit auch der Großbanken ausschließlich nach dem Kollegialprinzip organisiert sein.

Um zu vermeiden, daß die Vorstandsmitglieder nur gemeinschaftlich zur Geschäftsführung berechtigt sind, wurden in die Satzungen Bestimmungen über Mehrheitsbeschlüsse und in die Geschäftsordnungen Regelungen über die Aufteilung der Zuständigkeiten im Vorstand aufgenommen. So sind in der Regel nicht sämtliche Managementaufgaben einem gemeinsamen Willensbildungsprozeß unterworfen. Üblicherweise werden die Geschäftsbereiche auf die einzelnen Vorstandsmitglieder aufgeteilt, so daß der zuständige Geschäftsleiter für seinen Aufgabenbereich gegenüber den anderen mit umfangreicheren Anordnungs- und Entscheidungskompetenzen ausgestattet ist. Jedoch konnte und kann dies nicht generell für alle anfallenden Entscheidungen geschehen, weil dem teilweise gesetzliche Restriktionen entgegenstehen: So bedürfen beispielsweise nach § 13 KWG Kredite, die insgesamt 15% des haftenden Eigenkapitals einer Bank übersteigen (sog. Großkredite), eines einstimmigen Beschlusses des gesamten Vorstands der betreffenden Großbank. Durch diese Norm soll eine Verantwortlichkeit des gesamten Managements sichergestellt werden. Eines ebenfalls einstimmigen Beschlusses aller Vorstandsmitglieder mit zusätzlich ausdrücklicher Zustimmung des Aufsichtsrats bedürfen nach § 15 KWG die sog. Organkredite, d.h. Kredite an Personen oder Unternehmen, die in besonders enger Beziehung zu der kreditgewährenden Bank stehen.

Satzungsgemäß besteht der Vorstand der Deutschen Bank aus mindestens drei Mitgliedern, der der Dresdner Bank aus zwei oder mehr Mitgliedern und der der Commerzbank aus mindestens zwei Mitgliedern. Darüber hinaus läßt die Satzung der Deutschen Bank sowie der Dresdner Bank ausdrücklich die Bestellung von stellvertretenden Vorstandsmitgliedern zu, während in der Satzung der Commerzbank eine solche Vorschrift nicht enthalten ist. Die tatsächliche Anzahl der Vorstandsmitglieder bei den einzelnen Großbanken weicht indessen erheblich vom in der Satzung festgelegten Minimum ab. So bestand der Vorstand der Deutschen Bank Ende 1981 aus dreizehn Personen, wobei drei stellvertretende Mitglieder darunter waren. Ebenfalls umfaßte die Unternehmungsleitung der Commerzbank einschließlich zweier Stellvertreter dreizehn Personen, während die Anzahl bei der Dresdner Bank lediglich zwölf Personen betrug. Die gesetzliche Vertretungsbefugnis ist bei den drei Großbanken in gleicher Weise geregelt: Sie kann jeweils mindestens durch zwei Vorstandsmitglieder oder durch ein Vorstandsmitglied gemeinschaftlich mit einem Prokuristen erfolgen; stellvertretende Vorstandsmitglieder stehen dabei hinsichtlich der Vertetungsbefugnis den ordentlichen Vorstandsmitgliedern nicht nach.

Über die Leitung der Vorstandssitzungen durch einen Vorsitzenden geben die Satzungen der Großbanken keine Auskunft — und in der Tat: Formal weisen die Institute, mit Ausnahme der Commerzbank, denn auch keine Vorsitzenden des Vorstandes auf; doch haben die beiden anderen Großbanken „Sprecher des Vorstandes" mit de facto Vorsitzenden-Funktionen. Von seiten der Deutschen Bank wird allerdings seit Jahrzehnten traditionsgemäß alles getan, um den Sprecher des Vorstands nicht als „Generaldirektor" oder ähnliches erscheinen zu lassen. So hatte etwa schon v. Gwinner 1912, als er diese Funktion innehatte, darum gebeten, ihn nicht als „Generaldirektor" zu bezeichnen, weil die Deutsche Bank noch nie einen solchen gehabt hätte und — zumindest während seiner Zeit als Mitglied des Vorstandes — auch keinen haben würde. Dennoch wird in der Öffentlichkeit der Vorstandssprecher einer Großbank zu recht meist als „Generaldirektor" oder Vorstandsvorsitzender angesehen und — wegen der Profiliertheit der Persönlichkeiten — die Bank oftmals geradezu mit ihm identifiziert. Bemerkenswert ist in diesem Zusammenhang, daß im Gegensatz zu den anderen Großbanken die Deutsche Bank seit 1976, wie schon einmal in den Jahren 1967 bis 1970, zwei Vorstandssprecher hat.

Zwar werden bei allen Großbanken die Geschäfte jeweils — rechtlich gesehen — durch den Vorstand gemeinsam geführt; jedoch sind die Zuständigkeiten bei den einzelnen Großbanken unterschiedlich geregelt. Bei der Deutschen Bank sind in einem vom Vorstand aufgestellten Geschäftsverteilungsplan den einzelnen Vorstandsmitgliedern bestimmte Sachdezernate — z.B. Auslands-, Wertpapier-, Emissionsgeschäft, Devisenhandel, Rechnungswesen, Organisation, Personal, Planung, Recht, Volkswirtschaft — und die 14 Hauptfilialbereiche (Regionalressorts) zugewiesen. Mit dieser Verteilung wird zum einen eine Massierung der Verantwortung und ein hierdurch mögliches eigenmächtiges Handeln verhindert, zum anderen zugleich jedes Vorstandsmitglied gezwungen, nicht nur in der Verwaltung, sondern auch im eigentlichen Bankgeschäft „an der Front" ständig Erfahrungen zu sammeln. Es nimmt somit zwar kein Vorstandsmitglied Aufgaben der Gesamtbank wahr, jedoch wird aber auch kein Mitglied des Vorstandes aufgrund dieser Verteilung der Arbeitsgebiete von der gemeinschaftlichen Verantwortung für die gesamte Geschäftsführung entbunden. So ist z.B. die alleinige Entscheidungs- bzw. Vertretungsbefugnis der einzelnen Vorstandsmitglieder dadurch eingeschränkt, daß für die Genehmigung von Krediten bei allen drei Großbanken je nach Größenordnung die Zustimmung eines, mehrerer oder aller Mitglieder der Unternehmensführung erforderlich ist. Ist ein Vorstandsmitglied abwesend, so wird es in seinem Dezernat oder Filialbezirk durch den im Geschäftsverteilungsplan vorgesehenen Kollegen vertreten.

Eine vergleichbare Arbeitsteilung ist auch im Geschäftsverteilungsplan der Commerzbank für deren Vorstand festgelegt. Danach waren Ende 1980 die 41 bestehenden Gebietsstellen sowie die elf Auslandsfilialen und zwei Tochterunternehmen im Ausland in unterschiedlichem Ausmaß auf die Mitglieder der Unternehmungsführung aufgeteilt. Zusätzlich waren sie aber auch gleichzeitig für ein oder mehrere Zentralressorts mit den dazugehörigen Zentralabteilungen verantwortlich.

Eine von den beiden anderen Großbanken etwas abweichende Arbeitsteilung liegt bei der Dresdner Bank vor. Bis Ende 1981 umfaßte das Vorstandsgremium „Vorstandsmitglieder-Regionalbereich", die die Geschäfte der 14 Niederlassungsbereiche steuerten, und „Vorstandsmitglieder-Fachbereich", die Aufgaben für die Gesamtbank als Leiter von Fachressorts wahrzunehmen hatten. Den letzteren Ressorts oblag neben den Eigengeschäften ein fachliches Weisungsrecht gegenüber allen Niederlassungen. Die Niederlassungsleiter unterstanden somit disziplinarisch dem jeweiligen „Vorstandsmitglied-Regionalbereich" und hatten sich gleichzeitig fachlich nach den Empfehlungen und Weisungen der jeweiligen Zentralressorts zu richten.

Mit Beginn des Jahres 1982 hat jedoch die zweitgrößte deutsche Bank damit begonnen, sich in der Zentrale eine modifizierte Organisationsstruktur zu geben. Die so neu konstruierte Unternehmensführung, die gleichzeitig auch die

Umwandlung des Dresdner-Bank-Konzerns in einen Vertragskonzern unterstützen soll, soll in die Lage versetzt werden, mit einer größeren Transparenz die in der Zukunft immer mehr an Bedeutung gewinnenden Problembereiche wie z. B. die Eigenkapitalversorgung, die Kreditausfall- und Zinsänderungsrisiken sowie die Kostenentwicklung besser überwachen und steuern zu können.

Für die bisher in 14 Ressorts gegliederte Zentrale sind vier kundenbezogene Geschäftsbereiche vorgesehen, denen Konzernstabsabteilungen zur Seite stehen. Die vier Geschäftsbereiche sind:

(1) das Inlandsgeschäft, das Privatkunden und Unternehmenskunden sowie darüber hinaus die inländischen Bankbeteiligungen umfaßt, sofern diese nicht von ihrem Tätigkeitsschwerpunkt woanders zugeordnet werden;

(2) das Auslandsgeschäft, das die Länderbereiche, die Euro-Asien-Syndizierung, die Exportfinanzierung und die ausländischen Bankbeteiligungen beinhaltet, sofern diese wiederum nicht woanders ressortieren;

(3) der Bereich Handel und Dienstleistungen, der den Geld-, Devisen- und Edelmetallhandel sowie das Wertpapiergeschäft vereinen soll;

(4) der Konsortialbereich, der Auslandsemissionen, das inländische Konsortialgeschäft und Großprojektfinanzierungen umfassen soll, soweit es die Planung und Koordinierung betrifft.

Diese vier Geschäftsbereiche sind in acht Konzernstäbe eingebettet, deren Aufgabe es ist, das aktuelle Geschäft zu unterstützen. Es handelt sich hierbei um die Konzernstäbe Finanzen (Rechnungswesen, Planung und Budgetierung, zentrale Disposition sowie Controlling), Kredit (Riskmanagement und Finanzanalyse), Revision, Organisation (Bau, Grundstücke, kaufmännische Verwaltung, Datenverarbeitung), Personalwesen, Recht, Generalsekretariat (Volkswirtschaftliche Abteilung, Information und Presse, Werbung sowie Marktforschung, Bonner Büro und Mandatsbetreuung) und Konzernplanung.

Aus dem Umstand, daß zum einen eine Konzernstraffung herbeigeführt, zum anderen eine sich auf übergeordnete Aufgaben konzentrierende Unternehmungsspitze geschaffen werden soll, wobei jedoch das Kollegialprinzip und die Verantwortlichkeit der einzelnen Vorstandsmitglieder für einzelne Regionen wegen des Kontaktes zum Markt nicht vollständig aufgegeben werden sollen, könnte geschlossen werden, daß gleichzeitig z.B. die Kreditkompetenzen der Niederlassungen erweitert werden.

Neben ihren eigentlichen Aufgaben im Rahmen der Geschäftsführung ihrer Bank sind die Mitglieder der Vorstände sowie des oberen Managements in starkem Maße zum einen Mandatsinhaber von Funktionen in den verschiedensten Interessenvertretungen des privaten sowie des gesamten deutschen Bankgewerbes und andererseits Mitglieder in den Aufsichtsrats- und anderen Kontroll- sowie Beratungsorganen von Unternehmen anderer Wirtschaftsbereiche. Hervorzuheben ist an dieser Stelle u.a. auch die maßgebliche Mitwirkung in verschiedenen wirtschafts-, kredit- und finanzpolitischen Gremien, die z.T. von erheblicher gesamtwirtschaftlicher Bedeutung sind: Zu nennen sind z.B. der Zentrale Kreditausschuß und der Zentrale Kapitalmarktausschuß. Mit dem Präsidenten des Bundesverbandes deutscher Banken Christians kam 1975 erstmals ein Großbankenvertreter an die Spitze des Verbandes, nachdem diese Funktion bis dahin stets von Privatbankiers ausgeübt worden war. Insgesamt entfielen auf die Großbanken — jedoch ohne ihre Berliner Tochtergesellschaften, die Deutsche Bank Saar AG, Saarbrücken, die Commerz-Credit-Bank AG — Europartner, Saarbrücken, und andere Tochterinstitute — von den 435 Mandaten innerhalb des Bundesverbandes deutscher Banken (ohne Geschäftsführung) am 15. September 1980 zusammen allein 122, davon wiederum in den 20 Ausschüssen, Unterausschüssen, Beiräten und Kommissionen insgesamt zwölf als deren Vorsitzende (Deutsche Bank vier, Dresdner Bank fünf, Commerzbank drei).

Als von größerer Bedeutung als die Mitarbeit in den Interessenverbänden des Bankgewerbes kann die Tätigkeit von Vertretern der Großbanken — soweit dies nach dem Aktiengesetz zulässig ist — in Aufsichts- und Beiräten einer Vielzahl von Industrie- und Handelsunternehmen, aber auch in anderen Unternehmen des finanziellen Sektors — z.B. Spezialkreditinstituten, Finanzierungsinstitutionen, Versicherungsunternehmen usw. — angesehen werden. Die hieraus resultierenden

Verflechtungen gerade der Großbanken mit der übrigen Wirtschaft — neben den bestehenden kapitalmäßigen — lassen in Teilen der Öffentlichkeit immer wieder den Vorwurf der Machtakkumulation und der Gefahr des Machtmißbrauchs durch die Großbanken aufkommen: Gerade für die Großbanken ergebe sich durch die Mitwirkung in einem Kontrollorgan einer anderen Unternehmung aus der Industrie und dem Handel die Möglichkeit eines Einflusses auf die Marktgegenseite, der zu einer Verminderung oder sogar Ausschaltung des Leistungswettbewerbs unter den Banken führen könnte. Dagegen verweisen die Vertreter der Großbanken darauf, daß die von ihnen gehaltenen Mandate in den Kontrollorganen anderer Unternehmen nicht nur eine Folge des — vielfach kritisierten — Depotstimmrechts sind, sondern aus Geschäfts- bzw. Kreditbeziehungen entstehen und nicht zuletzt wegen der für Unternehmen aus der Industrie und dem Handel besonders nützlichen Sachkenntnis der Bankenvertreter von ersteren vielfach gewünscht und dadurch auch begründbar seien. Die allgemeine bankmäßige Risikovorsorge bei ihren eigenen Engagements und die beratende Mitwirkung speziell bei der Finanzierungspolitik der anderen Unternehmen lassen somit personelle Verflechtungen über die Ausübung von Aufsichtsratsmandanten für beide Seiten als vorteilhaft erscheinen. Die Diskussion um Bankenvertreter in den Aufsichtsräten ist dabei keineswegs erst in der jüngeren Vergangenheit aufgekommen, sondern vielmehr in der Historie seit langem nachweisbar, zumal die Großbankenvertreter in früherer Zeit noch erheblich mehr Mandate in den Aufsichtsgremien anderer Unternehmen wahrnahmen. Das heutige Aktienrecht beschränkt die Anzahl der Aufsichtsratsmandate der einzelnen Großbankenvertreter: § 100 AktG legt die Höchstgrenze auf die Mitgliedschaft bei zehn Handelsgesellschaften oder bergrechtlichen Gewerkschaften, die nach dem Gesetz einen Aufsichtsrat zu bilden haben, fest; hinzu kommen bis zu fünf mögliche Mandate bei Konzernunternehmen. Bei einem Vergleich der Ende 1974 gemeldeten 1 399 Aufsichtsratsmandate, die Bankenvertreter (Mitglieder der Geschäftsleitungen, aber auch ehemalige Mitglieder, soweit sie noch Mitglieder des Aufsichtsrats der Banken waren, und andere leitende Angehörige der Banken) zu diesem Zeitpunkt bei inländischen Nichtbanken innehatten, waren allein

483 Mandate von Großbankenvertretern besetzt und 982 oder 70% insgesamt von der Gruppe der Kreditbanken. Demgegenüber entfielen lediglich 289 oder 21% auf die Institute des öffentlich-rechtlichen Sektors und 128 bzw. 9% auf Institute des Genossenschaftssektors und der Kreditinstitute mit Sonderaufgaben. Bei den Kreditbanken war bei 489 Mandaten der Sitz im Kontrollorgan zugleich mit dem Vorsitz oder stellvertretenden Vorsitz verbunden, wobei allein 235 auf die Großbanken entfielen, während dies bei den Vertretern der öffentlich-rechtlichen Institute nur 77 mal und bei den sonstigen Banken lediglich 33 mal der Fall war.

Interessant ist in diesem Zusammenhang auch, daß von den von Bankenvertretern wahrgenommenen Mandaten bei Nichtbanken in der Rechtsform der Aktiengesellschaft über 80% auf die Kreditbanken entfielen. Von den Ende 1974 existierenden 2 036 Aktiengesellschaften hatten 641 Unternehmen Bankenvertreter im Aufsichtsrat, wobei die Großbanken zu 320 Aktiengesellschaften insgesamt 405 Vertreter entsandten. Demgegenüber stellte bei den Gesellschaften mit beschränkter Haftung sowie den Unternehmen in sonstigen Rechtsformen – hier besonders bei den eingetragenen Genossenschaften – der öffentlich-rechtliche Sektor die meisten Mandatsträger.

Die Bedeutung der einzelnen Großbanken bei der Ausübung von Aufsichtsratsmandaten ist allerdings sehr unterschiedlich (LV 65): Innerhalb der Gruppe der Großbanken, die z.B. 1978 in den Kontrollorganen der 100 größten deutschen Unternehmen von den insgesamt 145 Mandaten, die auf alle Banken entfielen, allein 94 oder 65% innehatten (hierbei machten allerdings 10 Unternehmen keine Angaben), überwogen die von den Vertretern der Deutschen Bank eingenommenen Sitze deutlich: Von den 94 Mandaten der Großbanken entfielen 51 auf Vertreter der Deutschen Bank und lediglich 24 auf die Dresdner Bank sowie 19 auf die Commerzbank.

Die besondere Bedeutung der Großbanken zeigt sich jedoch nicht nur in ihrem Anteil an der Gesamtzahl der von den Bankenvertretern ausgeübten Mandate, sondern auch darin, daß zugleich drei Viertel aller von der Bankwirtschaft besetzten Vorsitze in den Kontrollorganen der Unternehmen auf sie entfielen sowie sie darüber hinaus alle stellvertretenden Vorsitzenden stellten. Von den 20 von Vertretern der Banken geführten Kontrollorgane stellte die Deutsche Bank zwölf Vorsitzende und vier stellvertretende Vorsitzende, die Dresdner Bank einen Vorsitzenden und zwei Stellvertreter sowie die Commerzbank zwei Vorsitzende (Regional- und Spezialbanken sowie Privatbankiers hatten vier Vorsitze und der Sparkassensektor einen inne).

5.3.2. *Der Aufsichtsrat und sonstige Gremien*

Als Aktiengesellschaften besitzen die deutschen Großbanken Aufsichtsräte (LV 22), die nach den Bestimmungen des Aktiengesetzes und des Gesetzes über die Mitbestimmung der Arbeitnehmer von 1976, dem die Großbanken wegen ihrer über der Grenze von 2000 Beschäftigten liegenden Mitarbeiterzahl unterliegen, zu bilden und zu besetzen sind. Während bis zum Inkrafttreten des Mitbestimmungsgesetzes die Großbanken wie alle Aktiengesellschaften nach § 95 AktG bezüglich der Festlegung der Anzahl der Aufsichtsratssitze relativ frei waren, sofern die Anzahl der Mandate zwischen drei und 21 festgelegt wurde und durch drei teilbar war, sind dies die Großbanken seit 1976 nicht mehr unbedingt: Gemäß § 7 I MitbestG sind die unter das Gesetz fallenden Kapitalgesellschaften, die in der Regel weniger als 10000 Mitarbeiter beschäftigen, verpflichtet, ihren Aufsichtsrat aus je sechs Vertretern der Anteilseigner- und der Arbeitnehmerseite zu bilden. Liegt die Mitarbeiterzahl zwischen 10000 und 20000, so soll er sich aus je acht Vertretern der beiden Gruppen zusammensetzen und bei über 20000 Arbeitnehmern aus je zehn, also insgesamt zwanzig Aufsichtsratsmitglieder umfassen.

Diese Bestimmungen können allerdings von den unter das Aktiengesetz fallenden Unternehmen insofern durch eigene in die Satzung aufgenommene Regelungen abgewandelt werden, als für jene, die in der Regel 20000 und weniger Mitarbeiter haben, die Möglichkeit besteht, daß sie zwischen der speziell für sie im Gesetz angegebenen Möglichkeit der Zusammensetzung des Aufsichtsrats und der bzw. den beiden anderen für größere Unternehmen, gemessen an der Mitarbeiterzahl, wählen dürfen. Da die Großbanken bei Inkrafttreten des Mitbestimmungsgesetzes von 1976 und nach Ablauf einer Übergangsfrist mehr als 20 000 Mitarbeiter hatten, wobei diejenigen der von ihnen beherrschten Tochterunternehmen mit hinzugerechnet werden mußten, beträgt die Anzahl der Vertreter in ihren Aufsichtsräten der neuen gesetzlichen Bestimmung entsprechend somit insgesamt 20. Während die Deutsche Bank und die Commerzbank vorher gemäß § 9 bzw. § 11 ihrer Satzungen vom 23.5.1975 bzw. 30.10.1975 einen aus 21 Mitgliedern bestehenden Aufsichtsrat besaßen und die Anzahl also jeweils um ein Mitglied verringern mußten, hatte der Aufsichtsrat der Dresdner Bank gemäß § 9 I ihrer Satzung vom 28.5.1975 lediglich zwölf Mitglieder, was somit eine Aufstockung der Aufsichtsratssitze um weitere acht erforderte.

Als Mitglieder in den Aufsichtsräten der Großbanken wurden und werden vielfach wegen des Erreichens der Altersgrenze ausgeschiedene Vorstandsmitglieder der Bank gewählt sowie darüber hinaus meist bekannte Persönlichkeiten aus dem Management von Unternehmen anderer Wirtschaftszweige — wenngleich z.T. wohl ohne jede bankwirtschaftliche Erfahrung —, mit denen die Banken in der Regel in besonders enger Geschäftsbeziehung stehen. Hervorzuheben ist hierbei bezüglich der Dresdner Bank, daß es 1976 im Zuge einer intensivierten geschäftsmäßigen Zusammenarbeit des Instituts mit der Bayerischen Hypotheken- und Wechselbank in München zu einem „Austausch" von Aufsichtsratsmandaten kam: Der Vorstandsvorsitzende bzw. -sprecher der Banken wurde als (einfaches) Mitglied in den Aufsichtsrat der jeweils anderen Bank gewählt. Dieser Tatbestand gab 1976 erneuten Anlaß zu Spekulationen über eine bereits einige Zeit zuvor schon gerüchteweise diskutierte Fusion der beiden Banken, die das fusionierte Institut — keine ähnlichen Reaktionen bei anderen großen Banken vorausgesetzt — zur größten deutschen Bank gemacht hätte. Diese Vermutungen haben sich bis heute jedoch nicht konkretisiert; die vorgenommene personelle Verbindung sollte wohl vielmehr lediglich eine seit langem zwischen den Instituten bestehende geschäftliche Kooperation noch bekräftigen.

Hinsichtlich der Besetzung der Aufsichtsratsmandate mit Frauen ist anzumerken, daß bei der Deutschen Bank seit einigen Jahren — nicht zuletzt wohl wegen der in verstärktem Maße erfolgenden Öffnung auch zu Kundengruppen in niedrigeren Einkommensbereichen — eine „Hausfrau" als Vertreterin der Anteilseigner in diesem Kontrollorgan Mitglied ist. Derartiges kann ohne weiteres erfolgen, weil das KWG bzw. das Bundesaufsichtsamt für das Kreditwesen die Mitgliedschaft in Aufsichtsräten von Banken bis heute nicht von einer irgendwie gearteten fachlichen Qualifikation abhängig machen[1]. Ansonsten jedoch ist der Anteil des weiblichen Elements in den Kontrollorganen nur gering. Mit der vorerwähnten Ausnahme werden weibliche Vertreter ausschließlich von der Arbeitnehmerseite in den Aufsichtsrat entsandt: Ende 1981 waren es bei jeder der drei Großbanken jeweils zwei.

Die Funktion des Aufsichtsrats (LV 22), zu dessen Vorsitzendem traditionsgemäß meist der wegen der Erreichung der Altersgrenze ausgeschiedene Sprecher des Vorstandes der Großbank gewählt wird, ist im Prinzip die eines mit dem − im Prinzip völlig autonom agierenden − Vorstand für das Wohl der Bank zusammenarbeitenden Gremiums, wobei er insbesondere zugleich kreditwesen- und aktiengesetzliche Aufgaben zu erfüllen hat. So soll er in erster Linie die Geschäftsführung der Großbank überwachen − eine gesetzliche Vorschrift, die die Realität − Funktionswandel des Aufsichtsrats − in dieser Form längst überholt hat. Zwar können dem Aufsichtsrat Befugnisse zur Geschäftsführung nicht übertragen werden, doch können die Satzungen oder der Aufsichtsrat selbst bestimmen, daß bestimmte Arten von Geschäften nur mit seiner Zustimmung vorgenommen werden dürfen.

Während die Satzungsbestimmungen, die die Aufsichtsräte betreffen, bei den Großbanken in den wesentlichen Punkten nahezu identisch sind und die gesetzlichen Vorschriften reflektieren, heben die Deutsche Bank und die Commerzbank darüber hinaus bestimmte Geschäfte und Vorgänge, die speziell der Zustimmung des Aufsichtsrats bedürfen, durch ausdrückliche Nennung in der Satzung besonders hervor. So gehört bei der Deutschen Bank gemäß § 13 I der Satzung zu den Entscheidungen, die der ausdrücklichen Zustimmung des Aufsichtsrats bedürfen,
(1) die Erteilung von Generalvollmachten;

---

1 Dieser Tatbestand mutet eigentlich überraschend an, wenn man sich die Striktheit vieler anderer Anforderungen der Bankenaufsicht vor Augen hält.

(2) der Erwerb und die Veräußerung von Grundstücken, soweit der Gegenstand 0,5% des haftenden Eigenkapitals der Bank übersteigt;
(3) die Errichtung und die Aufhebung von Zweigniederlassungen mit mehr als 20 Arbeitnehmern;
(4) Kreditgewährungen einschließlich der Übernahme von Beteiligungen an anderen Unternehmen, die nach dem Kreditwesengesetz der Zustimmung des Aufsichtsorgans einer Bank bedürfen;
(5) die nicht nur vorübergehenden Übernahmen von sonstigen Beteiligungen an anderen Unternehmen, soweit der Gegenwert 1% des haftenden Eigenkapitals der Bank übersteigt.

Vom Aufsichtsrat der Commerzbank zu billigende Vorstandsentscheidungen enthält enumerativ der § 10 der Satzung:
(1) die Ernennung von Generalbevollmächtigten;
(2) die Errichtung und Auflösung von Geschäftsstellen, deren Mitarbeiterzahl im Einzelfall mehr als zehn beträgt;
(3) die Übernahme von Beteiligungen an anderen Unternehmen sowie die Errichtung oder der Erwerb anderer Unternehmen, wenn die Aufwendungen im Einzelfall 5 Mio. DM übersteigen;
(4) der Erwerb und die Veräußerung von Grundstücken, wenn im Einzelfall der Wert des Geschäfts den Betrag von 2 Mio. DM übersteigt.

Zusätzlich kann der Aufsichtsrat der Großbanken noch andere Arten von Geschäften bestimmen, die seiner Zustimmung bedürfen.

Teilweise etwas unterschiedlich ist die Zusammensetzung der Tantiemen und sonstigen Vergütungen der Aufsichtsräte der drei Großbanken in ihren Satzungen geregelt, wobei die rechtliche Grundlage § 113 AktG bildet. So erhalten bei der Deutschen Bank die Mitglieder des Kontrollorgans neben dem Ersatz ihrer Auslagen und Umsatzsteuer eine festgelegte, nach Ablauf des Geschäftsjahres zahlbare Vergütung. Sie beträgt für das einzelne Mitglied 12 000 DM und – wie bei den anderen Großbanken auch – für den Vorsitzenden das Doppelte sowie für den stellvertretenden Vorsitzenden das Eineinhalbfache. Darüber hinaus erhält der Aufsichtsrat in toto für jedes Prozent, um das die an die Aktionäre verteilte Dividende 4% des Grundkapitals übersteigt, eine zusätzliche Vergütung in Höhe von 50 000 DM, über deren Verteilung unter seinen Mitgliedern das Gremium selbst beschließt. Einen ähnlichen Modus hat die Commerzbank in ihrer Satzung festgelegt. Hiernach erhält das einzelne Mitglied neben dem Ersatz seiner Auslagen (einschließlich Umsatzsteuer) für jedes Geschäftsjahr nach dessen Ablauf 6000 DM. Am Jahresgewinn des Instituts partizipieren die Mandatsträger in der Weise, daß der Gesamtaufsichtsrat für jedes halbe Prozent, um das die an die Aktionäre verteilte Dividende 4% des Grundkapitals übersteigt, einen Betrag von 40 000 DM erhält, der durch eigenen Beschluß auf seine Mitglieder verteilt wird. Eine etwas abweichende Regelung ist bei der Dresdner Bank getroffen worden. Zwar erhält jedes einzelne Aufsichtsratsmitglied neben dem Ersatz seiner Auslagen (einschließlich Umsatzsteuer) eine feste Vergütung von jährlich 6000 DM, jedoch ist die Beteiligung am Jahresgewinn anders geregelt: So erhält das einzelne Mitglied für jedes den Satz von 4% übersteigende halbe Prozent Dividende zusätzlich 1000 DM, wobei, wie bei den anderen Großbanken, der Vorsitzende das Doppelte, der Stellvertreter des Aufsichtsratsvorsitzenden das Eineinhalbfache dieser Beträge erhält.

Neben den vom Aktiengesetz verlangten Geschäftsleitungs- und Kontrollorganen haben sich die Großbanken zusätzlich Gremien zugelegt, deren Aufgabe in erster Linie darin bestehen soll, die Geschäftsleitung bei wichtigen geschäftspolitischen Grundsatzfragen zu beraten. So besitzt die Dresdner Bank laut § 15 ihrer Satzung einen „Verwaltungsbeirat", der dem Vorstand bei der Wahrnehmung seiner Obliegenheiten in wirtschaftlichen Fragen beratend zur Seite zu stehen hat; hiervon werden jedoch die gesetzlichen Rechte und Pflichten des Aufsichtsrats nicht berührt. Dieser Verwaltungsbeirat, bei dem die Amtszeit der einzelnen Mitglieder die gleiche ist wie die der Aufsichtsratsmitglieder, besteht aus Persönlichkeiten der in- und ausländischen Wirtschaft, die durch den Vorsitzenden des Aufsichtsrats auf gemeinsamen Vorschlag des Aufsichtsrats und des Vorstands berufen werden. Der Vorsitzende des Aufsichtsrats ist in dieser Eigenschaft zugleich auch Mitglied des Verwaltungsbeirats. Dieses Beratungsgremium setzte sich Ende 1981 aus 35 Mitgliedern der verschiedensten Wirtschaftsbereiche zusammen, also wohl kaum noch eine „arbeitsfähige" Größe. Ebensolche Gremien besitzen auch die Commerzbank und die Deutsche Bank. Das auch „Verwaltungsbeirat" genannte Gremium der Commerzbank umfaßte Ende 1981 19 Mitglieder. Demgegenüber wies der „Beraterkreis der Gesamtbank" der Deutschen Bank lediglich 16 Mitglieder auf. Als Grundlage gelten dabei ebenso wie bei der Dresdner Bank entsprechende Bestimmungen in ihren Satzungen. Die Großbanken haben die Beratergremien für die Geschäftsleitung – deren „Effizienz" dem externen Betrachter nicht erkennbar ist – nach dem Inkrafttreten des Aktiengesetzes von 1965 gebildet, wobei bei jedem Institut damals lediglich vier Mitglieder dieser Gremien vorher nicht im Aufsichtsrat gewesen waren. Es ist von daher zu vermuten, daß dieser Tatbestand der Beiratsbildung von § 100 des novellierten Aktiengesetzes (Begrenzung der Aufsichtsratsmandate) induziert wurde, nachdem zwangsläufig einige Aufsichtsratsmitglieder ausscheiden mußten. Zur Bewahrung ihres Repräsentationsgewichts für die jeweilige Bank entschloß man sich offenbar zur Einsetzung der neuen Beratungsorgane.

Weitere Gremien der Großbanken stellen die – vielfach bekannte Namen enthaltenden – regionalen Beiratsgremien dar, die die Deutsche Bank und die Dresdner Bank schon seit Jahrzehnten aufweisen, die Commerzbank hingegen erst nach dem zweiten Weltkrieg. Grundlage für diese Beiräte bilden wiederum die Satzungen. Nahezu gleichlautend heißt es hierzu, daß der Vorstand „zur engeren Fühlungnahme und geschäftlicher Beratung mit der Wirtschaft" (Deutsche Bank), „zwecks engerer Fühlungnahme mit Kreisen der in- und ausländischen Wirtschaft und Persönlichkeiten des öffentlichen Lebens" (Dresdner Bank) bzw. „zur Beratung und engeren Fühlungnahme mit Kreisen der Wirtschaft" (Commerzbank) Beiräte bilden kann. Bemerkenswert ist dabei, daß der Vorstand der Dresdner Bank dies laut Satzung ohne vorherige Anhörung des Aufsichtsrats tun kann, während der Vorstand der Commerzbank hierzu erst die Zustimmung seines Aufsichtsrats einholen muß. Ebenso wie der Vorstand der Dresdner Bank braucht auch der der Deutschen Bank seinen Aufsichtsrat vorher nicht zu informieren, sondern hat ihn lediglich bei der jeweils nächsten Aufsichtsratssitzung über derartige personellen Veränderungen zu unterrichten. Die Mitglieder dieser regionalen Beiräte setzen sich außer – in Ausnahmefällen – aus Politikern ebenfalls wie die Beiräte der Gesamtbanken überwiegend aus Management-Vertretern von Unternehmen anderer Branchen zusammen, die die Großkunden und deren gebietsmäßige Verteilung repräsentieren.

Die Deutsche Bank besitzt 14 „Bezirksbeiräte" (entsprechend den 14 Hauptfilialbereichen) mit (Ende 1981) insgesamt 586 Mitgliedern, wobei die Mitgliederzahl zwischen 27 beim „Bezirksbeirat Bremen" und 61 beim „Bezirksbeirat Essen" schwankt. Bei den anderen beiden Großbanken ist die Einteilungssystematik der Beiräte nicht so deutlich erkennbar, weil sie nicht mit den jeweiligen Hauptniederlassungsbereichen der Institute übereinstimmen. So hat die Dresdner Bank acht Beiräte mit insgesamt 373 Mitgliedern. Die personelle Stärke variiert dabei zwischen 31 beim „Beirat Württemberg" und 55 beim „Beirat Hamburg/Schleswig-Holstein". Neun Beiräte weist die Commerzbank auf. Diese nach den Ländern der BR Deutschland gegliederten Landesbeiräte, wobei für Rheinland-Pfalz und das Saarland zusammen ein Beirat zuständig ist, haben insgesamt 315 Mitglieder. Von ihnen ist der „Landesbeirat Bremen" der kleinste mit sechs Mitgliedern und der „Landesbeirat Nordrhein-Westfalen" der größte mit 116.

Angesichts der zumeist hohen Anzahl der Mitglieder in den Großbankenbeiräten sowie aufgrund der Tatsache, daß die Mitglieder selber zugleich überwiegend leitende Positionen in der Wirtschaft einnehmen, erscheint es allerdings kaum denkbar, daß die Gremien zu geschlossenen und dabei zugleich effiziente Arbeit leistenden Sitzungen zusammenkommen. Ein Grund für die Existenz solcher Beiräte dürfte sicherlich – neben dem „Image"-Effekt für die Mitglieder – u.a. darin bestehen, daß über sie geschäftspolitische Beziehungen zu den verschiedenen Wirtschaftsunternehmen der einzelnen Regionalbereiche intensiviert werden können.

Anhang

Beteiligungsunternehmen der Großbanken (Stand 1981)

Deutsche Bank AG
Inländische Kreditinstitute

- AKA Ausfuhrkredit-Gesellschaft mbH, Frankfurt a. M. — 26,2%
- Allianz Kapitalanlage GmbH, Stuttgart — 8,0%
- Deutsche Bank Berlin AG, Berlin — 100,0%
- Deutsche Bank Saar AG, Saarbrücken — 69,2%
- Deutsche Centralbodenkredit AG, Berlin - Köln — 84,1%
- Deutsche Gesellschaft für Fondsverwaltung mbH, Frankfurt a. M. — 100,0%
- DWS Deutsche Gesellschaft für Wertpapiersparen mbH, Frankfurt a. M. — 47,3%
- Deutsche Grundbesitz-Investmentgesellschaft mbH, Köln — 37,5%
- Deutsche Kreditbank für Baufinanzierung AG, Köln — 100,0%
- Deutsche Schiffahrtsbank AG, Bremen — 25,5%
- Deutsche Schiffspfandbriefbank AG, Berlin-Bremen — 25,3%
- Deutsche Vermögensbildungsgesellschaft mbH, Bad Homburg vdH — 60,0%
- European Asian Bank AG, Hamburg — 14,3%
- Frankfurter Hypothekenbank AG, Frankfurt a. M. — 90,1%
- Gefa Gesellschaft für Absatzfinanzierung mbH, Wuppertal — 100,0%
- Gesellschaft zur Finanzierung von Industrieanlagen mbH, Frankfurt a. M. — 26,4%
- Handelsbank in Lübeck AG, Lübeck — 58,0%
- Industriebank von Japan (Deutschland) AG – The Industrial Bank of Japan (Germany) –, Frankfurt a. M. — 25,0%
- Liquidations-Casse in Hamburg AG, Hamburg — 25,0%
- Liquiditäts-Konsortialbank GmbH, Frankfurt a. M. — 6,1%
- Lombardkasse AG, Berlin-Frankfurt a. M. — 16,9%

- Privatdiskont AG, Frankfurt a. M. 14,2%
- Schiffshypothekenbank zu Lübeck AG, Kiel 29,0%
- Süddeutsche Bank GmbH, Frankfurt a. M. 100,0%

Ausländische Banken
- AEA Development Corporation, Makati, Metro Manila/Philippinen 5,4%
- Al-Bank Al-Saudi Al-Alami Ltd., London 5,0%
- Banco Bradesco de Investimento, S.A., São Paulo 5,0%
- Banco Comercial Transatlántico, Barcelona 29,5%
- Banco de Desarrollo del Paraguay S.A. (COMDESA), Asunción/Paraguay 2,4%
- Banco del Desarrollo Económico Español S.A., Madrid 1,8%
- Banco de Montevideo, Montevideo/Uruguay 44,0%
- Banco Exterior Deutschland S.A., Madrid 15,0%
- Banque Commerciale Congolaise, Brazzaville/Kongo 3,1%
- Banque Commerciale du Maroc, Casablanca/Marokko 7,1%
- Banque Européenne de Crédit, Brüssel 14,3%
- Banque Nationale pour le Développement Economique, Rabat/Marokko 0,4%
- Banque Tchadienne de Crédit et de Dépôts, Ndjamena/Tschad 7,5%
- H. Albert de Bary & Co. N.V., Amsterdam 50,0%
- Corporatión Financiera Colombiana, Bogotá/Kolumbien 0,2%
- DB Finance (Hong Kong) Ltd., Hongkong 99,9%
- DB U.K. Finance Ltd., London 99,9%
- Deutsche Bank (Asia Credit) Ltd., Singapore 100,0%
- Deutsche Bank (Canada), Toronto 100,0%
- Deutsche Bank Compagnie Financière Luxembourg, Luxemburg 99,9%
- Deutsche Bank Finance N.V., Curaçao 100,0%
- Deutsche Bank (Suisse), S.A., Genf 99,9%
- Euro-Pacific Finance Corporation Ltd., Melbourne/Australien 8,0%
- European Asian Finance (HK) Ltd., Hongkong 10,0%
- European Banking Company Ltd., London 14,1%
- European Brazilian Bank Ltd., London 13,7%
- The Industrial Credit and Investment Corporation of India Ltd., Bombay/Indien 1,5%
- Iran Overseas Investment Corporation Ltd., London 6,3%

- Korea Long Term Credit Bank, Seoul/Süd-Korea 2,3%
- Malaysian Industrial Development Finance
  Berhad, Kuala Lumpur/Malaysia 0,5%
- Nationale Investitionsbank für Industrie-
  entwicklung AG, Athen 4,9%
- The Pakistan Industrial Credit and Investment Corpo-
  ration Ltd., Karachi/Pakistan 4,8%
- Société Camerounaise de Banque,
  Yaoundé/Kamerun 5,0%
- Société Ivoirienne de Banque,
  Abidjan/Elfenbeinküste 12,0%
- Teollistamisrahasto Oy-Industrialization Fund
  of Finland Ltd., Helsinki 0,5%
- Union Gabonaise de Banque, Libreville/Gabun 7,5%
- Union Sénégalaise de Banque pour le
  Commerce et l'Industrie, Dakar/Senegal 1,9%
- Union Togolaise de Banque, Lomé/Togo 18,0%

Inländische sonstige Unternehmen
- „Alwa" Gesellschaft für Vermögensverwaltung
  mbH, Hamburg 95,0%
- CGT Canada Grundbesitz Treuhand GmbH,
  Frankfurt a. M. 55,0%
- Deutsche Beteiligungsgesellschaft mbH,
  Frankfurt a. M. 92,5%
- Deutsche Canada Grundbesitzverwaltungs-
  gesellschaft mbH, Frankfurt a. M. 55,0%
- Deutsche Gesellschaft für Anlageberatung
  mbH, Frankfurt a. M. 85,0%
- Deutsche Gesellschaft für Immobilien-
  und Anlagen-Leasing mbH, Düsseldorf 50,0%
- Deutsche Grundbesitz-Anlagegesellschaft mbH, Köln 37,5%
- Deutsche Grundbesitz-Anlagegesellschaft mbH
  u. Co. Löwenstein Palais ohG, Frankfurt a. M. 6,2%
- Deutsche Wagnisfinanzierungs-Gesellschaft
  mbH, Frankfurt a. M. 14,0%
- Erste Sicherheitentreuhand GmbH „Ruhrkohle",
  Düsseldorf 33,3%
- Essener Grundstücksverwaltung Dr. Ballhausen,
  Dr. Bruens, Dr. Möller KG, Essen 96,7%
- Eurocard Deutschland Internationale Kredit-
  karten-Organisation GmbH, Frankfurt a. M. 12,0%

- Euro Travellers Cheque Deutschland GmbH,
  Frankfurt a. M. 35,7%
- Gesellschaft für Kreditsicherung mbH, Köln 36,7%
- Hessische Immobilien-Verwaltungs-
  Gesellschaft mbH, Frankfurt a. M. 95,0%
- HOSTRA Beteiligungsgesellschaft mbH, Düsseldorf 33,3%
- Matura Vermögensverwaltung mbH, Düsseldorf 100,0%
- Nordwestdeutscher Wohnungsbauträger GmbH,
  Braunschweig 100,0%
- Rhein-Neckar Bankbeteiligung GmbH,
  Stuttgart 50,0%
- Sicherheiten-Treuhand GbR, Düsseldorf 33,3%
- Süddeutsche Vermögensverwaltung GmbH,
  Frankfurt a. M. 100,0%
- Trinitas Vermögensverwaltung GmbH,
  Frankfurt a. M. 100,0%

Ausländische sonstige Unternehmen

- Adela Investment Company S.A., Luxemburg 1,6%
- Atlantic Capital Corporation, New York 100,0%
- Compañia de Mandatos Inmobiliaria y Financiera
  S.A., Buenos Aires/Argentinien 99,3%
- EDESA Société Anonyme Holding, Luxemburg 6,3%
- European Arab Holding S.A., Luxemburg 5,7%
- European Banks' International Company S.A.,
  Brüssel 14,3%
- German American Capital Corporation,
  Baltimore/USA 100,0%
- IMOBAL-Imobiliária e Administradora Ltda.,
  São Paulo/Brasilien 100,0%
- Intermex Holding S.A., Luxemburg 12,0%
- International Investment Corporation for
  Yugoslavia S.A., Luxemburg 1,2%
- Private Investment Company for Asia S.A.,
  Panama-City/Panama 0,5%
- SIFIDA Investment Company S.A., Luxemburg 0,6%
- Society for Worldwide Interbank Financial
  Telecommunication – SWIFT –, Brüssel 1,8%

Dresdner Bank AG
Inländische Kreditinstitute
- AKA Ausfuhrkredit-Gesellschaft mbH,
  Frankfurt a. M. 17,2%
- Allianz Kapitalanlagegesellschaft mbH, Stuttgart 8,0%
- Bank für Handel und Industrie AG, Berlin 100,0%
- Bankhaus Reuschel & Co., München über 50,0%
- DEGI Deutsche Gesellschaft für Immobilienfonds
  mbH, Frankfurt a. M. 45,0%
- Deutsche Hypothekenbank Frankfurt – Bremen AG,
  Bremen 83,9%
- Deutsche Länderbank AG, Frankfurt a. M., Berlin 100,0%
- Deutscher Investment-Trust Gesellschaft
  für Wertpapieranlagen mbH, Frankfurt a. M. 90,0%
- Deutsche Schiffahrtsbank AG, Bremen 26,2%
- Deutsche Schiffspfandbriefbank AG, Berlin 27,6%
- Deutsch-Südamerikanische Bank AG, Hamburg 100,0%
- Diskont und Kredit AG, Düsseldorf 100,0%
- dresdnerbank investment management Kapital-
  anlagegesellschaft mbH, Frankfurt a. M. 100,0%
- Gesellschaft zur Finanzierung von
  Industrieanlagen mbH, Frankfurt a. M. 17,2%
- Hypothekenbank in Hamburg AG, Hamburg 82,4%
- Leonberger Bausparkasse AG, Leonberg 25,0%
- Liquidations-Casse in Hamburg AG, Hamburg 17,5%
- Liquidationskasse für Zeitgeschäfte AG, München 10,0%
- Liquiditäts-Konsortialbank GmbH,
  Frankfurt a. M. 5,2%
- Lombardkasse AG, Berlin-Frankfurt a.M. 11,8%
- Norddeutsche Hypotheken- und Wechselbank AG,
  Hamburg 57,8%
- Oldenburgische Landesbank AG, Oldenburg 65,5%
- Pfälzische Hypothekenbank AG, Ludwigshafen 84,1%
- Privatdiskont AG, Frankfurt a. M. 11,4%

Ausländische Banken
- Aseambankers Malaysia Berhad, Kuala Lumpur 5,5%
- P.T. ASEAM INDONESIA, Jakarta 10,0%
- Australian European Finance Corporation Ltd.,
  (A.E.F.C.), Sydney 18,0%

- Banque de la Société Financière Européenne
  (B.S.F.E.), Paris — 1,5%
- Banque Nationale pour le Développement
  Economique, Rabat — 0,4%
- Banque Sudameris, Paris — 12,0%
- Banque Veuve Morin-Pons, Lyon — 70,0%
- Brasilinvest SA Banco de Investimento (BBI),
  São Paulo — 0,2%
- Compagnie Luxembourgeoise de la
  Dresdner Bank AG – Dresdner Bank
  International – (CLB), Luxemburg — 99,9%
- The Development Bank of Singapore Ltd.,
  Singapur — 0,5%
- Dresdner Bank Canada – Banque Dresdner
  du Canada –, Toronto — 100,0%
- Dresdner (South East Asia) Ltd., Singapur — 100,0%
- Euro-Latinamerican Bank Ltd. (EULABANK),
  London — 4,8%
- The Industrial Credit and Investment
  Corporation of India Ltd. (ICICI), Bombay — 0,8%
- Investment Bank SA, Athen — 1,0%
- The Pakistan Industrial Credit and Investment
  Corporation Ltd. (PICIC), Karachi — 0,1%
- Teollistamisrahasto Oy-Industrialization
  Fund of Finland Ltd., Helsinki — 1,3%

Inländische sonstige Unternehmen

- Airbus-Leasing Beteiligungsgesellschaft mbH,
  Frankfurt a. M. — 100,0%
- Allgemeine Leasing GmbH, Hamburg — 30,0%
- KG Allgemeine Leasing GmbH & Co., Hamburg — 30,0%
- Beteiligungsgesellschaft für die deutsche
  Wirtschaft mbH, Frankfurt a. M. — 60,0%
- BLG Bauland- und Liegenschafts-Gesellschaft
  mbH, Frankfurt a. M. — 50,0%
- Deutsche Anlagen-Leasing GmbH, Mainz — 10,0%
- Deutsche eurocheque-Zentrale GmbH,
  Frankfurt a. M. — 5,0%
- Deutsche Wagnisfinanzierungs-Gesellschaft
  mbH, Frankfurt a. M. — 12,0%
- Erste Sicherheitentreuhand GmbH „Ruhrkohle",
  Düsseldorf — 33,3%

- Eurocard Deutschland Internationale Kreditkarten-Organisation GmbH, Frankfurt a. M. 8,0%
- Euro Travellers Cheque Deutschland GmbH, Frankfurt a. M. 16,6%
- Gallus Bau-Gesellschaft mbH, Frankfurt a. M. 49,0%
- GBG Gallus Bau-Gesellschaft mbH & Co. KG, Frankfurt a. M. 100,0%
- Gesellschaft für Kreditsicherung mbH, Köln 36,7%
- Grundstücksgesellschaft Wiesbaden E. Klockmann & Co., Frankfurt a. M. 100,0%
- Grundwert GmbH Vermögensverwaltungsgesellschaft, Frankfurt a. M. 100,0%
- Hamburger Handels- und Verwaltungs-Gesellschaft mbH, Hamburg 100,0%
- HANSA-Bau-Gesellschaft mbH, Frankfurt a. M. 49,0%
- HBG Hansa-Bau-Gesellschaft mbH & Co. KG, Dortmund 100,0%
- HOSTRA Beteiligungsgesellschaft mbH, Düsseldorf 33,3%
- Interessengemeinschaft Frankfurter Kreditinstitute GmbH, Frankfurt a. M. 6,0%
- Merkur Grundstücks-Gesellschaft mbH, Frankfurt a. M. 95,0%
- NB-Beteiligungs-Gesellschaft mbH, Frankfurt a. M. 25,0%
- NCLB Großraumflugzeug Besitz- und Verwaltungs-GmbH & Co. KG, München 50,0%
- Wilhelm Reuschel GmbH, München 55,0%
- Sicherheiten-Treuhand GbR, Düsseldorf 33,3%
- „Solum" Handels- und Grundstücksgesellschaft mbH, Hamburg 100,0%
- Süddeutsche Industrie-Beteiligungs-Gesellschaft mbH, Frankfurt a. M. 100,0%
- Süddeutsche Industrie-Beteiligungs-Gesellschaft mbH & Co. Verwaltungs-KG, Frankfurt a. M. 100,0%
- „Terra" Gesellschaft für Hypotheken- und Grundstücksverkehr mbH, Frankfurt a. M. 100,0%

Ausländische sonstige Unternehmen
- ABD Securities Corporation, Dover/Delaware – New York 75,0%
- ADELA Investment Company SA, Luxemburg – New York 6,6%

- Associated Banks' of Europe Corporation SA, (ABECOR), Brüssel — 12,5%
- Brasilinvest SA Investimentos, Participações e Negócios, São Paulo — 1.3%
- Compagnie Arabe et Internationale d'Investissement (C.A.I.I.), Luxemburg — 1,7%
- Dresdner Forfaitierungs-Aktiengesellschaft (DFA), Zürich — 40,0%
- Dresdner Office Service (Pty) Ltd., Johannesburg — 100,0%
- EDESA SA, Luxemburg–Zürich — 6,3%
- European International Fund Management Compagny SA, Luxemburg — 24,9%
- Export Credit Insurance Corporation of Singapore Ltd., Singapur — 0,1%
- Financiera Hispana Internacional SA, (FINTER), Madrid — 5,0%
- Finanztrust AG, Glarus — 100,0%
- International Bond Fund Management Company SA, Luxemburg — 24,9%
- The International Investment Corporation for Yugoslavia SA, (I.I.C.Y.), Luxemburg – Zagreb — 1,2%
- Nine Kent Road Dunkeld West (Pty) Ltd., Johannesburg — 100,0%
- NUKEM Luxemburg GmbH, Luxemburg — 10,0%
- Private Investment Company for Asia (PICA) SA, Panama-City – Singapur — 0,5%
- Société de Participations dans les Entreprises Régionales en Expansion – SIPAREX –, Lyon — 2,6%
- Société Financière Européene – S.F.E. –, Luxemburg — 11,1%
- Société Financière pour les Pays d'Outre-Mer (S.F.O.M.), Genf – Paris — 23,0%
- Society for Worldwide Interbank Financial Telecommunication (S.W.I.F.T.), Brüssel — 1,7%
- Touristik Finanz AG, Zürich — 25,0%
- U.O.B. Holding SA, Genf — 15,0%
- World Wide Growth Management Company SA, Luxemburg — 16,0%

Commerzbank AG
Inländische Kreditinstitute

- Absatzkreditbank AG, Hamburg 40,0%
- ADIG Allgemeine Deutsche Investment-Gesellschaft mbH, München – Frankfurt a. M. 27,1%
- AKA Ausfuhrkredit-Gesellschaft mbH, Frankfurt a. M. 12,7%
- Allianz Kapitalanlagegesellschaft mbH, Stuttgart 8,0%
- Berliner Commerzbank AG, Berlin 100,0%
- Commerz-Credit-Bank AG Europartner, Saarbrücken 60,0%
- Deutsche Grundbesitz-Investmentgesellschaft mbH, Köln 25,0%
- Deutsche Schiffahrtsbank AG, Bremen 9,1%
- Deutsche Schiffsbeleihungs-Bank AG, Hamburg 28,5%
- Gesellschaft zur Finanzierung von Industrieanlagen mbH, Frankfurt a. M. 12,7%
- Handelsbank in Lübeck AG, Lübeck 25,3%
- von der Heydt-Kersten & Söhne, Wuppertal-Elberfeld 100,0%
- Ilseder Bank, Sandow & Co., Peine 100,0%
- Liquidations-Casse in Hamburg AG, Hamburg 25,0%
- Liquidationskasse für Zeitgeschäfte AG, München 10,0%
- Liquiditäts-Konsortialbank GmbH, Frankfurt a. M. 3,7%
- Lombardkasse AG, Berlin – Frankfurt a. M. 9,4%
- Lübecker Hypothekenbank AG, Lübeck 25,0%
- Münchener Hypothekenbank eG, München 1,3%
- C. Portmann, Frankfurt a. M. 100,0%
- Privatdiskont AG, Frankfurt a. M. 9,0%
- Rheinische Hypothekenbank AG, Frankfurt a. M. 89,2%

Ausländische Banken

- Adela Investment Company S.A., Luxemburg – New York 1,9%
- Banco Urquijo S.A., Madrid 0,9%
- Banque Marocaine du Commerce Extérieur, Casablanca 2,2%
- Banque Nationale pour de Développement Economique, Rabat 0,4%
- Commerzbank International S.A., Luxemburg 100,0%
- Commerzbank (South East Asia) Ltd., Singapur 100,0%

- Crédit Chimique S.A., Paris — 10,0%
- The Development Bank of Singapore Ltd., Singapur — 0,5%
- Europartners Bank (Nederland) N.V., Amsterdam — 60,0%
- EuroPartners Securities Corporation, New York — 40,0%
- Finanzierungsgesellschaft VIKING, Zürich — 12,0%
- The Industrial Finance Corporation of Thailand (IFCT), Bangkok — 2,0%
- International Commercial Bank Ltd., London — 12,0%
- Korea International Merchant Bank, Seoul — 20,0%
- Misr International Bank S.A.E., Kairo — 2,6%
- Mithai Europartners Finance and Securities Company Ltd., Bangkok — 9,8%
- Nippon European Bank S.A., Brüssel — 10,0%
- The Pakistan Industrial Credit & Investment Corporation Ltd., Karatschi — 0,4%
- Rifbank S.A.L., Beirut — 31,8%
- The Saudi Investment Banking Corporation, Riad — 5,0%
- Teollistamisrahasto Oy – Industrialization Fund of Finland Ltd., Helsinki — 0,7%
- UBAE Arab German Bank S.A., Luxemburg – Frankfurt a. M. — 25,1%
- Unibanco – Banco de Investimento do Brasil S.A. (B.I.B.), Rio de Janeiro — 5,0%

Inländische sonstige Unternehmen

- Almüco Vermögensverwaltungsgesellschaft mbH, München — 25,0%
- Atlas-Vermögensverwaltungs-Gesellschaft mbH, Düsseldorf — 100,0%
- Außenhandel-Förderungsgesellschaft mbH, Düsseldorf — 100,0%
- AV America Grundbesitzverwaltungsgesellschaft mbH, Frankfurt a. M. — 25,0%
- Beteiligungsgesellschaft für Industrieansiedlungsunternehmen mbH, Hamburg — 25,0%
- CGT Canada Grundbesitz Treuhand GmbH, Frankfurt a. M. — 20,0%
- Commercium Vermögensverwaltungs-GmbH, Hamburg — 100,0%

- Commerzbank Fonds-Verwaltungsgesellschaft
  mbH (Cofo), Düsseldorf 100,0%
- Commerz- und Industrie-Leasing GmbH,
  Frankfurt a. M. 100,0%
- Deutsche Canada-Grundbesitzverwaltungs-
  gesellschaft mbH, Frankfurt a. M. 20,0%
- Deutsche Gesellschaft für Anlageverwaltung
  mbH, Frankfurt a. M. 25,0%
- Deutsche Gesellschaft für Immobilienanlagen
  „America" mbH, Bad Homburg v.d.H. 25,0%
- Deutsche Gesellschaft für Immobilien- und
  Anlagen-Leasing mbH, Düsseldorf 50,0%
- Deutsche Grundbesitz-Anlagengesellschaft
  mbH, Köln 25,0%
- Deutsche Wagnisfinanzierungs-Gesellschaft
  mbH, Frankfurt a. M. 10,0%
- Eurocard Deutschland Internationale Kredit-
  karten-Organisation GmbH, Frankfurt a. M. 4,8%
- Euro Travellers Cheque Deutschland GmbH,
  Frankfurt a. M. 16,6%
- Flender Werft AG, Lübeck 68,9%
- Francommerz Vermögensverwaltungsgesellschaft
  mbH, Frankfurt a. M. 40,0%
- GERAP Grundbesitz- und Verwaltungsgesell-
  schaft mbH, Frankfurt a. M. 95,0%
- Gesellschaft für Kreditsicherung mbH, Köln 26,7%
- Hamburgische Grundstücks Gesellschaft mbH,
  Hamburg 100,0%
- Hostra Beteiligungsgesellschaft mbH, Düsseldorf 33,3%
- Immobilien- und Wohnungs-Gesellschaft mbH,
  Hamburg 100,0%
- Kistra Beteiligungsgesellschaft mbH,
  Frankfurt a. M. 25,0%
- L.I.A. Leasinggesellschaft für Immobilien
  und Anlagegüter mbH, Frankfurt a. M. 100,0%
- Norddeutsche Immobilien- und Verwaltungs-
  GmbH, Hamburg 100,0%
- Regina Verwaltungsgesellschaft mbH, München 25,0%
- Roßma Beteiligungsgesellschaft mbH,
  Frankfurt a. M. 40,0%
- Stella Automobil-Beteiligungsgesellschaft
  mbH Frankfurt, Frankfurt a. M. 25,0%

- Treuhand- und Holdinggesellschaft mbH,
  Frankfurt a. M. 50,0%

Ausländische sonstige Unternehmen
- Atlas Participations – France S.A.R.L., Paris 100,0%
- Cisalgest S.A.R.L., Luxemburg 100,0%
- Europartners Holding S.A., Luxemburg 25,0%
- Finatourinvest S.A., Luxemburg 0,6%
- P.T. Finconesia Financial Corporation of
  Indonesia, Jakarta 6,2%
- Handelsgest S.A.R.L., Luxemburg 100,0%
- Indugest S.A.R.L., Luxemburg 100,0%
- The International Investment Corporation
  for Yugoslavia S.A., Luxemburg 1,2%
- Private Investment Company for Asia (PICA) S.A.,
  Panama – Singapur 0,5%
- SIFIDA Société Internationale Financière
  pour les Investissement et le Développement en
  Afrique, Luxemburg 0,6%
- Société de Gestion du Rominvest International
  Fund S.A., Luxemburg 10,0%
- Société Européenne d'Edition et de Diffusion
  S.A., Luxemburg 6,1%
- Société Financière de Développement –
  SOFIDE –, Kinshasa 0,9%
- S.W.I.F.T. Society for Worldwide Interbank
  Financial Telecommunication, Brüssel 1,7%
- Union Internationale de Banques S.A., Tunis 4,0%

Literaturverzeichnis

LV-Nr.:
1. Abeken, G.: Das Geld- und Bankwesen in der sowjetischen Besatzungszone und im Sowjetsektor Berlins von 1945 bis 1954, Bonn 1955
2. Abs, H. J.: Die Banken in der europäischen Zusammenarbeit, in: Verhandlungen des X. Deutschen Bankiertages München 1963, Frankfurt a. M. 1964, S. 91 ff.
3. Aycard, M.: Histoire du Crédit Mobilier 1852–1867, Paris 1867
4. Bach, A.: Die Stellung der deutschen Großbanken bei der Industriefinanzierung, Mannheim 1949
5. Becher, K.: Das betriebswirtschaftliche Wachstum der Banken, insbesondere der Filialgroßbanken in der Bundesrepublik Deutschland seit 1952, Köln 1969
6. Benfey, F.: Die neuere Entwicklung des deutschen Auslandsbankwesens 1914–1925, Berlin-Wien 1925
7. Benjamin, H.: Die Sanierung des deutschen Bankwesens nach der Kreditkrise von 1931, Köln 1935
8. Bersuch, M.: Das Fremdkapital der deutschen Großbanken seit der Stabilisierung der Währung, Stuttgart 1932
9. Blatz, J.: Die Bankenliquidität im Run 1931, Köln 1971
10. Blumenberg, A.: Die Konzentration im deutschen Bankwesen, Leipzig 1905
11. Born, K. E.: Die deutsche Bankenkrise 1931, München 1967
12. Born, K. E.: Die Hauptentwicklungslinien des mitteleuropäischen Universalbankensystems, in: Universalbankensystem als historisches und politisches Problem, Frankfurt a. M. 1977, S. 13 ff.
13. Born, K. E.: Geld und Banken im 19. und 20. Jahrhundert, Stuttgart 1977
14. Brenneisen, R.: Änderungen in der volkswirtschaftlichen Bedeutung der Kreditbanken nach dem Kriege, Königsberg 1924
15. Büschgen, H.-E.: Bankbetriebslehre, Wiesbaden 1972
16. Büschgen, H.-E.: Bankbetriebslehre, Stuttgart-New York 1979

17 Büschgen, H.-E.: Das Universalbankensystem, Frankfurt a. M. 1971
18 Büschgen, H.-E.: Einführung in die Bankbetriebslehre, Frankfurt a. M. 1977
19 Büschgen, H.-E.: Macht der Banken und Bankenverstaatlichung – Neue gesellschaftspolitische Dimensionen?, in: Festschrift für Philipp Möhring, München 1975, S. 343 ff.
20 Büschgen, H.-E.: Universalbanken oder spezialisierte Banken als Ordnungsalternativen für das Bankgewerbe der Bundesrepublik Deutschland, Köln 1970
21 Büschgen, H.-E.: Was steckt hinter der Forderung nach Verstaatlichung der Banken in der Bundesrepublik Deutschland?, Bremen 1974
22 Büschgen, H.-E.: Bankunternehmungsführung, Frankfurt a. M. 1981
23 Büschgen, H.-E. – Steinbrink, K.: Verstaatlichung der Banken? Forderungen und Argumente, Köln 1977
24 Decken, L.: Die Ausdehnungs- und Zusammenschlußbewegung der deutschen Aktienbanken in und nach dem Kriege, Köln 1921
25 Deutsche Bundesbank: Deutsches Geld- und Bankwesen in Zahlen 1876 bis 1975, Frankfurt a. M. 1976
26 Deutsche Bundesbank: Währung und Wirtschaft in Deutschland 1876 bis 1975, Frankfurt a. M. 1976
27 Diouritch, Georges: L'Expansion des Banques Allemands à l'Etranger, Paris-Berlin 1909
28 Ehlen, K.-J.: Die Filialgroßbanken. Entwicklung und Stellung im deutschen Kreditsystem, Stuttgart 1960
29 Federau, F.: Das Berliner Bankwesen 1945–1950, Berlin 1951
30 Fischer, O. C.: Die Funktionen des Kredits und das Reichsgesetz über das Kreditwesen vom 5. 12. 1934, Berlin 1935
31 Fuchs, H.: War die deutsche Geldkrise vorauszusehen und wer hat sie vorausgesehen?, in: Zeitschrift für handelswissenschaftliche Forschung, 25. Jg. (1931), S. 561 ff.
32 Fürstenberg, H.: Erinnerungen. Mein Weg als Bankier und Carl Fürstenbergs Altersjahre, Wiesbaden 1965
33 Grunewald, A. E.: Die Wiedergeburt der deutschen Filialgroßbanken, in: Zeitschrift für Betriebswirtschaft, 31. Jg. (1961), S. 193 ff.
34 Hagemann, W.: Das Verhältnis der deutschen Großbanken zur Industrie, Berlin 1931

35 Hagenmüller, K.-F.: Der Bankbetrieb, Bd. I, 4. Aufl., Wiesbaden 1976; Bd. II, 4. Aufl., Wiesbaden 1978; Bd. III, 4. Aufl., Wiesbaden 1977
36 Harpprecht, K.: 100 Jahre Dresdner Bank 1872−1972. Chiffren einer Epoche, München 1972
37 Hasse, E.: Die Krisenmaßnahmen des Jahres 1931, in: Untersuchung des Bankwesens 1933, I. Teil, 2. Bd., Berlin 1933, S. 67ff.
38 Haeusgen, H.: Dresdner Bank, in: Zeitschrift für das gesamte Kreditwesen, 28. Jg. (1975), S. 254f.
39 Herrhausen, A.: Zielvorstellungen und Gestaltungsmöglichkeiten einer Langfristplanung in Kreditinstituten, in: Bank-Betrieb, 11. Jg. (1971), S. 354ff.
40 Hook, W.: Die wirtschaftliche Entwicklung der ehemaligen Deutschen Bank im Spiegel ihrer Bilanzen, 2. Aufl., Heidelberg 1954
41 Hübner, O.: Die Banken, Leipzig 1854
42 Huth, W.: Die Entwicklung der deutschen und französischen Großbanken im Zusammenhange mit der Entwicklung der Nationalwirtschaft, Berlin 1918
43 Immenga, U.: Beteiligungen von Banken in anderen Wirtschaftszweigen, 2. Aufl., Baden-Baden 1978
44 Jacob, H.: Die Kreditverflechtungen der Berliner Großbanken in den Jahren 1928 bis zur Bankenkrise 1931, Würzburg 1935
45 Katona, G.: Danat-Bank, in: Der deutsche Volkswirt, 5. Jg. (1931), S. 1424ff.
46 Katona, G.: Der Sanierungsplan, in: Der deutsche Volkswirt, 6. Jg. (1932), S. 704ff.
47 Katona, G.: Die Banken in der Krise, in: Der deutsche Volkswirt, 5. Jg. (1931), S. 966ff.
48 Köppen, J. v.: Das Eigenkapital der Kreditinstitute, Wiesbaden 1966
49 Kosiol, E.: Die Unternehmung als wirtschaftliches Aktionszentrum, Reinbek bei Hamburg 1972
50 Lansburgh, A.: Das deutsche Bankwesen, Berlin 1909
51 Lauth, R.: Der Wandel der Auffassungen über die geschäftspolitischen Prinzipien von Rentabilität und Sicherheit bei den deutschen Aktiengroßbanken, Winterthur 1964
52 Leopold, G.: Wandlungstendenzen in der Geschäftsstruktur der deutschen Großbanken, Hamburg 1966

53 Leupold, W.: Die Planung der Formalzielkonzeption in Universalbanken, Köln 1976
54 Lewinsohn, R.: Geschichte der Krise, Leipzig-Wien 1934
55 Lichtenberg, P.: Commerzbank, in: Zeitschrift für das gesamte Kreditwesen, 28. Jg. (1975), S. 255f.
56 Lindeiner-Wildau, H. E. v.: Das Ende des Dualismus, in: Die Bank, 32. Jg. (1939), S. 210ff.
57 Lotz, W.: Die Technik des deutschen Emissionsgeschäfts. Anleihungen, Konversionen und Gründungen, Leipzig 1890
58 Lüddemann, E.: Die Konzentration der Berliner Großbanken während des letzten Jahrzehnts und ihr Einfluß auf die Konkurrenzregelung im deutschen Kreditbankwesen, Königsberg 1923
59 Lüke, R. E.: 13. Juli 1931. Das Geheimnis der deutschen Bankenkrise, Frankfurt a. M. 1981
60 Marcuse, E.: Das Filialsystem der deutschen Großbanken, Berlin 1933
61 Mellinger, L.: Auslands-Aktiven und Liquiditäts-Politik der deutschen Banken, in: Die Bank, 23. Jg. (1930), S. 1721ff.
62 Mellinger, L.: Die große Banken-Bereinigung, in: Die Bank, 25. Jg. (1932), S. 294ff.
63 Mises, L.v.: Die Ursachen der Wirtschaftskrise, Tübingen 1931
64 Model, P.: Die großen Berliner Effektenbanken, Jena 1896
65 Monopolkommission: Fusionskontrolle bleibt vorrangig, Hauptgutachten 1978/79, Baden-Baden 1980
66 Motschmann, G.: Das Depositengeschäft der Berliner Großbanken, München-Leipzig 1915
67 Mühldorfer, H.: Strukturwandlungen im deutschen Kreditbankwesen gegenüber der Vorkriegszeit, Würzburg 1935
68 Müller, H.: Standortplanung und Rechtsformwahl im internationalen Bankgeschäft, Berlin 1981
69 Muthesius, V. – Kurzrock, H. – Wolf, H.: 100 Jahre Commerzbank, 1870–1970, Düsseldorf 1970
70 Neisser, F.: Das deutsche Bankgewerbe und seine Bedeutung für den Wiederaufbau der Wirtschaft, Berlin 1924
71 Nettelrodt, W.: Fortschritte in der Entwicklung zur Konzentration im deutschen Bankgewerbe im letzten Jahrzehnt, Göttingen 1922
72 Penzkofer, P.: Wirtschaftliche und gesellschaftliche Einflüsse auf die Entstehung und Entwicklung der privaten Geschäftsbanken Ende des 19. und im 20. Jahrhundert, in:

Wirtschaft, Gesellschaft, Geschichte, hrsg. v. A. Grosser u. a., Stuttgart 1974, S. 43 ff.
73 Plenge, J.: Die erste Anlagebank. Gründung und Geschichte des Crédit Mobilier, Essen 1921
74 Pohl, M.: Einführung in die deutsche Bankengeschichte, Frankfurt a. M. 1976
75 Pohl, M.: Zerschlagung und Wiederaufbau der deutschen Großbanken 1945 bis 1957, in: Deutsche Bank AG, Beiträge zu Wirtschafts- und Währungsfragen und zur Bankengeschichte, 13/75, S. 21 ff.
76 Pollak, M.: Bankensanierung und Bankenrekonstruktion, Brünn-Prag-Leipzig-Wien 1932
77 Priester, H.: Das Geheimnis des 13. Juli. Ein Tatsachenbericht von der Bankkrise, Berlin 1932
78 Rašika, M.: Bankenkonzentration, Köln 1925
79 Riesser, J.: Die deutschen Großbanken und ihre Konzentration im Zusammenhang mit der Entwicklung der Gesamtwirtschaft in Deutschland, 4. Aufl., Jena 1912
80 Rittershausen, H.: Bankpolitik, Frankfurt a. M. 1956
81 Rittershausen, H.: Der Neubau des deutschen Kreditsystems, Berlin 1932
82 Salzmann, A.: Ursprung und Ziel der modernen Bankentwicklung, Dresden 1904
83 Sattler, H.: Die Effektenbanken, Leipzig 1890
84 Sauer, S.: Wettbewerbsposition und Wettbewerbspolitik der Filialgroßbanken in der BRD, Wien 1974
85 Schmitt-Kouett, R.: Die wichtigsten Bilanzziffern der Kreditbanken und ihre Veränderungen unter dem Einfluß der Konjunktur, Gießen 1929
86 Schneider, E.: Die Liquidität der Berliner Großbanken in den Jahren 1928−1932, Rostock 1934
87 Schulte, O.: Die volkswirtschaftliche Bedeutung der deutschen Bankenkonzentration, Berlin 1923
88 Schulze-Gaevernitz, G. v.: Die deutsche Kreditbank, Tübingen 1922
89 Schweizer, Th.: Die Verbindung der deutschen Kreditbanken mit dem Staatskredit während des Krieges, Berlin 1921
90 Seegardel, W.: Die Bilanzen der deutschen Kreditbanken 1924−1928, Berlin 1930
91 Seidel, F.: Die Nachfolgebanken in Westdeutschland, Wien 1955

92 Seidenzahl, F.: 100 Jahre Deutsche Bank, Frankfurt a. M. 1970
93 Seitz, O.: Die Barliquidität der Kreditbanken, Leipzig 1936
94 Solmssen, G.: Die Beschaffung von Krediten im Ausland, Berlin-Leipzig 1925
95 Somary, F.: Bankpolitik, 3. Aufl., Tübingen 1934
96 Somary, F.: Die Ursachen der Krise, Tübingen 1932
97 Sombart, W.: Die deutsche Volkswirtschaft im 19. Jahrhundert und im Anfang des 20. Jahrhunderts, 6. Aufl., Berlin 1923
98 Sonntag, H.: Der Einfluß des Krieges auf die Konzentrationsbewegung im deutschen Bankwesen, Breslau 1919
99 Steinberg, J.: Die Konzentration im Bankgewerbe, Berlin 1906
100 Steuber, U.: Internationale Bankenkooperation. Deutsche Banken in internationalen Gruppen, Frankfurt a. M. 1977
101 Stillich, O.: Geld- und Bankwesen, Berlin 1907
102 Stolper, G.: Bankensanierung, in: Der deutsche Volkswirt, 6. Jg. (1932), S. 703 f.
103 Strasser, K.: Die deutschen Banken im Ausland, München 1924
104 Strauss, W.: Die Konzentrationsbewegung im deutschen Bankgewerbe, Berlin-Leipzig 1928
105 Stucken, R.: Die deutsche Bankenkrise von 1931, in: Kredit und Kapital, 1. Jg. (1968), S. 390 ff.
106 Taeuber, R.: Unsere Großbanken, Dresden 1910
107 Tomberg, W.: Großbanken und Industrie. Ihre gegenseitigen Beziehungen in der Nachkriegszeit, Gießen 1925
108 Ulrich, F. H.: Deutsche Bank, in: Zeitschrift für das gesamte Kreditwesen, 28. Jg. (1975), S. 252 ff.
109 Ulrich, F. H.: Großbanken heute, in: Neuzeitliche Bankpolitik, hrsg. v. R. Wittgen, Frankfurt a. M. 1974, S. 55 ff.
110 Untersuchung des Bankwesens 1933, II. Teil, Statistiken, Berlin 1934
111 Victorius, C.: Zur Übersetzung im deutschen Kreditgewerbe, in: Bank-Archiv, 34. Jg. (1934/35), S. 16 ff.
112 Vogel, F.: Die Auslandsbeziehungen der deutschen Banken, Frankfurt a. M. 1931
113 Wagner, A.: Beiträge zur Lehre von den Banken, Leipzig 1857
114 Walb, E.: Die Bankenkrise von 1931, in: Zeitschrift für handelswissenschaftliche Forschung, 26. Jg. (1932), S. 1 ff.

115 Walb, E.: Neuzeitliche Entwicklungen in der deutschen Kreditwirtschaft, in: Die Deutsche Bankwirtschaft, Berlin 1935–1938, S. 437 ff.
116 Wallich, P.: Die Konzentration im deutschen Bankwesen, Stuttgart 1905
117 Wandel, E,: Die Entstehung der Bank deutscher Länder und die deutsche Währungsreform 1948. Die Rekonstruktion des westdeutschen Geld- und Währungssystems 1945–1949 unter Berücksichtigung der amerikanischen Besatzungspolitik, Frankfurt a. M. 1980
118 Weber, H.: Der Bankplatz Berlin, Köln-Opladen 1957
119 Weihs, G.: Die Beziehungen der Banken zur Industrie, Wien-Leipzig 1921
120 Welter, E.: Der Krach von 1931, Frankfurt a. M. 1932
121 Wittkowski, M.: Großbanken und Industrie in Deutschland, 1924–1931, Basel 1937
122 Wolf, H.: 30 Jahre Nachkriegsentwicklung im deutschen Bankwesen, Mainz 1980
123 Wolff, E. – Birkenbiehl, F.: Die Praxis der Finanzierung bei Errichtung, Erweiterung, Verbesserung, Fusionierung und Sanierung der Aktiengesellschaften, 2. Aufl., Berlin 1908